# A VIDA EM SETE TEMPOS

Editora Appris Ltda.
1.ª Edição - Copyright© 2021 dos autores
Direitos de Edição Reservados à Editora Appris Ltda.

Nenhuma parte desta obra poderá ser utilizada indevidamente, sem estar de acordo com a Lei nº 9.610/98. Se incorreções forem encontradas, serão de exclusiva responsabilidade de seus organizadores. Foi realizado o Depósito Legal na Fundação Biblioteca Nacional, de acordo com as Leis nos 10.994, de 14/12/2004, e 12.192, de 14/01/2010.

Catalogação na Fonte
Elaborado por: Josefina A. S. Guedes
Bibliotecária CRB 9/870

| | | |
|---|---|---|
| F311v<br>2021 | Feix, Plínio José<br>    A vida em sete tempos / Plínio José Feix. - 1. ed. - Curitiba : Appris, 2021.<br>    217 p. ; 23 cm.<br><br>    ISBN 978-65-250-0198-2<br><br>    1. Ficção brasileira. I. Título. II. Série.<br><br>                                                                                   CDD – 869.3 |

Editora e Livraria Appris Ltda.
Av. Manoel Ribas, 2265 – Mercês
Curitiba/PR – CEP: 80810-002
Tel. (41) 3156 - 4731
www.editoraappris.com.br

Printed in Brazil
Impresso no Brasil

Plínio José Feix

# A VIDA EM SETE TEMPOS

## FICHA TÉCNICA

EDITORIAL
Augusto V. de A. Coelho
Marli Caetano
Sara C. de Andrade Coelho

COMITÊ EDITORIAL
Andréa Barbosa Gouveia (UFPR)
Jacques de Lima Ferreira (UP)
Marilda Aparecida Behrens (PUCPR)
Ana El Achkar (UNIVERSO/RJ)
Conrado Moreira Mendes (PUC-MG)
Eliete Correia dos Santos (UEPB)
Fabiano Santos (UERJ/IESP)
Francinete Fernandes de Sousa (UEPB)
Francisco Carlos Duarte (PUCPR)
Francisco de Assis (Fiam-Faam, SP, Brasil)
Juliana Reichert Assunção Tonelli (UEL)
Maria Aparecida Barbosa (USP)
Maria Helena Zamora (PUC-Rio)
Maria Margarida de Andrade (Umack)
Roque Ismael da Costa Güllich (UFFS)
Toni Reis (UFPR)
Valdomiro de Oliveira (UFPR)
Valério Brusamolin (IFPR)

ASSESSORIA EDITORIAL
Evelin Louise Kolb

REVISÃO
Renata Cristina Lopes Miccelli

PRODUÇÃO EDITORIAL
Letícia Hanae Miyake

DIAGRAMAÇÃO
Bruno Ferreira Nascimento

CAPA
Edson Moraes

COMUNICAÇÃO
Carlos Eduardo Pereira
Débora Nazário
Kananda Ferreira
Karla Pipolo Olegário

LIVRARIAS E EVENTOS
Estevão Misael

GERÊNCIA DE FINANÇAS
Selma Maria Fernandes do Valle

COORDENADORA COMERCIAL
Silvana Vicente

# PREFÁCIO

*Terra*
*Aguda flor*
*Em infinito parto*
*Mestiça e nômade*
*Pólen que alimenta*
*Seu ventre*
*Sempre aguarda*
*Uma semente*
*A terra*
*É como um berço*
*Seu embalo*
*É o sopro*
*Do universo.*
*(Carlos Pronzato)*

Quero iniciar agradecendo ao Plínio pela amizade, pela generosidade, pela confiança em mim depositada. Plínio é parte de um grupo de docentes do Departamento de História da antiga Universidade Federal de Mato Grosso (UFMT), hoje Universidade Federal de Rondonópolis (UFR), onde atuo como docente há quase sete anos. Meu primeiro contato com esse amigo foi nos anos da graduação, quando fiz o curso de História, e, mesmo não tendo sido estudante em um dos seus cursos de Filosofia, fui afetada pela postura política e social sólida daquele professor distinto, que acompanhou os(as) estudantes em um ato que o Movimento dos Trabalhadores Rurais Sem Terra (MST) fez, fechando a rodovia BR 163 no ano 2000, na entrada da cidade de Rondonópolis. Essa atitude do professor Plínio foi inspiradora e impactou minha prática docente ao longo do tempo. Anos mais tarde, já em 2014, quando ingressei como professora no curso em que havia me formado há 12 anos, encontrei, com prazer aquele educador que, anos atrás, tanto havia me inspirado e que tão profundas contribuições havia dado ao meu primeiro trabalho de pesquisa ao participar como arguidor da minha banca de monografia para a conclusão do curso de História.

Em seguida, quero manifestar meu prazer pelo convite em prefaciar *A vida em sete tempos*. Trata-se de um livro que, escapando do rigor científico, narra a trajetória de Paulo, garoto criado na zona rural do Rio Grande do Sul, tendo a sua infância afetada pela relação com a pequena propriedade familiar que iria marcar sua existência. Tanto a vida no seminário quanto, posteriormente, a carreira profissional construída em uma das cadeiras do Departamento de História da Universidade Federal de Mato Grosso (UFMT) foram profundamente marcadas pelos anos em que passou naquela comunidade rural da Linha Formosa.

A escrita amparada na metáfora dos sete tempos a partir das narrativas bíblicas do Gênesis e da criação do mundo por um "ser superior" vai revelando paixões, desejos e a luta humana frente a questões desconhecidas. O livro que ora se apresenta dá visibilidade a uma existência cujo cerne foi a força exercida pelas territorialidades vividas pelo personagem somada à intensa presença religiosa tanto no âmbito familiar dos primeiros anos da existência, quanto nos anos de formação básica e superior vividos no seminário.

As subjetividades que compõem o relato centrado na pessoa do Paulo não sufocam o posicionamento político do autor, a sua percepção de que a modernização e industrialização da agricultura promovida pelo Governo Federal ao longo da segunda metade do século XX alicerçaram o discurso do desenvolvimento e do progresso promovido pelo agronegócio, sendo este responsável pela migração e desterritorialização de um contingente significativo de agricultores e trabalhadores(as) rurais. Essas são questões que dizem respeito à formação política e territorial brasileira e que não escapam às observações do autor.

Os sete tempos da vida de Paulo têm a terra como berço, cujo embalo é o sopro do universo. Nesse embalo, o ciclo da cana-de-açúcar dá significado ao ciclo da existência humana em seu nascer, produzir: a garapa, o melado, a rapadura, processos associados à vida e ao perecer, que não representa a morte, visto que o bagaço permite a continuidade da vida.

Os diálogos sobre as questões humanas levam o autor a discutir com uma produção eclética, passando pelas narrativas bíblicas, promovendo reflexões sustentadas no conhecimento filosófico que constituiu seu *metier* e trazendo, para o centro do debate, as questões políticas tão importantes em sua formação e atuação profissional.

As preocupações políticas levaram-no a definir os projetos realizados na fase da pós-graduação quando, ao protagonizar as ações políticas e de luta do MST, problematizou os cenários rurais para além do verde da soja e do milho que emoldura, monotonamente, as estradas que cortam os espaços com a presença do agronegócio em centenas de quilômetros, fazendo lembrar as centenas ou milhares de agricultores e de trabalhadores rurais que ajudaram a fertilizar a cana, o milho, o pasto que alimenta os bois das agropecuárias e a soja. O agronegócio se expandiu deixando, como passivo, a destruição do cerrado e a expulsão dos antigos moradores. O autor toma partido, posiciona-se em defesa de uma sociedade pautada na emancipação social.

Compartilho com o autor de sua crítica à esquerda quando chegou ao poder no Brasil, assim como referendo o posicionamento de Boaventura de Sousa Santos em uma de suas *Cartas às esquerdas* quando afirma:

> Em nome da esquerda, cometeram-se atrocidades contra a esquerda; mas, no conjunto, as esquerdas dominaram o século XX (apesar do nazismo, do fascismo e do colonialismo), e o mundo tornou-se mais livre e mais igual graças a elas. [...] o Estado é um animal estranho – meio anjo, meio monstro –, mas, sem ele, muitos outros monstros andariam à solta, insaciáveis à cata de anjos indefesos. Melhor Estado, sempre; menos Estado, nunca. (SANTOS, 2016, p. 173-174).

Paulo atuou profissionalmente na perspectiva da emancipação social, defendeu esse Estado do qual fala Sousa Santos e, ao olhar para o passado, consegue constatar, nesse campo da experiência no qual sua história de vida foi construída, o esforço, a seriedade, a humildade, a honestidade, a responsabilidade, a eficiência, a conduta ética, a abertura para o diálogo, os quais estiveram presentes em suas aulas, palestras, gestão, comissões de trabalho, orientações, bancas de defesa, reuniões com os colegas e as outras inúmeras atividades exercidas.

Ao finalizar, não poderia furtar-me de dizer que concluí a leitura tomada pela emoção. À pergunta do autor "O que seria dos seres humanos sem a possibilidade de se adoçar, sem poder contrabalançar o amargo?" respondo: seu livro adoçou as minhas experiências, foi um alento nestes tempos tão difíceis e me apresentou uma dimensão sensível do Paulo que tive muito prazer em conhecer.

**Beatriz dos Santos de Oliveira Feitosa**
*Professora doutora em História (UFR-MT)*

# REFERÊNCIAS

SANTOS, Boaventura de Sousa. *A difícil democracia:* reinventar as esquerdas. São Paulo: Boitempo, 2016.

# APRESENTAÇÃO

O livro de ficção *A vida em sete tempos* é uma fascinante viagem feita por meio da narrativa da trajetória de vida de um personagem chamado Paulo, o qual nunca deixou de lutar na busca por sua realização pessoal apesar das dificuldades encontradas no caminho. Esta narrativa, cuja história possui muita relação com a vida real, contém inúmeros fatos e situações vividas que despertam, nos leitores, novos conhecimentos, revigoramento dos sentimentos e da imaginação, visando o bem-viver. É uma história de perseverança, de superação de adversidades, de enfrentamento dos limites e realização de vontades e desejos, questões típicas da condição de vida de todos os seres humanos.

Este é um livro que convida os leitores a fazerem uma viagem no tempo de sua existência, contemplando o percurso desde a infância até a idade da velhice, incluindo a inescapável partida desta vida. É uma reflexão sobre a temporalidade da vida, que tem um início, amadurecimento e um fim. Ao mesmo tempo, nessa trajetória temporal da vida comum a todos os indivíduos, apresenta-se, no livro, a fragilidade e a tensão que permeiam o tempo a se viver. O passado vivido e o futuro desejado sempre estão em tensão no tempo presente. As práticas antigas teimam em permanecer, o que requer lucidez e esforço para provocar as rupturas necessárias para que novas formas de viver possam emergir. Viver é saber compreender e lidar com as adversidades, assimilar os limites, ser perseverante nos projetos e sonhos, saborear as conquistas. Viver é como as águas do rio, é preciso reconhecer e contornar os obstáculos para chegar ao destino desejado.

Os diferentes tempos da vida de cada indivíduo acontecem em determinados espaços naturais e sociais, e não em outros. Pensar e refletir sobre o lugar onde se vive, quais são as condições materiais e culturais que se têm acesso ou deveria ter, assim como com quem se convive são questões que devem estar presentes no pensamento e nos sentimentos das pessoas durante o percurso a que se propõem fazer na busca da vida digna. Nesse sentido, há espaços que devem ser fortalecidos, construídos e buscados e outros evitados no processo de criação das condições para o bem-viver.

Os seres humanos são indivíduos singulares que devem forjar a sua identidade, um projeto de vida próprio, um jeito peculiar e autônomo de pensar, sentir, agir, enfim, viver e conviver. No entanto, a construção dessa individualidade ocorre integrada no universo, na natureza, numa sociedade, junto a certos grupos ou coletividades. Somos parte integrante do mundo. Nesse sentido, todas as pessoas são, mais ou menos, afetadas, bem como afetam, principalmente, o mundo circundante. O se fazer como indivíduo autônomo, tornar-se sujeito de si mesmo, ocorre nesse turbilhão de fatores que interferem no modo de ser. Ter consciência dessa amplitude e complexidade de que os seres humanos são tecidos se torna fonte de luz para iluminar o caminho.

O número sete possui um significado simbólico milenar no tempo entre os povos. Ele expressa a visão de mundo na perspectiva de que tudo o que existe é temporário, possuindo várias etapas ou tempos no processo do seu surgimento, amadurecimento e extinção. O número sete significa movimento, expressando que todas as coisas, incluindo os seres vivos, têm um ciclo de existência; nada é eterno ou para sempre. A conclusão desse ciclo temporal tem o sentido de completude, o cumprimento da sua finalidade ou razão de ser. A criação do mundo em sete dias, obra de Deus narrada pelo povo bíblico, possui esse significado, e, por essa razão, o livro é intitulado *A vida em sete tempos*.

Pelo mesmo motivo, o percurso de vida do personagem desta obra está divido em sete tempos e dimensões da vida. A trajetória do Paulo começa em sua infância, numa família e comunidade camponesa alemã católica tradicional. Depois, ocorre o seminário em dois tempos e, na sequência, acontece o trabalho de docência e a vida afetiva, assim como a ação de cidadania, terminando com o tempo da aposentadoria ora sendo auferido. Da mesma forma, tais tempos dessa trajetória ocorrem em lugares, realidades sociais e grupos de convivência determinados. É um caminho de vida com idas e vindas, de luta, determinação, dificuldades, sofrimentos, limites, incertezas, esperança, perseverança, aprendizados, conquistas. É uma história de sabores e dissabores que, em grande medida, é inerente a todos os seres vivos, portanto comum a todas as pessoas.

A viagem a que os leitores são convidados a fazer por meio da narrativa deste livro proporcionará a ampliação de conhecimentos, o revigoramento dos sentimentos, o aquecimento dos desejos e a alimentação da imaginação e dos sonhos. Da mesma forma, produzirá reflexões e um olhar para dentro de si em uma tentativa de analisar como está sendo a condução do barco da vida, com que qualidade e intensidade está sendo conduzida a vida na busca constante da realização pessoal em interação com o mundo. Esse se olhar no espelho é necessário em meio à crise de valores ou de conduta ética que predomina no atual contexto social. O comportamento individualista, consumista, a indiferença em relação aos demais seres humanos e à natureza em geral precisam ser revistos, criticados e superados para que aconteça a vida digna e fraterna.

Contribuir na procura incessante do viver com intensidade e qualidade tanto na dimensão individual quanto coletiva e em harmonia com a natureza e o universo, este é o propósito do livro para com os leitores. Há muitos limites, mas também há muitas possibilidades para viver e conviver de forma humana, digna e emancipadora.

A obra está estruturada em sete unidades, cada uma contemplando um tempo. A narrativa é feita com muita leveza! A linguagem adotada é acessível, direta, explicativa, sem perder a dimensão da profundidade, amplitude e complexidade. Nesta história, os leitores encontrarão muitos momentos de humor, outros de emoção, bem como muito aprendizado, experiências de vida compartilhadas e reflexões.

Uma boa viagem no tempo da vida!

# SUMÁRIO

INTRODUÇÃO....................................... 15

CAPÍTULO 1........................................ 19

CAPÍTULO 2........................................ 59

CAPÍTULO 3........................................ 97

CAPÍTULO 4....................................... 119

CAPÍTULO 5....................................... 141

CAPÍTULO 6....................................... 171

CAPÍTULO 7....................................... 197

# INTRODUÇÃO

*A vida em sete tempos* é um livro de ficção que retrata e faz refletir sobre a vida dos indivíduos que compõem os seres humanos na perspectiva do seu acontecer em um movimento conflitivo, contraditório, de sofrimento, superação, solidariedade, conquistas, alegrias e prazeres. Ao mesmo tempo, cada vida singular está inserida e faz parte da natureza, do mundo em sua totalidade, sendo este compreendido como tudo o que existe. Nada está parado. Tudo contém força que age e impulsiona as coisas, a vida, dando-lhe dinamicidade. No limite, tudo é energia. A matéria é energia condensada.

O movimento, dessa forma, também possibilita as transformações, ou seja, faz com que as coisas em geral e a vida em particular adquiram novas formas de ser, de se manifestar. O movimento é realização e processo de criação do novo, superando em parte ou totalmente o que já existe ou a forma como se revela. Essas forças inscritas no mundo imprimem uma dinâmica de luta entre a conservação e a transformação. O velho luta para se preservar, e o novo, para emergir, precisando romper com o formado. A nova realidade surge a partir do já existente. É a luta dialética entre ser e deixar de ser.

Esse processo transformador ocorre em tudo o que compõe o mundo material. A força perpassa e constrói tudo. Todas as coisas estão conectadas e, em interação, afetam e são afetadas. As coisas são singulares e participam da totalidade. Nada é simples, tudo é complexo. A natureza física e a orgânica, ao mesmo tempo em que é possível fazer uma separação a partir das suas singularidades, devem, também, ser concebidas em sua articulação e interação, fazendo parte e constituindo o mesmo mundo.

Abordar a vida na dimensão do tempo é apreendê-la na sua temporalidade e totalidade. A vida singular ou individual é temporária, ocorre em um fluxo de tempo com começo e fim. Além disso, ela é frágil, podendo deixar de ser ou ser interrompida a qualquer momento, encurtando o seu tempo, precipitando o seu fim. É fundamental assimilar, com todas as suas implicações, a finitude da vida de todos os seres vivos. No caso dos seres humanos, a temporalidade da vida é uma dimensão essencial para a compreensão lúcida e sensata – e não estúpida –, atribuição de sentido a esta vida e, dessa forma, viver e deixar viver de acordo com as possibilidades de satisfação das vontades e desejos e com os limites de toda ordem que se apresentam em sua finitude.

A outra dimensão essencial para refletir sobre a vida humana é dar o devido acento ao espaço social e natural em que ela acontece e as condições necessárias para que se realize no processo do viver. Vive-se em lugares concretos, em determinados espaços sociais junto a outros seres humanos – coletividades e sociedades –, assim como em interação com a natureza em geral. Nesses espaços, são necessárias as condições materiais e imateriais imprescindíveis para que a vida consiga fluir em toda a sua amplitude, para que possa fluir e florir. É imperativo à vida de todas as pessoas, para o bem-estar individual e coletivo, o acesso às condições naturais, sociais e subjetivas.

Essa reflexão sobre o processo temporal e espacial da vida será feita neste livro em sete tempos. O número sete é muito significativo para determinados grupos sociais, atribuindo-lhe um sentido à perfeição buscada no seu tempo de existência. Este tempo das coisas singulares é visto como sendo um ciclo que tem início, meio e fim. Neste período de tempo, todas as coisas singulares, especialmente os seres humanos, buscam desenvolver as potencialidades inerentes a elas, e, dessa forma, satisfazer-se, completar-se, extasiar-se. O número sete tem, portanto, também, uma dimensão de totalidade que cada ser individual procura conquistar ou realizar – tornar real por meio da ação o que lhe é próprio – em interação com o mundo, com a totalidade da realidade existente.

A narração da criação do mundo pelo povo bíblico tem essa dimensão. A obra da criação durou sete dias, o que pode ser compreendido como sete tempos, incluindo o dia de descanso do Criador. Nesse tempo, a totalidade do mundo passou a existir e, a partir de então, todas as condições estavam dadas para o longo processo temporal de sua transformação e surgimento do novo, ou seja, de sua recriação. Esse tempo da narração da criação do mundo será brevemente abordado no início de cada unidade do livro.

Os seres vivos particulares, no processo de sua transformação, podem ser igualmente compreendidos em vários tempos. Uma planta, no caso, a cana-de-açúcar, a título de ilustração, será abordada no livro em sete tempos, abrangendo-a desde o seu plantio na terra até o deliciar do seu doce e degustar da cachaça pelos seres humanos. Em cada unidade do livro, será apresentado, brevemente, um tempo da cana-de-açúcar. É a reflexão sobre a vida da natureza em articulação com as pessoas, inclusive a interferência destas mediante o trabalho, para torná-la em algo benéfico.

Paulo será o personagem usado para refletir sobre a luta pela vida digna de todas as pessoas, pela realização pessoal de cada indivíduo humano. É uma reflexão sobre a busca da construção da individualidade em processo de interação com os demais seres humanos, com a natureza e com a totalidade do mundo. A trajetória de vida desse personagem será tratada igualmente em sete tempos, fazendo referência, com isso, à criação do mundo nessa mesma duração. A trajetória de vida de Paulo é um percurso impulsionado por esperanças, vontades, desejos, prazeres e sonhos, mas cuja busca de sua realização ocorre em situações constituídas, por um lado, de tensões, conflitos, limites, incertezas, rupturas, sofrimento e dores, e, por outro lado, de esforço, perseverança, resistência, cooperação, solidariedade, mudanças, transformações, satisfações, alegrias, gozo, conquistas. É uma história de superação vivida por esse personagem assim como é, de uma forma ou de outra, por todas as pessoas.

*A vida em sete tempos* é uma reflexão sobre a realização pessoal, sobre a vida digna a que todas os seres humanos têm direito. É a vida que acontece num determinado tempo e espaço, ensejando o esforço e a perseverança para a superação das adversidades. O sabor da vida são as superações das adversidades, as conquistas, o desfrutar o prazer de viver e conviver dentro dos limites e das condições possibilitados pelo mundo natural e social no qual se está inserido e se faz parte. É um tempo que pode ser dividido em sete. Por isso, o livro está estruturado em sete unidades, cada uma contemplando um tempo.

# 1

No primeiro dia...! No primeiro tempo...!

A vida dos mais variados seres vivos é temporária! Entre o início e o fim de cada ser singular, há um desenvolvimento dinâmico e tenso que pode ser visto como um conjunto de etapas ou de tempos devido às suas transformações na forma de ser. De acordo com a narração bíblica, o universo levou sete dias, ou tempos, para ser criado ou para ter surgido. A cana-de-açúcar pode, como exemplo do universo das plantas, ser vista como tendo sete tempos entre a germinação e o consumo do seu doce ou da bebida derivada dela. O Paulo igualmente pode, como indivíduo pertencente aos seres humanos, ser compreendido em sua trajetória de vida em sete tempos.

O número sete tem um significado simbólico riquíssimo entre espiritualistas, místicos, numerólogos. Ele é concebido como o número da perfeição, o ápice que pode ser alcançado por tudo o que existe. Nesse sentido, o número sete expressa a dinâmica da vida, o percurso de um ciclo e a sua renovação. Ele significa, também, a integração e a totalidade do universo, pois o movimento e a transformação das coisas ocorrem em interação com tudo o que compõe o mundo. A narração da criação do mundo feita pelo povo bíblico tem toda essa riqueza simbólica que, nos tempos modernos, perdeu-se devido à visão fragmentada do mundo. A concepção integrada e em movimento harmonioso e contraditório (conflitivo) de tudo o que existe e o seu desenvolvimento transformador compreendido como um conjunto de tempos são fundamentais para que os seres humanos se compreendam, vivam e convivam com sua condição humana, sentindo-se parte integrante dessa maravilha do universo.

"No princípio, Deus criou o céu e a terra" (Gênesis 1, 1).

No princípio... o que não era surge, aparece, realiza-se! Tudo o que existe tem um princípio e um fim. A existência acontece entre esses dois extremos. No entanto, na profundeza material dessa existência, o princípio e o fim são, em certa medida, uma manifestação aparente, pois o princípio ou o começo está ligado a algo já existente, ou seja, não se origina do nada. No caso da narração bíblica da criação do mundo, o princípio é Deus, sendo o criador, quem dá origem ao mundo. Tudo o que existe é criação, é engendrado por e a partir Dele. O mundo – tudo o que existe – não se origina do nada! E o fim não é o término total, e sim a sua diluição ou absorção na natureza, pela terra. O processo de origem, transformação e fim da existência dá-se no tempo e é o próprio tempo! A criação, a existência é uma permanente recriação no tempo!

Os primeiros filósofos gregos, que foram os que começaram, no Ocidente, uma explicação racional da origem das coisas, ou seja, procuraram superar a crença na criação divina, como se defendia até então, tiveram que admitir que nada surge do nada. Tudo se origina da *physis* – termo usado por eles –, de um princípio ou essência que sempre existiu e sempre existirá, sendo, portanto, eterno, imortal. A diversidade de coisas existentes é explicada pelas diferentes formas de manifestação da *physis*. As coisas são temporárias, possuem um fim, mas o seu princípio originário é eterno. A origem, para esses filósofos, não é genuína ou pura criação, pois se origina de algo já existente.

O povo bíblico, em sua crença divina, procurou dar uma explicação a tudo o que existe a partir da sua origem, utilizando-se do seu contato ou experiência com o mundo. O primeiro dia é um primeiro tempo do processo de surgimento do universo. Nele, além do céu e da terra, na sequência, foi criada, também, a luz, separando-a das trevas, fazendo surgir o dia e a noite (Gênesis 1, 3-5). É o início da instauração da ordem no mundo. Essa explicação dá certa tranquilidade a esse povo, pois, dessa forma, busca situar-se em meio ao mundo diverso, aparentemente caótico, contraditório, em movimento, em transformação. Esse povo, movido pela fé em um ser superior, dá uma ordem, uma logicidade, uma racionalidade, um sentido ao caos aparente ou real, separando e colocando as coisas em determinada ordem: céu e terra; dia (luz) e noite (escuridão).

A luz, para além do povo bíblico e cristão, tem um sentido riquíssimo nas diferentes tradições religiosas. Ela é contraposta à escuridão, atribuindo a esta certos significados, tais como trevas, ignorância, maldade, pecado, sofrimento, perdição, morte. A luz, entre muitas outras coisas, significa divindade, fé, iluminação, calor, energia, bênção, bondade, sabedoria, verdade, retidão, alegria, vida, salvação. Ser da luz é ser um dissipador das trevas.

Novamente remetendo-nos aos filósofos gregos, a luz representa as qualidades da razão, sabedoria, verdade, valores, virtudes. A *Alegoria da Caverna*, narrada por Platão, ilustra muito bem esse sentido atribuído à luz, ao sol. As pessoas que vivem na caverna estão orientadas apenas pelos sentidos do corpo (visão, audição), estão acorrentadas, viradas para o fundo da caverna, vendo apenas a sombra da realidade projetada do exterior pela luz do sol. Pior, estão convictos de que a visão das sombras são as próprias coisas, por isso vivem na ilusão, na aparência, na ignorância. Para esses filósofos, os sentidos do corpo enganam, estão vinculados aos interesses, aos sentimentos, aos desejos, aos instintos, aos impulsos, aos prazeres, à irracionalidade. Contrariamente, buscar viver na sabedoria, na bondade, na verdade, na liberdade, na justiça é desacorrentar-se e sair da caverna, é dirigir-se à luz, ao sol, para ver as coisas como elas realmente são na sua essência, usando, para tanto, a razão, o pensamento, as ideias. O conhecimento verdadeiro, fundamental na vida virtuosa e emancipada, é desvendamento, é trazer a realidade da escuridão para a luz, usando a razão.

O primeiro dia da criação, assim como todo o movimento de criação e de transformação das coisas, ocorre por meio da tensão, da luta entre realidades opostas. É, em boa medida, a dialética, e são as forças antagônicas que rivalizam, dando movimento e oportunizando a origem e a transformação. São criados o céu e a terra assim como a luz para eliminar as trevas, produzindo o dia e a noite. Uma coisa existe na medida em que existe o seu contrário. Essa tensão de forças gera o movimento, a possibilidade da superação, da transformação, das origens, do novo! Dentro dessa compreensão, o que foi criado nesse dia é visto como bom: ao contemplar a obra, o Criador viu que "era muito bom" (Gênesis 1,31) "viu que era bom". É bom criar, recriar, transformar (dar nova forma), produzir o novo!

Destacando mais uma ideia bíblica sobre esse primeiro dia ou tempo, o evangelista João vincula a origem de Jesus ao princípio da criação do mundo, chamando-o de Verbo. Jesus já está integrado na força criadora do mundo desde o princípio. "No princípio era o Verbo e o Verbo estava com Deus e o Verbo era Deus. No princípio, ele estava com Deus. Tudo foi feito por meio dele e sem ele na foi feito" (João 1, 1-3). Cada um dos quatro evangelistas destaca a origem de Jesus a um tempo diferente, sendo que João é o que vai mais longe, vinculando-o ao princípio da criação. Jesus já era, enquanto Verbo, desde o começo da criação do mundo.

O povo bíblico, na narração do primeiro tempo da criação do universo, faz pensar que, na verdade, o princípio, surgimento ou nascimento está conectado à própria realidade existente. O nascimento e a trajetória de vida de cada ser humano são, respectivamente, engendrados e forjados numa realidade em movimento tenso, conflitivo, contraditório, reconhecendo-se integrado nela, fazendo parte dela! O primeiro dia da criação ou o tempo do princípio deve instigar e levar cada indivíduo humano a se perguntar de onde veio, compreendendo-se, percebendo-se integrado ao universo, irmanar-se com tudo e com todas e todos, é refletir sobre o sentido da vida, é assimilar o sabor da doçura e o gosto do amargo que compõem a trajetória temporal.

**\*\*\*\*\*\*\*\*\*\***

Doçura...! A narração dos sete dias da criação do mundo leva a perceber os tempos das diferentes coisas existentes na sua singularidade. Entre as plantas, os tempos da cana-de-açúcar para gerar o doce, incluindo o trabalho humano, necessários para saborear a sua doçura na forma de açúcar e melado e seus derivados!

O primeiro dia ou tempo da cana são o plantio e a germinação. Esse princípio está integrado a uma realidade anterior já existente, pois as sementes ou mudas plantadas não são provenientes do nada. As sementes ou mudas são originárias de outras plantas da cana-de-açúcar. É o novo que brota de uma realidade já configurada. O doce continua sendo preservado como essência dessa planta no processo de reprodução, de recriação. É a *physis* da cana.

A mãe terra é garantidora dessa gestação e procriação. A terra acolhe a água, a luz e o calor, dá os minerais, torna-se o alimento que a planta precisa para iniciar e fazer o percurso de produção da doçura. O planeta terra – espaço do desenvolvimento das plantas – é resultado do processo de formação do universo e é parte deste. A totalidade do mundo é participante da geração do doce da planta, que tem um início definido.

Na região da infância vivida pelo Paulo, existe o tempo apropriado para o plantio da cana-de-açúcar. É no início do período de aquecimento do clima – após o inverno –, com a temperatura adequada para a brotação ou germinação, quando não há mais o risco de geada. Esta é adversária da cana, mata-a. Plantada na época correta, ela terá um longo tempo para crescer e madurar, precisando ser colhida no início do inverno seguinte por causa da geada. As plantas têm o seu tempo para completar o ciclo de existência.

Cultivar a terra, produzir alimentos, gerar o doce. É uma dinâmica essencial no acontecer da vida. É uma complexidade de interação vital! Valorizar este planeta, valorizar a terra, defender a natureza é condição para a vida acontecer! É condição para saborear o doce! Ainda assim, os seres humanos transformam a terra em mercadoria! Pequenas ou grandes extensões terrestres são propriedades privadas! Os indivíduos e um pedaço da terra sobrepõem-se à imensidão do universo. Os interesses particulares gananciosos colocam-se acima de tudo o que a terra representa no e para o Universo, ao que ela significa para a existência dos seres vivos. O poder público do Estado (povo) rende-se ao poder privado (particular)! Os produtos da terra, o açúcar, tornam-se mercadoria. Vivas aos camponeses tradicionais que produzem o melado para ser saboreado em família!

O primeiro tempo da cana-de-açúcar é a terra que acolhe as mudas e sementes e dá o alimento necessário às plantas. Estas sugam o alimento contido na terra! É o movimento de tensão contraditória no processo de geração da vida!

**********

A terceira trajetória de vida dos sete tempos que ganha espaço é a do personagem Paulo, um sujeito como os demais seres humanos, integrado ao conjunto da realidade existente, e, ao mesmo tempo, portador de singularidades na sua história de vida. Um indivíduo entre os indivíduos, entre os seres humanos, sendo afetado pelas diferentes relações sociais e com a natureza e interferindo nestas, afetando-as. Dessa forma, um processo contínuo e tenso de se fazer, formar-se, realizar-se imerso no mundo em constante transformação.

O primeiro tempo dessa trajetória do Paulo é a vida familiar e comunitária, a qual abrange o período desde o nascimento (princípio) até o início da juventude, e tudo o que essa experiência nesse meio social envolveu e representou. Paulo veio ao mundo, há 60 anos, numa família camponesa de colonização de descendência alemã na Região Sul do país. É filho primogênito de sete irmãos. A comunidade rural – chamada Linha Formosa – contava, na época, com aproximadamente 100 famílias, todas de pequenos proprietários de terra, de descendência germânica e católica. Muitas tradições dessa cultura eram vividas naquele tempo e espaço, a começar pela língua alemã, a única aprendida na infância. O início da vida de Paulo aconteceu nesse ambiente sociocultural já existente. Foi uma realidade que o afetou profundamente, definindo, de forma significativa, a sua forma ser.

O pedaço de terra comprado antes do casamento pelo Sr. Silmar – pai do Paulo – foi possível mediante muitas economias, e parte das dívidas ainda precisava a ser paga quando a união dos seus pais já estava selada. Outro pedaço menor foi adquirido anos depois em uma negociação já acompanhada pelo Paulo. Tudo foi adquirido com muitas dificuldades, com muita economia, gastando-se o mínimo para que sobrasse um dinheiro para acumular um pouco de capital. A terra era o bem mais precioso, de onde se conseguia o resto com muito trabalho. A Sr.ª Marli – mãe do Paulo – sempre conta que o primeiro presente recebido do seu companheiro após o casamento foi uma enxada! É a centralidade do trabalho ocupada na vida camponesa tradicional. Ela, além de fazer o serviço doméstico, ia trabalhar todos os dias na roça.

A primeira casa era de madeira e ficou muito tempo preservada após a construção da nova moradia, de alvenaria, na qual moram até hoje. Esta foi construída quando o Paulo tinha 5 anos e até continua bem conservada. Além da casa, a sede era formada por um galpão enorme aberto no meio, no qual se colocava a carroça e a trilhadeira (máquina para debulhar o milho, a soja). No seu lado direito ficava, na frente, o galinheiro e, ao fundo, a estrabaria para o pernoite das vacas e dos bois. No lado esquerdo, tudo sob o mesmo teto, ficava, na frente, o espaço para guardar os alimentos e o paiol de milho ao fundo.

Também tinha, a poucos metros dessa construção, um chiqueiro grande todo coberto e com divisórias internas para a criação de porcos. No ponto mais alto ficava a garagem. Também tinha uma casinha pequena coberta para fazer fogo, fazer melado, esquentar a água para pelar o porco e fritar o toicinho quando se carneava. No fundo ficavam dois tanques de concreto construídos dentro do chão para permitir que a água chegasse de longe por meio de uma mangueira. Era o local de lavar roupa, lavar os pés, tomar banho, pegar água para os porcos. Havia, também, um poço para puxar a água usada na cozinha e para beber. Existia, também, a tradicional casinha para fazer as necessidades fisiológicas, chamada, entre esses moradores, de privada ou capunga. No meio de tudo, o pátio ficava.

No tempo de infância, aos sábados, o banho era sagrado, não falhava. Porém, considerando que se jogava futebol até escurecer e os tanques com a água ficavam um pouco distante da casa, era complicado tomar banho no escuro após o jogo, tornando-se um problema que Paulo e seus irmãos resolveram por meio de uma estratégia sensacional: tomavam o banho à tarde, antes do jogo!

A casa, depois de 55 anos, continua a mesma, inclusive com as mesmas portas e janelas, tudo bem preservado. Somente as telhas de argila de barro foram trocadas uma vez. Originalmente a divisão interna era constituída pela cozinha com a mesa para as refeições, uma sala de estar para o descanso, três quartos, uma despensa, uma área coberta pelo mesmo telhado e uma pequena calçada lateral em toda a extensão da frente da casa. Posteriormente ela foi ampliada com mais dois quartos além da construção de uma área grande coberta de outro telhado, de uma área de serviço, de mais uma despensa e de um banheiro. Recentemente, além da instalação de aparelhos de ar condicionado em todos os quartos, foi construído um banheiro interno em frente ao quarto dos pais do Paulo para que estes tenham maior conforto. A casa é o santuário da vida interna da família! Uma moradia confortável dignifica a vida das pessoas!

Na entrada, mesmo com a casa nova já construída, havia um pequeno elevado com mato entre a moradia e a estrada pública. O Paulo lembra que, quando criança, os funcionários da prefeitura removeram essa terra com vários tipos de máquinas. Era uma alegria imensa ver essas máquinas trabalhando. Essa terra era formada por cupi, um valioso pedregulho fino próprio para cobrir as estradas e, dessa forma, evitar os atoleiros nos dias de chuva. Depois da remoção dessa terra, essa área plana tornou-se uma linda e aconchegante paisagem. Uma parte desse espaço foi transformada num belíssimo jardim com gramado e muitas flores. Esse cenário dá destaque à casa, um prazer de viver nela.

Na organização da vida familiar, a hierarquia era um valor fundamental. Os pais do Paulo eram respeitados pelos filhos, e as ordens acatadas, com raras exceções. Esse casal também se respeitava muito. A figura e o poder do Sr. Silmar se destacavam, embora a dona Marli sempre participasse das decisões, manifestasse as suas opiniões e sugestões. Os desentendimentos e conflitos eram restritos à relação entre os irmãos e as irmãs. Havia, também, a hierarquia de gênero, sendo determinados serviços exercidos exclusivamente pelos homens e outros pelas mulheres, assim como havia trabalhos que eram exercidos por ambos. Da mesma forma, existia a hierarquia etária, com o trabalho atribuído de acordo com a idade, aumentando a responsabilidade e o esforço na medida em que se crescia e se distanciava da infância. Havia, mesmo considerando a relação hierárquica e os conflitos interpessoais e geracionais, muita cooperação e comprometimento para garantir a unidade familiar. A família assim constituída era essencial para favorecer a vivência no meio rural.

Paulo, na condição de homem e primogênito, muito cedo, teve que trabalhar na roça de sol a sol junto aos seus pais. Isso já teve início quando tinha 6 anos, antes de começar a frequentar a escola. Ele tinha uma enxada menor, típico para crianças. Existiam ferramentas apropriadas para os pequenos, uma vez que o trabalho, no meio rural de então, fazia parte de suas vidas. Em meados da década de 1960, a região ainda não tinha energia elétrica, algo conquistado somente na segunda metade da década seguinte. A agricultura era, em grande medida, de subsistência, que consistia na produção e criação de tudo que se desejava consumir, e uma parte destinada para o mercado. Todo trabalho era exercido manualmente, com o auxílio de uma junta de bois e de umas poucas máquinas movidas por um motor de combustão. E todo serviço na lavoura, assim como em casa, era sempre feito a pé descalço. As botas sete léguas era um artigo de luxo que seria usado mais recentemente.

A primeira máquina de trilhar foi comprada em parceria com um vizinho. Um tempo depois, os pais do Paulo compraram a outra parte, incluindo o triturador de milho. Anos depois, no início da década de 1970, a família adquiriu uma nova e mais moderna para si, assim como um motor mais potente a diesel. Essas máquinas ainda se encontram na residência dos seus pais. A modernização agrícola começou lentamente no decorrer dessa década. A principal produção para o mercado era a soja, o leite e a criação de porcos, tudo em pequena escala. Plantava-se bastante milho para os animais. O trabalho árduo era inerente à vida camponesa, incluindo as crianças.

O Paulo lembra-se muito bem da primeira motosserra comprada pelos seus pais. Era, também, no início da década de 1970, período em que havia facilidade para a compra de máquinas, pois tudo podia ser financiado com as parcelas anuais e de valor fixo, independente da inflação. Mesmo assim, muitos não conseguiram quitar as dívidas. O Paulo tem registrado, na memória, o ato da compra da motosserra da marca Danarm, a qual o revendedor pôs em cima do poço para fazer demonstrações do seu funcionamento. Ele se lembra do vendedor, que usava uma corrente de ouro no pescoço com a inscrição do seu nome e um anel de ouro com uma pedra brilhante de cristal. Essa ferramenta facilitou a derrubada das árvores e o corte da lenha. Antes, a família tinha uma serra circular acoplada numa mesa e era movida por um motor, o qual era, também, usado para as outras máquinas agrícolas.

Essa motosserra, incluindo a sua primeira corrente dentada para cortar, Paulo tem guardada na sua casa como relíquia. Ele tem, além dessa máquina, expostas na entrada da sua moradia, outras ferramentas usadas por ele na roça: matraca, serrotes, enxada, machado, facão, martelo, pá de arado, pedra de amolar. Elas foram limpas e pintadas com verniz, dando um destaque especial. São instrumentos de trabalho que lembram a sua trajetória nesse primeiro tempo.

Aliado ao trabalho manual exaustivo, os camponeses eram vítimas de muita exploração, mesmo trabalhando por conta própria na terra de sua propriedade. Essa situação demandava uma sobrecarga de trabalho para a obtenção do alimento para a família, o pão nosso de cada dia! Nas conversas, as queixas sempre eram as mesmas: o que temos para vender não tem preço, e o que precisamos comprar é um absurdo de caro! Além disso, quando se vendia porcos, o Sr. Silmar sempre fazia uma estimativa de quanto cada um pesaria assim como quanto isso dava em dinheiro! Depois de pesados, vinha a grande decepção! O peso sempre era muito inferior! O próprio comerciante, comprador, levava a balança e pesava!

O Sr. Silmar fazia toda a parte do serviço que necessitava o uso dos bois: uso da carroça para buscar e levar coisas e arar a terra. No tempo que sobrava, ajudava nas outras tarefas da roça. Além disso, era exclusividade dele cuidar e tratar dos porcos. Cabia ao Paulo limpar todos os dias o chiqueiro e levar água para esses animais ao menos três vezes ao dia. A Sr.ª Marli, além de ir todas as manhãs e tardes à roça, fazia o almoço, o que exigia a sua volta para casa um pouco mais cedo.

Além disso, ela tirava o leite das vacas e era responsável pela criação das galinhas e do cultivo das hortaliças. Naquela tradição, a limpeza do pátio e todo trabalho doméstico também eram de sua atribuição. Além disso, praticamente todas as roupas eram costuradas pela dona Marli. Ela trabalhava dia e noite de domingo a domingo. Na medida em que as irmãs cresciam, ajudavam em todos esses serviços exercidos pela mãe: na roça e no trabalho doméstico.

Tudo o que podia ser aproveitado da roça e fabricado em casa para evitar gastar dinheiro no mercado era feito. Os cabos das ferramentas de trabalho, os balaios de taquara, as vassouras com pendão de uma espécie de milho, o cigarro de palha são coisas que o Sr. Silmar fazia, e com capricho. Ele fumava muito! Os cigarros fumados em casa eram feitos por ele. Comprando pedaços de fumo, ele mesmo picava e enrolava em palha de milho e, nos fins de semana, fumava os comprados em carteira. Em poucas semanas, o Sr. Silmar perdeu vários isqueiros, o que o levou a uma decisão radical quando disse: "a partir de hoje, não fumo mais!". E nunca mais fumou. Nas primeiras semanas, não era fácil. Com os nervos à flor da pele, ele mastigava folhas, pedacinhos de madeira tamanha a vontade de fumar.

Na roça, numa sombra debaixo de uma árvore, já tinha uma caixa feita de tábuas para colocar as crianças. As maiores que ainda não trabalhavam cuidavam das menores. Caso chorassem, dificilmente a dona Marli interrompia o serviço para ver o que se passava. As formigas e as moscas eram os principais incômodos. O costume era a mãe encontrar-se com os filhos uma vez durante o turno de trabalho para dar algo para comer e beber. No mais, o serviço da roça era a prioridade. O Paulo passou pelas duas experiências: ficar dentro da caixa e, depois, fora dela para cuidar das irmãs mais novas.

O Paulo fazia todo trabalho da roça, menos a lida com os bois. O principal trabalho era o plantio com a matraca, a capinada do inço com a enxada, a colheita do milho, da soja, do feijão e de outros cultivares menores, o corte e o transporte do pasto verde para os porcos e o gado. Além disso, tinha outros serviços diários – ou quase isso – em casa: buscar água no poço, rachar lenha, debulhar e triturar o milho. Os seus irmãos, na medida em que cresciam, eram encaminhados a fazer os mesmos serviços. Assim como a horta era de responsabilidade da dona Marli, o pomar estava sob os cuidados do Sr. Silmar, inclusive o parreiral de uvas.

Uma coisa é certa: existia muito trabalho diário para todos os integrantes da família. Até nos dias de chuva, aproveitava-se para realizar certas atividades sob o teto. Trabalhava-se muito!

A Sr.ª Marli já falou, em várias oportunidades, que o Paulo quase nasceu na roça. No dia anterior ao seu nascimento, ela trabalhou nos dois turnos na lavoura plantando milho com a matraca. Era um serviço totalmente inapropriado para quem estava nos últimos dias de gravidez. Todos os filhos nasceram em casa, acompanhados por uma parteira, menos a última, que veio ao mundo no hospital. Foi a sorte, pois a mãe do Paulo sofreu uma hemorragia na hora do parto.

Sim, cultiva-se a cana-de-açúcar. A cana era plantada em fileiras longas no meio da roça, ficando vários anos produzindo. Dessa forma, ela também ajudava na preservação da terra dos efeitos da erosão. Depois de vários anos, com a cana esgotada, ela era arrancada e as fileiras removidas. Plantava-se nova cana, de duas a três qualidades diferentes, formando outras fileiras. Parte da mesma cana era cortada em pequenos pedaços para que servissem de mudas para ser plantada. Cada "olho" da cana virava uma nova planta. É o novo surgindo a partir do velho, do já existente! O cultivo da cana não podia faltar na vida da família. Era um trabalho adicional, recompensador, pois dali obtinha-se o doce e a cachaça imprescindíveis.

Além da exploração a que estavam submetidos os pequenos produtores rurais, havia outros fatores que provocavam sofrimento e até crises na obtenção do básico: a falta de chuva, as pragas – lagartas na soja e besouros no feijão –, doença nas vacas e pestes ocasionais nos porcos. Os assuntos que não podiam faltar nas conversas entre os camponeses eram sobre a chuva e o preço dos produtos agrícolas. Outro assunto predominante era conversar sobre as pessoas doentes da comunidade, parentes e conhecidos, saber como estava sua recuperação.

A alimentação era, basicamente, a elementar. Havia uma boa diversidade, mas não tinha fartura de alimentos. E não se permitia o desperdício. A batatinha podia estar metade podre, mas a outra metade se aproveitava. Cada prego arrancado era endireitado e reaproveitado. Os alimentos eram preparados pela mãe e contava com a ajuda das irmãs. Os alimentos consumidos, assim como o preparo, eram os comuns na região, com alguns típicos da tradição alemã. Quase tudo o que se consumia era produzido na roça. O fogão a gás de quatro bocas somente entrou na casa quando o Paulo já tinha certa idade, pois ele se lembra dessa aquisição. Até hoje, o fogão a lenha é dono do seu espaço na casa, sendo muito prestigiado nos tempos de inverno, e a dona Marli ainda prepara o almoço nele.

O lugar para guardar os alimentos, além da despensa da casa, tinha e continua tendo um pequeno porão: espaço mais fresco para guardar alimentos mais sensíveis, tais como as batatinhas, cebolas, alho, o vinho engarrafado. Tinha e continua tendo, também, ao lado da casa, o forno à lenha para assar pão, rosca de polvilho e batata doce, assim como a casinha para a defumação do salame e do charque. Esses alimentos preparados no forno e os defumados, além dos ovos, eram usados para a janta e o café da manhã. Em certas épocas, tais como secas que provocaram quebras na safra ou peste nos porcos, Paulo, como os demais da família, não se alimentava adequadamente.

O Paulo e os seus irmãos interiorizaram, durante a sua infância, a visão de que tudo o que se fazia e consumia na roça era inferior à forma de vida da cidade. Eles pensavam que, no meio urbano, a comida era especial, pois é embalada em saquinhos e latas, as pessoas se vestem melhor, têm bons modos. Na roça se andava sujo, com a roupa rasgada, os banhos não eram diários, o shampoo era o sabão feito em casa, com as miudezas dos animais abatidos dissolvidas com soda cáustica. Não se conhecia perfumes, o que era algo de outro mundo! O papel higiênico era os sacos de papel da ração Purina, usada para os porcos. Esses eram pendurados na privada, e cada um arrancava o pedaço do tamanho que achava necessário! A escova usada para lixar os pés e as mãos era feita da lixa produzida por uma planta trepadeira. Os colchões das camas eram forrados com a palha das espigas de milho. Os de espuma eram artigo de luxo que entrou na casa, aos poucos, no decorrer da década de 1980, sendo os mais simples que existiram, os mais baratos, de resistência baixa, pois, em pouco tempo, a parte do meio dos colchões afundava. Esse *modus operandi* na roça criava um sentimento de inferioridade, de baixa estima no Paulo, influenciando na construção da sua personalidade e individualidade.

O Paulo tinha um tio e tia com muitos filhos que sempre moraram na cidade. O tio era muito do tipo "mão de fechada", tinha dó de gastar o dinheiro, levando-o a comprar o mínimo possível. Possivelmente não tinha o costume de comprar frutas. Nas férias, algumas vezes, esses primos e primas da mesma idade iam passear na casa dos familiares do Paulo. Eles chegavam e logo procuravam o pomar para colher frutas assim como a roça para buscar cana, moendo-a manualmente para beber o caldo. Outra coisa que eles gostavam de fazer era preparar pipoca para comer adoçada com melado. Os anfitriões ficavam passivos, sem entender, pois achavam que a comida na cidade tinha um valor muito maior. Essa estranheza manifestava o sentimento de inferioridade em relação ao que faziam e da forma como viviam na roça quando comparado à cidade.

Certa vez, outra prima que morava pouco tempo na cidade, numa das suas férias, também foi passear na casa do Sr. Silmar e da dona Marli. Ela era de família pobre, tendo, inclusive, já morado na Linha Formosa. No entanto, agora morando na cidade, achava-se com um status social mais elevado. Durante o jantar, ela comeu bem pouco. Diante da situação, os familiares do Paulo disseram, com espanto, que ela devia se servir mais. Nisso, ela respondeu com a voz firme: "eu não sou um colono!". Esse fato ainda é muito lembrado nos momentos de contar causos para dar risada.

Outro acontecimento muito lembrado é o inverso, que retrata a ingenuidade com que se vivia na roça, com pouco acesso ao que se passava fora desse espaço. Certa vez, numa das férias, o Paulo e as suas duas irmãs mais velhas foram passear de ônibus, visitar duas famílias de tios que moravam no município vizinho, distante 25 km, na cidade. Os três ainda eram crianças, e essas viagens eram um prêmio a que teriam direito se passassem de ano nos estudos. Os ônibus que faziam o trajeto eram velhos, e o motorista não tinha cuidados na hora de arrancar ou parar, tinha o costume de acelerar e frear bruscamente. O cobrador tinha o apelido de "cavalo", de tão bruto que era com os passageiros.

O Paulo e as suas irmãs embarcaram ao lado da estrada na Linha Formosa e ainda estavam caminhando no corredor do ônibus à procura de banco para sentar quando o motorista deu uma arrancada, provavelmente de propósito, fazendo com que uma irmã do Paulo caísse no colo de uma senhora sentada, e a outra, para não cair, agarrou-se no que pôde – justamente no cabelo de outra senhora. São constrangimentos possíveis de acontecer quando se vive situações novas, quando ocorre o movimento para outros espaços e ambientes de vivência.

Nessa mesma viagem de férias do Paulo e de suas irmãs, na ida, foi fácil para pegar o ônibus: era só ficar parado ao lado da estrada e levantar a mão que o motorista parava. E, para descer, também era tranquilo, pois se ia até a rodoviária daquela cidade, onde o veículo era parado sem precisar fazer nada. O problema foi na volta: o que fazer para o motorista parar na hora em que chegassem a Linha Formosa? Eles pensavam que era só levantar e ficar em pé no lugar em que estavam sentados que o motorista pararia. Fizeram assim, e, obviamente, o condutor não parou, passou com tudo no local em que o menino e suas irmãs deveriam descer. Atordoados, sem saber o que fazer, eles começaram a gritar, mas resolveu. Então, Paulo resolveu correr até a cabine do motorista, na qual também estava sentado o cobrador, e começou a bater na porta, gritar, gesticular. Ao perceberem, o motorista parou. Porém, o preço dessa ingenuidade foi ter que voltar a pé um longo trecho!

Certa vez, numa outra viagem de férias com destino à casa desses mesmos tios e tias, a volta foi bem fácil. O Paulo e seus primos tinham brincado num bambuzal da família de tios que eram camponeses e moravam no interior daquele município. Cada um escolhia um bambu e subia bem alto até chegar na sua ponta, e, com isso, faziam-no vergar, descendo lentamente. Acontece que, numa oportunidade, o bambu no qual estava o Paulo, ao começar a vergar, quebrou e desceu com tudo! Esse bambu estava com defeito, com alguns furos feitos por larvas quando era uma planta nova de caule ainda mole. O resultado dessa queda foi a quebra de um dos braços. A solução foi o tio colocar o Paulo e as suas irmãs no seu carro da marca rural Willys e levá-los para a sua casa. O retorno, mesmo em meio à dor, teve uma vantagem: não passaram por apuros!

Quanto às bebidas alcoólicas, o Sr. Silmar sempre almoçava com um garrafão ou garrafa de vinho ao seu lado colocado(a) no chão e enchia um copo para quem quisesse. Acabado o vinho que ele mesmo fazia, comprava-se, pois era um produto abundante na região e de preço acessível. A caipirinha era outra bebida muito apreciada em casa. A cachaça também era apreciada por meio de um preparo chamado cuba, que era a mistura de cachaça com coca cola. São preciosidades extraídas da cana. A cachaça também era abundante na região, pois muitas famílias tinham seus alambiques para o seu fabrico artesanal. O Sr. Silmar adorava essas três bebidas, e os demais familiares participavam do ritual, tudo com moderação. A cerveja era para ocasiões especiais, em momentos festivos, assim como o refrigerante para as crianças! No dia a dia, não faltavam sucos de frutas produzidos em casa, principalmente a limonada e o feito com vinho.

As roupas de tecidos simples, comprados em metro na loja, usadas eram costuradas pela dona Marli, muitas vezes em troca da futura colheita. Cada um tinha uma ou duas mudas de roupa e um par de calçados de qualidade melhor, às vezes comprados prontos, reservados para momentos especiais, tais como missas, bailes e festas. Não havia a mínima condição para o luxo ou o supérfluo! Cada real economizado tinha grande valor, pois garantia a permanência e a melhoria das condições de vida no mundo rural.

O chimarrão, bebida tradicional na vida dos gaúchos, era uma necessidade depois de acostumado, além de representar um ritual que estreita os laços entre os familiares, parentes e amigos. Todos os dias, antes das três refeições, o chimarrão era algo sagrado. A erva-mate era de produção própria. O Paulo começou a participar das rodas de conversa dos adultos e a beber dessa bebida quente quando se tornou adolescente. Quando começaram a surgir certos traços de adulto − a voz começou a engrossar e apareceram, no rosto, os primeiros fios de cabelo ralos e finos com cor de leite −, era o momento em que podia participar da roda de conversa dos adultos. É o novo que acontece na vida! No início, era comum certo constrangimento, mas, ao mesmo tempo, a alegria era incontida, pois gerava autoestima. O sonho era ficar grande, ser adulto. O Paulo, tamanho era o seu desejo de ficar grande, fazia periodicamente um pequeno corte com a faca na porta principal da casa para acompanhar o seu crescimento.

Para ele, assim como para os demais adolescentes, o direito ao chimarrão representa um rito de passagem para a vida adulta. É a passagem para o novo! Essa transição para a fase adulta não é tranquila, pois o chimarrão é uma bebida amarga e de água quase fervente, coisas que não combinam com a experiência infantil. Para facilitar esse ritual, é comum os adolescentes iniciantes beberem uma cuia ao final quando a água é menos quente e o sabor do amargo, mais fraco. Com o tempo, na medida em que vai se acostumando, a forma de beber vai se assemelhando a dos veteranos. Com o tempo, o chimarrão torna-se uma necessidade básica, caso contrário, gera desconfortos no corpo. É uma bebida que vicia. O Paulo tornou-se um fiel de tomar chimarrão!

Nas visitas, não podia faltar o chimarrão. Não se dizia "um dia vou te visitar", e sim "um dia vou tomar um chimarrão na sua casa!", ou se perguntava "quando você vai à minha casa tomar um chimarrão?". Nas rodas de conversa, a cuia de chimarrão passa de mão em mão. Cada um bebe da cuia até a água acabar, e assim se repete até cada um agradecer. Nas rodas de visita, os homens ficam próximos entre si, da mesma forma que as mulheres, o que permite que possa haver conversas paralelas ou específicas mesmo estando juntos na mesma roda e bebendo da mesma cuia de chimarrão.

As crianças não participavam das conversas dos adultos. Quando chegava visita, os filhos menores já sabiam que tinham que brincar longe dos adultos. Eles foram vistos como quem atrapalhava as conversas. As crianças brincam, os adultos conversam. Na verdade, fora do ambiente familiar, as crianças recebiam um tratamento social de distanciamento das outras gerações. Em muitas festas, tais como casamentos, somente os adultos eram convidados. Esse fato provocava grande tristeza, um sentimento de rejeição no Paulo e em seus irmãos e irmãs, e, ao contrário, uma alegria imensa – com sorrisos que faziam a boca ir de orelha a orelha – quando eles também eram convidados. Há uma separação bastante rígida entre as gerações, com papeis e ocupação de lugares distintos. O Paulo cresceu e foi educado nesse ambiente. Por isso o desejo de ser grande.

A experiência familiar do Paulo era de muita bondade, respeito e educação, com a clara preocupação dos pais para que nunca faltasse o básico para os seus filhos. Ao mesmo tempo, havia muita contenção ou controle dos sentimentos que se manifestava no jeito de lidar com os afetos, nas restrições impostas ao corpo. A cultura germânica e o catolicismo tradicional são os fatores principais dessa forma de ser e de se relacionar. O Sr. Silmar, muito dedicado ao trabalho, à família e à comunidade, era, no entanto, de poucas risadas efusivas, sem abraços, sem brincadeiras com a dona Marli e seus filhos. Muito bondoso e honesto, mas bastante sério e fechado no que se refere aos sentimentos.

Essa forma de ser do Sr. Silmar gerava, no Paulo, certo medo da figura paterna, um respeito inquestionável à sua autoridade e seu poder de mando, levando-o a uma atitude de agrado constante no convívio com ele para evitar possíveis repreensões, conflitos. O Paulo vivia muito em função do seu pai, sempre preocupado com o que ele poderia pensar se não se comportasse e fizesse as coisas do agrado dele. Essa relação marcou profundamente a sua vida, fazendo com que ele agisse assim em relação às demais pessoas naquela época e nos tempos posteriores. São as permanências e o seu poder de influência na construção da personalidade!

A relação de respeito entre os pais do Paulo era algo magistral. Paulo não lembra de seu pai discutido uma vez se quer com a sua mãe, trocado um palavrão. As discordâncias davam-se por meio do silêncio, da mudança de fisionomia, do baixar a cabeça ou dos pequenos resmungos. O mesmo se pode dizer da sua mãe, dona Marli, em relação ao pai. Um comportamento semelhante ele teve em relação aos filhos, sempre respeitoso e bondoso, embora pouco afável por meio da expressão do seu corpo. Ele batia nos filhos somente quando era claramente desrespeitado e confrontado em sua condição de pai e autoridade, desobedecendo-o teimosamente, o que era raríssimo.

O Paulo apanhou uma única vez do seu pai, pois este foi desrespeitado. O menino queria buscar pasto verde com a carroça no dia anterior ao Natal, evitando, assim, fazer esse serviço nesse dia. O seu pai discordou, pois, dada a seca que fazia, o pasto estaria mais fresco cortado no dia. Na manhã do Natal, o Paulo não foi buscar pasto. Seu pai, ao perceber, perguntou se não ia mesmo, e seu filho confirmou que não. Nisso, o Sr. Silmar, diante da atitude inusitada do seu filho, descontrolou-se emocionalmente e avançou sobre o Paulo. Dias depois, os dois já relacionavam-se novamente dentro da normalidade, o que revelou que estavam arrependidos pelo que aprontaram.

A Sr.ª Marli era bem mais aberta, acessível, de diálogo fácil, o que autorizava o Paulo e os demais irmãos a certas atitudes de desobediência aos pedidos e aos desejos dela, a manifestação de discordâncias. Esses desagrados resultaram em frequentes advertências e tapinhas de repreensão aplicados como fazendo parte da educação. Geralmente o Paulo procurava a sua mãe para fazer solicitações ao seu pai, tais como pedir uns trocados. Sua mãe era, em muitas situações, uma interlocutora entre ele e o seu pai.

Falar de sexo era um tabu na família. Paulo, e provavelmente os seus irmãos, não receberam educação sexual. Talvez as irmãs tenham recebido alguma explicação da mãe por ocasião do início da menstruação. Certa vez, estando com os pais na roça, passou voando uma cegonha, quando o Paulo, já adolescente, para provocar, perguntou em alemão: "quem será que vai receber hoje um bebê?". Após a pergunta, imperou o silêncio. Noutro dia, novamente na roça, enquanto os três descansavam um pouco sentados numa sombra, dona Marli, preocupada e sem jeito, com o consentimento do Sr. Silmar, perguntou em alemão ao filho: "você realmente acredita que os bebês são trazidos por cegonhas?". Para alívio geral, o Paulo disse que não, que já sabia tudo! Imagina-se quanta angústia os pais devem ter passado na noite anterior, discutido como explicar ao filho a origem das pessoas. O que se sabia sobre esse assunto, de forma muito incompleta, foi obtido por alguma coisa na escola e por meio de piadas e da troca de informações entre os amigos.

Sr. Silmar começou a mudar visivelmente quando todos os filhos e filhas estavam casados e minimamente inseridos no mundo do trabalho. Depois, essa mudança foi muito notória quando ele e a dona Marli se aposentaram, respectivamente, nos anos 1994 e 1996. A continuação da produção própria de quase toda alimentação e o recebimento de dois salários mínimos mensais resolveram a insegurança financeira deles. Mas eles ainda conseguiram que uma filha, com o seu marido e filha, fossem morar na casa deles para fazer os serviços domésticos e da lavoura. Antes, eles moravam no Paraguai. Não foi fácil para eles deixar esse país no qual estavam bem encaminhados.

A partir de então, estavam conquistadas as condições para os pais viverem com tranquilidade. O Sr. Silmar começou a trabalhar menos, a ter sempre mais tempo para descansar, curtir a companhia da Sr.ª Marli, brincar com os netos − o que não fazia com os seus filhos quando eram crianças −, divertir-se, passear, fazer compras e reformas para aumentar o conforto da casa. O seu jeito de viver mudou, ficou muito mais sereno, sorridente, simpático, compreensivo com a família e os amigos. Trata-se de um conjunto de fatores que possibilitaram essa transformação na vida dele para melhor.

A participação das atividades da terceira idade organizadas na Linha Formosa foi significativa para o pai do Paulo, assim como para a sua mãe. Não basta querer trabalhar menos! É preciso saber o que fazer com esse tempo. O grupo da terceira idade proporcionou muitas orientações e ações que foram essenciais para eles poderem redimensionar a vida nesse novo tempo. Os encontros de estudo e de diversão, as novas amizades, as visitas a outros grupos e o conhecimento de lugares novos, os aprendizados adquiridos acerca da qualidade de vida nesse tempo oportunizaram mudanças no seu jeito de viver. É o novo que emerge a partir do velho quando são dadas ou conquistadas determinadas condições capazes de propiciar as mudanças.

Mesmo em meio a tantas dificuldades financeiras, já no período de infância do Paulo, a família adquiriu um carro de modelo antigo usado. Era um dos únicos na parte sul da comunidade da Linha Formosa, área mais pobre devido à terra ser de qualidade inferior. A garagem ficou estrategicamente num pequeno elevado ou topo para fazer o carro pegar no tranco! Porém, muitas vezes, o veículo chegava até a baixada com o motor apagado, o que exigia pegar os bois para arrastar o carro de volta ao ponto mais alto e tentar outra vez! Esse fato gerava muita irritação em todos! Era costume uma hora antes de a missa começar fazer o carro pegar e, assim, aquecer o motor para garantir que ele funcionasse na hora do dever religioso a fim de não perder parte ou toda a missa.

A formação cristã católica tradicional, além do apreço à família, é um dos pilares da educação recebida pelo Paulo. A oração acontecia antes e depois das três refeições com toda família reunida ao redor da mesa. Era rezado em alemão e, mais tarde, em português. À noite, era rezada, pelo menos, uma parte do terço puxado pela dona Marli. Não tinha cansaço que impedia essa reza. Todos os finais de semana, com horário variável, tinham missa na comunidade, o que obrigava ouvir o programa na rádio na sexta-feira para saber que horas seria a missa no sábado à tarde ou no domingo de manhã. Sr. Silmar sempre torcia para que a missa fosse no domingo para que a família pudesse trabalhar na roça no sábado à tarde. O Paulo torcia pelo contrário!

Na igreja, chamada de capela, existia, também, uma rígida hierarquia sexual e etária na ocupação do espaço para assistir às missas. No lado direito ficavam os homens, e, no outro lado do corredor central, as mulheres. Essa separação já acontecia antes, no lado externo da igreja, enquanto se aguardava o início da missa. Da mesma forma, havia um ordenamento etário no uso dos bancos da igreja, começando pelas crianças, que ficaram na frente junto ao professor (este ficava no lado dos meninos), com os(as) jovens na parte central e as idosas e os idosos, que adentravam pela porta principal, no fundo. As crianças e os jovens entravam pelas portas laterais. Geralmente cada um e cada uma ocupava sempre o mesmo lugar. A única mudança "autorizada" era trocar de banco na direção dos fundos na medida em que se crescia. Isso se fazia com orgulho! Quem desrespeitava essa ordem, geralmente as pessoas de fora, era motivo de riso!

As missas eram vistas, para muitos, como uma obrigação. Na tradução literal em alemão, diz-se que o padre "lê a missa"! E, de fato, era assim que acontecia, a missa era lida rapidamente, ou seja, era lido pelo padre o que estava escrito no livro chamado missal. A missa durava entre 30 a 40 minutos, e logo o padre tinha que se deslocar para a missa na outra comunidade. O horário do início da missa numa comunidade para a outra era de uma hora. Os próprios padres transformaram as missas em formalidade, no cumprimento de um dever. Grande parte dos fiéis achava excelente a missa de meia hora. Além do caráter religioso, a missa era um momento de encontro da comunidade.

O Paulo foi coroinha durante muitos anos. E, em cumprimento aos mandamentos da igreja, ele era obrigado a se confessar todos os meses depois de ter feito a comunhão solene quando tinha em torno de 10 anos de idade. Sempre era um momento muito tenso ficar nas enormes filas para aguardar a sua vez de ficar cara a cara com o padre. Confessar o que? Citar outra vez os mesmos pecados? O Paulo já sabia de cor os seus pecados que precisava confessar: desobedeceu ao pai e à mãe, brigou com os irmãos, não prestou atenção nas aulas, teve preguiça para trabalhar, mentiu, pensou em porcaria (termo usado em alemão que faz referência aos porcos, "bicho sujo"). Havia uma fila das mulheres e outra dos homens, com o padre dentro do confessionário, invisível, fazendo o revezamento no atendimento. Para o Paulo, os seus colegas de infância e os jovens esse ato religioso era visto como uma sessão de tortura! São os velhos tempos!

O sino exercia um papel de alerta e de chamamento para com os deveres religiosos. Uma hora antes e depois, quando faltava meia hora para começar a missa, o professor responsável pela escola e pela capela era quem puxava o sino. Este ficava em local à parte, preso no alto de uma estrutura de madeira. Claro, ele também era tocado para o início da missa, momento em que os fiéis deslocavam-se rapidamente para dentro da igreja, pois muitas vezes não havia lugar para todos e todas se sentarem. Quando isso acontecia, os jovens cediam o banco. O professor, em troca dos serviços prestados na igreja, morava de graça na casa pertencente à comunidade, a qual ficava em frente à capela. O sino também era tocado às 06h00, às 12h00 e às 18h00 todo santo dia. Ouvia-se o sino das comunidades vizinhas, todos cumprindo o mesmo ritual e finalidade.

O sino também anunciava a morte de alguém da comunidade. Dependendo do número de batidas, sabia-se a faixa etária e o sexo da pessoa falecida. Os velórios eram na própria casa. Havia a missa de corpo presente e depois se caminhava em duas filas (dos homens e das mulheres) até o cemitério ao lado para fazer o enterro. Sempre era um momento de profunda solidariedade entre as pessoas da comunidade, dos parentes e amigos. A primeira morte de um familiar que o Paulo lembra, e que o marcou, foi a da sua vovó paterna. Ela e o vovô moravam ao lado da terra dos seus familiares, o que facilitava a visita diária à casa dela, que sempre foi muito acolhedora para com o neto. A Sr.ª Marli também tinha muito apreço pela sogra, o que fazia com que a trilha entre as duas casas ficasse bem pisada! O vovô também era uma pessoa muito bondosa, honesta.

A comemoração da padroeira, a protetora da Linha Formosa − Nossa Senhora da Assunção −, celebrada em agosto, era motivo de festa entre os comunitários. Além da missa solene, tinha o tradicional baile no salão comunitário. Além disso, acontecia a parte festiva nas famílias durante dois dias (domingo e segunda-feira), quando se recebia os parentes de outras comunidades. Era a chamada festa de quermesse! Não faltava comida gostosa, gerando uma alegria imensa para o Paulo, os seus irmãos, as crianças em geral e, inclusive, os adultos. Eram dias de muita visitação e festa! O sentido religioso tinha pouco significado para o Paulo e as demais crianças. Para os seus pais, esse recebia exaltação, pois eles tinham muita fé na Nossa Senhora.

Outros eventos religiosos com sentido de prazer e alegria eram os festejos de Natal e da Páscoa! Eram momentos muito aguardados todos os anos para o Paulo e os seus irmãos e irmãs. Novamente, o sentido religioso era menos relevante. O que valia mesmo eram os enfeites, as comidas mais abundantes e especiais, a simbologia criada, o sair da rotina, o vivenciar o novo. O preparo para a festa de Natal revigorava os sentimentos de alegria, de prazer de viver. Dias antes, mesmo à noite, eram feitas e pintadas as bolachas caseiras, recebendo um creme branco e açúcar colorido cristalizado! Todos participavam dessa ação. No dia anterior eram feitas as cucas no forno à lenha.

Ainda na preparação para o Natal e a Páscoa, dias antes, sacrificava-se um animal para ter carne fresca e abundante. Também era essencial na preparação para o Natal a montagem do presépio com pinheirinho, este enfeitado com bolinhas coloridas, musgo, balas. O presépio também era montado na igreja ou capela. O Natal era mais alegre, pois estava relacionado ao nascimento, ao final do ano e em período de férias escolares. A Páscoa, diferentemente, era antecedida pela memória do sofrimento e da morte de Jesus, acontecia em tempo de muito serviço (colheita da soja) e de aula. Durante a quaresma, todas as sextas-feiras pela manhã era obrigação participar, na capela, da via sacra de Jesus, que tinha 14 estações! Durante estas, levantava-se e se ajoelhava repetidas vezes, o que não era do agrado da criançada!

A figura do Papai Noel e do Coelhinho era marcante nessas celebrações festivas assim como fazer os pedidos ao Noel e receber os pacotinhos contendo bolachas, balas, pirulitos, algum chocolate ou bichinho feito de açúcar e, geralmente, algum presente, este normalmente uma bola ou uma muda de roupa. A roupa não gerava muito prazer, pois o Paulo pensava que ganharia isso por se tratar de algo necessário, mas era uma forma de os pais tentarem agradar os filhos, já que nem sempre tinham recursos para comprar um brinquedo, que ficava como promessa para o próximo Natal. Na véspera, no final da tarde, era colocado um prato ou um chapéu no travesseiro para o Papai Noel, bem como um pacote para o coelhinho. Ficava-se distante, na espera, em silêncio.

Os ovos de chocolate eram a peculiaridade da Páscoa. Nesta oportunidade, muito do ritual de preparação era igual ao da festa natalina. Os ovos de páscoa eram o diferencial. Não eram de chocolate, e sim caseiros feitos com a casca dos ovos de galinha recheados com amendoim torrado e adoçado com açúcar. Pintar as cascas dos ovos, encher de amendoim doce, aguardar o dia para começar a saboreá-los gerava muita expectativa e satisfação. No pacote dado pelo coelho e os buscados na casa dos padrinhos, não faltavam ovos de páscoa. Nesse tempo, os padrinhos recebiam muita consideração. Buscar os pacotes era uma prática sagrada. Acontecia já no dia do Natal ou da Páscoa, ou muito próximo a essas datas.

O padrinho de batismo do Paulo morava longe, o que inviabilizava a busca do pacote. Ele não lembra de ter recebido algo de presente dele, o que se explica pela distância e o fato de ter sido muito pobre. Mas era uma pessoa formidável, muito brincalhão. A madrinha morava numa comunidade vizinha, distante a três quilômetros. Junto aos primos que também eram afilhados dela, faziam esse trajeto a pé, o que era um ingrediente adicional de alegria. A distância não era impedimento para buscar o pacote. Muitas vezes, parte dos doces já era saboreada durante o caminho de retorno.

O padrinho de crisma era escolhido mais tarde, geralmente alguém que se oferecia para sê-lo, dizendo: "se você me chamar de padrinho, eu te chamarei de afilhado e te darei presentes". Esse acordo estava selado quando se começava a buscar o pacote, mesmo antes da realização da crisma, ato religioso que acontecia na adolescência. O Paulo adorava buscar o pacote na Páscoa, pois a família do padrinho de crisma criava gansos, que produziam ovos gigantes. Pelo menos um desses ovos enormes recheados com amendoim doce fazia parte do pacote. Era uma alegria dobrada!

Outro evento religioso e festivo muito esperado pelas crianças era completar a idade necessária para poder fazer a primeira comunhão. Era o primeiro destaque recebido pelos pequenos na comunidade: missa especial, roupa nova, fotos, cumprimentos. Na sequência, tinha a festa da família: churrasco no almoço, sobremesa no meio da tarde, presença de vários convidados, entre eles os padrinhos. Um momento aguardado era o dinheiro recebido dos convidados, um costume que existia na época. Paulo fez a primeira comunhão junto à sua irmã. Nas fotos, os dois parecem um casal de noivos mirim!

Esse mundo religioso católico tradicional gerava uma riqueza simbólica, de crenças, sentimentos, expectativas, relações, afetos, alegrias, adversidades, um conjunto de fatores que tinham um significado imenso no processo de crescimento e de formação do Paulo. O cristianismo vivenciado na família e na comunidade representava uma cultura que perpassava os pensamentos, os sentimentos e as ações das pessoas que conviviam com o Paulo naquele mundo rural. É o primeiro tempo na vida do Paulo!

A comunidade rural de Linha Formosa, para além da dimensão religiosa, era relevante para o Paulo e a família da qual fazia parte. A sede da comunidade era formada por um quadrado composto pela capela, salão comunitário, escola, casa comunitária do professor e o cemitério. Os encontros, a solidariedade que acontecia entre os moradores da comunidade era como uma veia da artéria. O salão comunitário não era um atrativo para o Paulo, assim como, evidentemente, o cemitério! Porém, outros curtiam muito o salão de festas para jogar bolão (boliche), baralho, beber cerveja e conversar. O Sr. Silmar frequentava pouco esse espaço, mudando consideravelmente depois de aposentado, quando se tornou um membro bastante assíduo.

O Paulo, no ano em que completaria 8 anos de idade, começou a frequentar a escola nessa comunidade, que ficava a um quilômetro da sua casa. Nessa escola, funcionava o chamado primário (da primeira à quinta série). Ele, assim como quase todos os demais estudantes, fez a primeira série em dois anos, chamados de série "A" e série "B". Esse procedimento pedagógico foi adotado no município devido às dificuldades de aprendizagem manifestadas pelas crianças pelo fato de não saberem falar português. A escola estava cheia de crianças, pois cada família tinha próximo ou acima de 10 filhos.

Certa vez, no encerramento solene do ano letivo, teve premiação para os estudantes que tiveram as melhores médias. Todo o ano teve exame final, e o Paulo teve o melhor desempenho no exame da terceira série. O diretor da escola tinha deixado os prêmios em cima da mesa, e os premiados podiam escolher um. O Paulo, de longe, estava com os olhos fixos que nem gato no rato numa caixa de 24 lápis grandes de cor. Na hora em que foi chamado, não teve dúvidas, foi direto nesse prêmio. Na mesa também tinha um prêmio bem mais valioso dentro de uma caixa de papelão fechada, que foi escolhido pelo colega seguinte: era a Nossa Senhora numa linda redoma de vidro! O desejo desses lápis de cor não despertou no Paulo a curiosidade sobre o que podia estar dentro daquela caixa. Esses lápis, os quais ele não poderia comprar, duraram muitos anos.

O Paulo passou por certo incômodo com um colega naquela escola. Este, ao chegar para a aula, logo perguntava o que o Paulo tinha levado de merenda. Ao falar que era pão com um pedaço de salame, ele insistia, inclusive durante a aula, querendo fazer a troca de merenda na hora do recreio. Esse colega sempre levava duas fatias de pão frito passado em ovo batido. Muitas vezes, para não deixá-lo triste, Paulo aceitou fazer a troca, embora considerasse que não era um bom negócio. Outras vezes, ao passar em frente da mercearia para ir à escola, o Paulo comprava um pirulito no formato de apito para chupar no recreio. Enquanto chupava, assoprava dentro, emitindo um som enquanto o apito estava inteiro. O pirulito não era negociável! É a vivência na escola.

As séries restantes do primeiro grau eram cursadas na escola da comunidade vizinha, distante três quilômetros da casa do garoto. Muitas outras comunidades da redondeza enviaram os estudantes a essa escola, pois ela tinha uma boa estrutura para acolher grande quantidade de crianças e adolescentes. Nessas séries do chamado curso ginasial (sexta à oitava), cada disciplina tinha um professor específico, diferente das séries iniciais, em que cada série tinha um único professor. Dois dos padres da paróquia davam aula na escola ginasial: um dava aulas de Religião, o outro, Moral e Cívica. Nas duas escolas, era proibido falar o alemão, mas ninguém respeitava, pois era a única língua que se sabiam. Os professores só falavam português, o que criava uma relação problemática. Tinha um professor que não sabia falar alemão.

Certa vez, numa das aulas de Religião o professor-padre contou uma piada em alemão que o Paulo jamais esqueceu. Um casal de jovens estavam em um dos primeiros encontros de namoro, tímidos e com pouco assunto para conversar. A fim de cortar o silêncio, o rapaz teria dito à namorada: "diga-me uma palavra doce". Ela teria respondido: "melado"! Até nas piadas esta preciosidade da cana-de-açúcar está presente!

Um atrativo nessa escola era a residência dos avós maternos: esta ficava bem próxima à instituição, em torno de 400 m. Era uma área de terra dos sonhos devido à localização – atualmente essa vila é sede do município criado posteriormente – e ao relevo do solo: em cima plano, passando uma estrada pública ao meio; logo abaixo, ficava a casa e, depois, uma descida; e, na baixada, tinha um riacho e um pântano com muitas nascentes de água. Nesse córrego, tinha uma bomba para bombear água até à casa, sendo que ela era movida pela própria água. Era uma festa ir de carro em certos domingos à tarde visitar esses avós para curtir esse lugar, admirar a bomba funcionando. O avô lia muito, adorava contar causos – sem deixar de acrescentar dramaticidade –, bem como jogar canastra. Ele morreu afirmando que os americanos jamais foram à lua! A avó materna, muito bondosa e paciente, era a principal ouvinte das conversas engraçadas dele.

Outra dificuldade era deslocar-se até essa escola devido à distância. O trajeto era feito a pé entre pequenas turmas por uma estrada pública de chão batido que interligava os municípios da região, que ia até o rio Uruguai, divisa com a Argentina, distante 45 km. As quatro estações do ano eram bem definidas na época, o que implicava enfrentar frio, chuva e lama no inverno assim como calor e poeira no verão. O clima era, em geral, mais ameno nas estações primavera e outono. Além de ir a pé, ia-se descalço, e, ao chegar à escola, tinha um lugar apropriado para lavar os pés e, depois, usar as congas de bico branco, sendo que faziam parte do uniforme.

Quantas manhãs extremamente frias, com temperatura negativa, em uma paisagem com tudo branco de geada, Paulo e seus colegas caminhavam a pé e descalço para a escola!!! Sem falar, em meio ao frio, da chuva fininha sem sol e com muito vento que durava, frequentemente, uma semana para passar. Além disso, havia o problema da falta de roupa apropriada para enfrentar esse clima inóspito. Passar muito frio era, sem questionamento, encarado como algo normal. A ordem era aguentar!

Muitos estudantes desistiram dessa aventura, não chegando a concluir o primeiro grau, nem o ensino fundamental. Entre os seis irmãos do Paulo, quatro desistiram nesse caminho e apenas dois, além dele, completaram o curso ginasial. Para espanto do Paulo, de um dia para o outro, sem comentários prévios, os irmãos e irmãs dele diziam: "a partir de amanhã não vou mais à escola!". Essa atitude era encarada com naturalidade, pois o pensamento geral era o de que não é preciso estudar muito para trabalhar na roça, ainda mais sendo mulher. Os pais do Paulo estimularam o estudo dos filhos, mas, ao mesmo tempo, aceitaram as desistências com certa tranquilidade.

O Paulo fazia, à noite, as tarefas de casa solicitadas pelos professores e a preparação para as avaliações. Ele era muito dedicado nessa questão, o que fazia com que conseguisse amenizar as suas dificuldades e obter a aprovação em todas as séries cursadas com uma média um pouco superior à nota mínima exigida. Sem energia elétrica, ele usava uma lamparina de querosene para estudar, enquanto os outros da família dirigiam-se para as suas camas. Ele queria silêncio para estudar, o que o levava a reclamar dos seus irmãos que faziam algazarra nos quartos. De manhã, ao lavar o rosto, ele percebia as narinas pretas, cheias de fuligem da fumaça produzida pela lamparina na noite anterior. Os domingos pela manhã e à noite também serviam para estudar.

Todo o período de estudo do Paulo, incluindo os níveis fundamental, médio e superior, aconteceu no regime político de ditadura civil-miliar. Nas séries iniciais, aos sábados pela manhã, era cantado o hino nacional em fileiras na frente da escola, hasteando a bandeira, e, depois, era feita a limpeza interna da escola e do pátio. Da mesma forma na escola ginasial, aos sábados de manhã, antes do início das aulas, havia o momento dedicado para cantar o hino nacional e hastear a bandeira brasileira. Os desfiles de Sete de Setembro eram realizados com muita seriedade, precedidos com semanas de ensaio. Naquela época, marchar era preciso! Os pais e a comunidade em geral eram convidados para prestigiar o desfile, muitos se orgulhavam do desempenho dos seus filhos. O Paulo não gostava dessas comemorações na Semana da Pátria.

O diretor da escola era apoiador do regime ditatorial, o que aumentava o destaque dado à Semana da Pátria. No dia do desfile, ele fazia um discurso emocionado, evocando, nos estudantes e na comunidade, o amor à Pátria. O problema era que não se mencionava quem se beneficiava com esse regime antidemocrático. O sindicato dos trabalhadores rurais do município não estava fechado porque se encontrava sob o controle de líderes "pelegos". Este termo refere-se à sela de lã usada na montaria entre o cavaleiro e o cavalo para abafar ou amenizar o contato, o atrito. Portanto, essas lideranças faziam o trabalho político de harmonização entre as classes, evitando, assim, o atrito, o conflito ou a luta de classes, sendo uma ideologia e prática política favorável às elites conservadoras.

O Sr. Silmar, por sua vez, frequentou a escola por poucos anos, desistindo do estudo ao concluir a quarta série primária. Ele era semianalfabeto na leitura e escrita. Levava um tempo considerável para desenhar o seu nome ao assinar um documento. Ele fazia isso com esforço. Só ele entendia o que escrevia com carvão na parede do chiqueiro de porco para registrar a cobertura das matrizes, visando, com isso, prever o tempo em que os animais viriam com cria. Contudo, ele tinha uma capacidade muito grande para fazer contas de cabeça. A Sr.ª Marli concluiu o ensino de primeiro grau. Ela estudou mais tempo pelo fato de ter sido interna em um convento de freires, pois desejava ser religiosa. Ela lê e escreve muito bem. Porém, a vida prática de ambos ensinou-os muito, tornando-os mestres na lida do campo. Nas conversas entre os camponeses, trocavam-se muitas informações úteis, promovendo um compartilhamento de experiências e conhecimentos.

A diversão na família era moderada. Os pais do Paulo eram fanáticos por um jogo de baralho chamado canastra. Os casais visitavam-se nas casas em uma noite por semana e nos finais de semana para se divertir com esse jogo. O clube abria todas as tardes aos sábados e aos domingos para jogar bolão e canastra. Também Era realizada uma festa e dois bailes anuais na comunidade. Além disso, os jovens e os adultos participavam de eventos festivos das comunidades vizinhas. As festas de casamento eram os de maior diversão e alegria, pois era o reencontro de parentes e amigos, alguns vindos de longe, e tinha muita comida, bebida, música, danças, fotos, animação.

Os jovens divertiam-se com futebol, bailes, matinês, pequenas festinhas nas casas. Alguns também jogavam canastra. O Paulo, ensinado pela sua mãe, aprendeu a jogar canastra bem cedo. Era uma forma de ela ter um parceiro de jogo em certas horas à noite durante a semana. Daí esse jogo ser um dos preferidos do Paulo, muito praticado com os amigos. Outro esporte foi o futebol, praticado todos os domingos. Ele, além de jogar em outros locais, tinha um campo de futebol no potreiro da família – área de grama cercada com arame farpado para o gado.

As habilidades com a bola eram poucas, mas a vontade de jogar e de ganhar as partidas era muita. Ele era um comandante do seu time em campo. Essa postura junto aos companheiros de jogo foi um importante aprendizado para o exercício da liderança. Ele não gostava de perder de jeito nenhum! Essa atitude revela que, em tudo o que ele faz, precisa estar provando que é capaz – daí as vezes de empenhar um esforço desmedido para alcançar o que se propôs fazer. Os amigos do Paulo eram poucos. O menino encontrava-se com eles todos os finais de semana, principalmente nos domingos à tarde.

Outra diversão muito apreciada nos dias quentes de verão era o banho no riacho que passava bem próximo à residência. Tinha uns poções de água lindos, com certa profundidade, apropriados para os mergulhos. O Sr. Silmar já contou várias histórias dos banhos que ele também tomava nesses lugares, pois passou a sua infância na casa ao lado da de Paulo. Um irmão do Paulo contou já algumas vezes do apuro pelo qual passou num desses banhos. Ele não queria entrar na água. A turma do banho, incluindo o Paulo, não tiveram dúvidas, pegou ele à força, jogando-o do alto do barranco no poção, e ele caiu na água de costas, chegando a desmaiar e a quase se afogar. Todos foram rápidos para tirá-lo da água e fizeram de tudo para reanimá-lo, conseguindo. O susto, seguido de alívio, foi grande!

Com certa frequência, o Paulo e os seus irmãos, e às vezes com os dois amigos mais próximos, arrumavam um tempinho para pescar nesse riacho. A pescaria não acontecia tanto por causa da diversão em si, e sim devido à vontade de apreciar uns peixinhos fritos no jantar. As fisgadas não eram frequentes, pois os anzóis usados eram muito grandes para pegar os peixes pequenos que viviam nessa água. As puxadas eram muitas, o problema era fisgar os animais com a linha e anzóis inadequados. Tinha, na casa da família do Paulo, um açude no qual eles pescavam traíras e muçuns. Os anzóis comprados eram próprios para a pescaria nesse local, pois os peixes eram maiores. Depois de limpos e fritos, a hora de saboreá-los era um momento de prazer incontido.

A geração posterior não tem mais essas histórias para contar sobre o riacho. O processo de mecanização das lavouras, a partir da década de 1970, feriu esse córrego por meio da extinção de nascentes e pelo assoreamento − terras das lavouras levadas pelas chuvas para dentro do leito do riacho −, reduzindo o volume da água e acabando, assim, com os poções e os peixes. Atualmente essa maravilha da natureza de outrora está com pouca água, gritando por socorro, agonizando! A busca pelo lucro desenfreado fere de morte o meio ambiente, a natureza! Outros córregos menores nessa área já sumiram!

Andar de bicicleta era outra diversão favorita do Paulo. Aprendeu com a bicicleta dos dois principais amigos, que eram irmãos. Quantos tombos! Mas é caindo e levantando que se aprende! Certo ano, dos pais, conseguiu uma pequena área para plantar soja − tudo o que colhesse seria dele. Com essa colheita, ele conseguiu o dinheiro suficiente para comprar a sua primeira bicicleta, novinha, de cor verde, da marca Monark! Quanta alegria! Quanto orgulho! Ele comprava tudo o que existia de adereço e enfeite para deixar a sua *bike* linda, chamativa. Os seus irmãos dificilmente tinham acesso a ela, por mais que quisessem. A autorização para andar geralmente só acontecia mediante a troca de favores: caso fizessem determinado serviço para ele, aí podiam andar certa quantidade de voltas no pátio da frente da casa, que era enorme.

Certa vez, no final da tarde, o Paulo queria acompanhar um caminhão que passou na estrada em frente a sua casa carregado de tijolos. Atrás do caminhão, ele conseguia ficar perto. Na estrada, tinha um lugar onde empossava a água das chuvas, e isso provocava buracos. O motorista freou. O Paulo, com isso, em alta velocidade, bateu na quina de trás do caminhão e foi parar, com violência, na cerca de arame farpado ao lado da estrada. A sorte foi que a bicicleta o protegeu da cerca, e, assim, a pele não sofreu muitos cortes. O motorista percebeu, parou e, ao ver o Paulo levantar e, mesmo tonto, fazer de conta que nada aconteceu, continuou a viagem. São sustos e sobrevivências!

Não foi criança quem nunca jogou bolita (bolinhas de gude) nas modalidades buraco e triângulo. Tinha certos períodos em que esse jogo se tornava "febre", cada um tinha seu saquinho ou bolsos cheios de bolitas. O jogo era feito por pura diversão ou para "ficar" – nesse caso, podia ficar com as esferas de cristal que conseguia tirar do triângulo. No bolicho (mercearia) da comunidade, compravam-se dezenas com poucas moedas. Também existia a prática de negociar com os amigos: trocar bolinhas de cristal.

Outra brincadeira comum na infância era fazer os próprios carrinhos de madeira para andar. Eram triciclos. Tinha, no potreiro do avô, um morro alto que era um lugar apropriado para descer a ribanceira com emoção. Cada um, mais inventivo e caprichoso na hora do fabrico que o outro, tinha o seu triciclo. O mesmo lugar íngreme servia para descer com pneu de carro. Os corajosos sentavam-se dentro e faziam a roda descer em alta velocidade. Em baixo, tinha um córrego e árvores que faziam o papel de muro para interromper a aventura. Era pura adrenalina! Nem todos tinham coragem, o que aumentava a dos outros. O Paulo e os seus irmãos estavam entre os corajosos.

A turma dos medrosos esbaldava-se com as cenas dos corajosos que desciam e se espatifavam dentro do pneu interrompido abruptamente e que pulava alto ao cair com velocidade na água e se chocar no barranco ou contra uma árvore. Uns se divertindo com uma possível desgraça, e outros procurando reconhecimento, afirmação e emoção com essa corajosa empreitada. Era um espetáculo assistido por uma plateia vibrante, protagonizado por atores valentes e que poderia ter, como apoteose, uma tragédia. É o instinto de vida e morte que habita nós indivíduos, e o controle dessas forças varia de um indivíduo para o outro. Essa brincadeira de flertar com o perigo, ou até mesmo com a morte, faz lembrar os espetáculos no anfiteatro Coliseu, na Roma Antiga, que servia, também, para executar cristãos por meio da soltura de animais ferozes que os devoravam vivos sob o delírio da plateia que assistia as cenas das arquibancadas. O perigo da brincadeira de Paulo e seus amigos era enorme, mas nunca alguém se machucou de forma grave. Parece que as crianças tem uma proteção especial, estão abençoadas para viver!

"Roubar" frutas na vizinhança também era uma prática costumeira. Um vizinho tinha muitos araticuns no potreiro. Mesmo sabendo que o proprietário era contrário, essas frutas deliciosas eram alvo constante na época da maturação. Outro vizinho, tio do Paulo, produzia muitas melancias, o que fez com que a sua roça fosse visitada com frequência. O curioso é que o Sr. Silmar também tinha muitas melancias, mas parece que as dos vizinhos sempre são mais doces! Outro camponês tinha um grande pomar de maçãs ao fundo da casa, o qual ficava próximo à estrada pública. Lá a aventura era mais arriscada, pois ele tinha vários cachorros grandes e bravos soltos no pátio, e estes percebiam, pelo faro, a aproximação de pessoas estranhas. Geralmente o retorno do pomar era antecipado em velocidade que superava a dos atletas de corrida profissionais.

Algumas vezes também se visitava uma plantação de bananas que outro tio do Paulo tinha no fundo da sua terra, e, ao lado, existia um restinho de mato. Num fim de semana, Paulo e seus dois amigos mais próximos iam lá e cortavam um ou dois cachos, dependendo do tamanho, e escondiam no mato, cobrindo de folhas. No outro fim de semana, era a hora de saboreá-las. Nunca esbanjaram ou fizeram estragos. Nem viam essas ações como sendo maldade ou pecado, apesar de toda formação cristã, e sim como uma travessura feita com bom humor. Fazia parte do desenvolvimento da personalidade.

Um fato que continua sendo lembrado até hoje por testemunhas oculares e é objeto de risadas é um apuro muito grande passado pelo Paulo. Perto da casa de um tio dele, tinha um pinheiro bem alto e, na ponta de um dos galhos, uma grande bola, um ninho de abelhas que faziam um mel delicioso. A conversa entre a turma era quem teria a coragem de subir e cortar aquele galho para derrubar o ninho. Um primo subiu e, ao dar um ou dois golpes com o facão, surgiu uma nuvem preta de abelhas em torno do ninho, o que o fez desistir. Aí o Paulo subiu, mas não tinha a intenção de cortar o galho, e sim mostrar que é corajoso, fazendo de conta que o cortaria. No entanto, na primeira facada dada, o galho caiu, e aquele enxame de abelhas avançou nele. Ao descer rápido, em certa altura, pulou e correu até um riachinho próximo, jogando-se na água para espantar as abelhas que tinham tomado conta do seu corpo. Resultado da travessura: tomou mais de 100 ferroadas. Os colegas tinham fugido e, aos poucos, retornaram para ajudar Paulo a tirar os ferrões. O corpo do menino, além de dolorido, ficou todo inchado. Foi uma prova de resistência!

Machucar-se durante as brincadeiras era muito comum. A dor só se sentia no domingo à noite e, principalmente, na segunda-feira de manhã. Paulo quebrou duas vezes uma perna no tempo da infância – tem vaga lembrança disso – e três vezes um braço, quando era adolescente, por causa dessas travessuras. Fora que teve problemas nas juntas, nos nervos. A sorte era que existia uma senhora que morava em frente à escola em que ele fez o curso ginasial que colocava tudo novamente no lugar. Ele não ficou com sequelas.

Certa vez, num domingo, ao fazer a defesa de um chute forte da bola de couro molhada, o Paulo quebrou o braço. No domingo seguinte, com o braço ainda na tipoia, foi ver o jogo dos amigos. A certa altura, ele também resolveu entrar em campo e, ao levar uma "rasteira", caiu em cima desse braço e o quebrou novamente. Ao chegar em casa com o braço torto e muita dor, quase levou uma surra da mãe por causa dessa atitude insensata. Foi a última vez que ele se quebrou!

De tanto levar seus filhos nessa senhora, a dona Marli aprendeu, também, a profissão de colocar os ossos, as juntas e os nervos no lugar, o que era um desejo da senhora ao pensar na sucessora para o serviço que fazia. Durante décadas, não passava um dia sem que fosse ao menos um sujeito na casa da mãe do Paulo para ela colocar os ossos, as juntas ou nervos no lugar, assim como fazer massagens. As duas não cobravam nada pelo trabalho, e sim aceitavam o que cada um quisesse dar como agradecimento. Hoje, ela foi aconselhada pelo médico a evitar esse esforço devido à idade. Sua filha que mora com ela exerce, agora, esse serviço com maestria. Procurar atendimento médico era algo para casos extremos! Sempre existiam recursos caseiros como primeira e, geralmente, a definitiva solução para os problemas de saúde! O conhecimento popular era eficaz!

O convívio com piolhos, bichos de pé, bernes e furúnculos fazia parte da vida no período da infância. O pó neocid era um produto indispensável na casa para aplicar na cabeça e, com isso, matar os piolhos e encerrar a coceira. Os bichos de pé eram tirados com uma agulha, e os bernes e os furúnculos eram exprimidos. Todos da família também passaram pela experiência de serem picados por aranhas venenosas. Havia, também, cobras portadoras de um veneno capaz de matar quem atravessasse pelo seu caminho. A espécie chamada Jararaca, que era abundante, era difícil de ser percebida, pois tinha a cor da terra e ficava deitada, enrolada, pronta para dar o bote em quem a tocasse. Vários da família foram picados por essa e outras cobras venenosas, com casos que demandaram a internação hospitalar. O pai e um irmão do Paulo passaram por maus momentos por causa desses animais peçonhentos. O Paulo nunca foi picado por cobra, embora escapasse por pouco em dezenas de vezes. São adversidades que foram enfrentadas e superadas. Enfrentar os problemas é um ótimo aprendizado.

Certa vez, num sábado à tarde, o Sr. Silmar foi cortar o cabelo num morador da comunidade. Ao chegar, tinha uns cachorros deitados na frente da casa, mas eram mansos, não exigiam cuidados. Porém, naquela hora, eles estavam com um animal que acabaram de caçar. Ao chegar perto para brincar com eles, o que era seu costume, com medo que tirasse a caça, um cachorro pulou no rosto do Sr. Silmar e mordeu o seu nariz, deixando-o em frangalhos. O médico mostrou muita aptidão ao conseguir costurar e deixar o nariz na forma aproximada de como era antes. Ser mordido por cachorros também era algo bastante comum, o que também nunca aconteceu com o Paulo.

As ferramentas cortantes, principalmente o facão e as foices para cortar pasto, embora bastante necessárias e usadas diariamente na roça, também feriam os familiares nos momentos da falta de cuidado. Todos e todas estão com cicatrizes nas mãos por causa dos cortes sofridos. O Paulo tem várias marcas de cortes em suas mãos, uns ocorridos com gravidade, mas que não deixaram sequelas. Tinha as máquinas, tais como a trilhadeira, a serra, a motosserra, a moenda de cana, que podiam fazer grandes estragos no corpo em momentos de desatenção. A ordem sempre foi ter muito cuidado no seu uso, por isso ninguém da família sofreu lesão grave.

Um fato chocante e que virou notícia na região foi quando houve o envenenamento da mãe e dos irmãos e irmãs de Paulo, menos deste e de seu pai. Os avós maternos moravam na casa ao lado − a primeira moradia construída pelos pais do Paulo − e resolveram, na véspera do Natal do ano de 1967, fazer bolachas para as festividades natalinas. Essas bolachas ficaram esquisitas, eram duras e tinham uma cor rosada. Por isso a vó levou, no outro dia de manhã, uma baciada delas para a dona Marli a fim de que esta as comessem com os seus filhos (eram cinco filhos naquela época, depois nasceriam mais dois) e ela faria outra fornada naquele mesmo dia. Nesse horário, o Sr. Silmar e o Paulo estavam na roça. A dona Marli e os filhos, inclusive o mais novo de apenas dois meses, o qual recebeu uma bolacha amolecida no leite, comeram algumas delas. Um tempinho depois, um por um começou a vomitar, a ficar com a pele roxa e a desmaiar. Nisso, Paulo e seu pai chegam da roça com uma carga de pasto verde. A sorte foi que já tinham um carro, e o Sr. Silmar levou, às pressas, a família ao hospital. O Paulo foi junto.

O médico constatou que se tratava de envenenamento. Os exames laboratoriais posteriores apontaram que se tratava do Formicida Tatu – conhecido como Tatuzinho –, um veneno muito forte usado na lavoura para matar formigas. Esse estava misturado na lata junto ao sal amoníaco avulso comprado pelos avós numa loja da comunidade vizinha. Até hoje não se sabe como esse veneno letal foi parar nessa lata, se isso aconteceu na fábrica ou naquela loja. Como de costume, o fato que quase custou a vida da família foi abafado para não prejudicar o nome da fábrica ou da loja.

Todos se salvaram desse episódio, sendo que o irmãozinho mais novo escapou por pouco. Esse fato aconteceu, também, com outra família. Dias depois, recuperados, ao chegarem de volta na casa, foram recepcionados com muita alegria por muitos parentes e amigos. São momentos desagradáveis, possíveis de acontecer, e que sinalizam que a vida é frágil, demanda cuidados constantes e, às vezes, conta com uma dose de sorte.

Na memória do Paulo, continua registrado outro fato, este muito trágico, acontecido com a família de um tio e uma tia (a família na qual o Paulo quebrou o braço na queda de um bambu). Em janeiro de 1979, no período de férias, o Paulo retornou ao seminário por uns dias para ajudar o padre reitor a fechar a contabilidade do ano anterior. De noite, ao assistir o noticiário do estado, foi anunciado o afogamento de cinco pessoas da mesma família. O Paulo gritou: "é meu tio, tia e primos!". A família morava, há muito tempo, à margem de um rio no município vizinho. Eles resolveram, numa tarde quente, tomar banho naquelas águas e, ao final, quando já queriam sair, o tio teria dito: "deixem eu dar mais um mergulho". E não voltou mais. Nisso, um por um se jogou no rio para o salvarem, e os cinco não voltaram. O mais novo, ainda pequeno, ficou assistindo a essa cena trágica sem entender. Foi o único que se salvou, além das duas filhas mais velhas que não estavam presentes no banho! Eles se afogaram por causa da força de um redemoinho desconhecido que os puxou para o fundo do rio.

O velório com os cinco caixões foi na cidade que ficava próxima da comunidade rural em que residiam. O Paulo não pôde estar presente, pois estava distante do local. Os comentários foram sobre a tristeza profunda que tomou conta de todos e todas, de uma enorme consternação, sem conseguir compreender como podia acontecer uma fatalidade dessa magnitude, ainda mais pelo fato de que as vítimas conheciam tão bem aquela parte do rio. O casal partiu cedo desta vida, pois eles ainda não estavam aposentados, período em que teriam mais tranquilidade para desfrutar melhor seu tempo na terra. Nem todos e todas conseguem fechar o ciclo da vida, alcançar, com o merecido descanso, a velhice.

Paulo nunca teve o costume ou o desejo de ouvir música, ir a bailes ou dançar – nunca aprendeu a dançar! Os esportes que praticava eram com amigos homens! Sempre foi um menino tímido, envergonhado, se achava feio, tinha complexo de inferioridade motivado pela situação financeira – sem dinheiro, roupas da moda, cabelo bem cortado –, embora tivesse força de vontade, certo espírito de liderança e um comportamento crítico, questionador. Essa aparência, por ele, indesejada levava-o a ter vergonha de se aproximar das garotas bonitas das quais gostava. Nesse primeiro tempo em consideração – vida familiar e comunitária –, ele nunca beijou uma moça. Vontade existia – e muita! –, porém faltava a coragem!

Talvez essa situação de baixa autoestima fosse decisiva para que sempre se colocasse ao lado dos fracos, dos pobres, sendo crítico e contrário aos ricos. Ele se sentia melhor entre essas pessoas e as defendia. Durante a ditadura civil-militar, ele foi simpatizante aos partidos de oposição: primeiro, ao Partido do Movimento Democrático Brasileiro (PMDB) e, depois, ao dos Trabalhadores (PT). Defendia a participação do seu pai no Sindicato dos Trabalhadores Rurais. Era defensor de uma sociedade o mais igualitária possível. No futebol, optou em torcer para o Grêmio, pois, naquele período (final dos anos 1960 e na década seguinte), só o time adversário conquistava o campeonato gaúcho e tinha mais êxito nos campeonatos nacionais. Era a escolha pelo time mais fraco!

Esse cenário da agricultura camponesa sofreu um processo de mudanças profundas a partir da segunda metade da década de 1970. Os governos da ditadura civil-militar começaram a promover a modernização capitalista na agricultura via mecanização. Como diria José Graziano da Silva, uma modernização dolorosa para os camponeses e trabalhadores que viviam no campo. A soja foi a planta que tomou conta das lavouras, reduzindo drasticamente a policultura (produção de muitas espécies de flora), o que foi favorecido pelo uso intensivo de máquinas e fertilizantes para viabilizar o seu cultivo. O governo criava políticas de incentivo, via financiamentos, para a aquisição de máquinas e implementos agrícolas para produzir a soja e, em menor escala, o trigo.

A policultura para a subsistência cedeu lugar para a monocultura da soja. A paisagem no campo mudou radicalmente em pouco tempo. As fileiras de cana, as árvores de erva-mate e as palmeiras foram arrancadas; as diferentes roças sumiram, tornando-se tudo uma única lavoura de soja e trigo. A cana-de-açúcar, uma planta imprescindível, foi plantada de forma contínua em uma pequena área numa ponta da terra. Surgiram inúmeros problemas, tais como a erosão e as pragas – em especial, a lagarta da soja. Além disso, quando a colheita falhava por causa da seca, muitos não conseguiram pagar as prestações de seus financiamentos, levando famílias inteiras a perderem suas terras e provocando o processo de concentração maior destas. Outro problema social, entre tantos, foi a redução da mão de obra devido à mecanização. Além da perda de propriedade, os jovens foram trabalhar nas cidades, promovendo o êxodo rural.

No decorrer da década de 1960, muitos tios e tias do Paulo mudaram-se do Rio Grande do Sul para a Região Oeste dos estados de Santa Catarina e Paraná. O motivo foi a dificuldade de acesso à terra devido ao seu alto preço na região do estado de origem. Nos morros catarinenses, a terra era de valor bem inferior, e, no Paraná, havia a expansão da fronteira agrícola. O Paulo tem uma vaga lembrança da despedida da família da tia madrinha ao se mudar para o Paraná, região de Foz do Iguaçu, ocasião em que houve muito choro e se ouviram os dizeres: "adeus Brasil! Nunca mais nos veremos!". A distância é de pouco mais de 400 km, mas, na época, a estrada era de chão batido, o que demandava um tempo de quase uma semana para chegar, de caminhão, à região de destino, onde o mato os aguardava.

Certa vez, o Paulo fez uma visita surpresa ao seu tio padrinho e tia que moravam na Região Oeste de Santa Catarina. Na oportunidade, o tio contou o porquê foram morar numa região com enormes morros, terra muito íngreme, com muitas pedras, na qual "planta-se de espingarda e colhe-se a laço". Ele falou que um irmão que já morava nessa região insistia para que ele também se mudasse com sua família àquele lugar. Esse irmão teria falado que a terra era linda, muito fértil, bastante plana, que existia um pedaço que estava à venda e que ele devia comprá-la.

Sem antes ver o lugar, acreditando no irmão, juntou as coisas num caminhão contratado e rumou para essa terra. Ainda estavam longe do lugar quando o motorista do caminhão já queria desistir de seguir adiante por causa dos morros e curvas. O tio teria insistido para seguir em frente, pois estava com a mudança. Numa certa altura, o motorista teria parado e dito: "daqui para frente, não ando mais um milímetro!". Nisso, a vaca que estava sendo levada junto, de tão assustada, teria pulado do caminhão e fugido. Até hoje não a encontraram! Restou descer as coisas ali mesmo e, de boi, levar de carroça até o destino final. O Paulo, a tia e o tio choraram de rir enquanto este contava essa história.

Outro destino, durante as décadas de 1970 e início dos anos seguintes, era o Paraguai, nas margens do rio Paraná (outro lado do Brasil), no estado do Alto Paraná. Duas irmãs e um irmão do Paulo encararam essa aventura, tendo como principal ferramenta o machado, pois era região de puro mato. Eles arrendaram áreas de mato com a autorização de derrubar o quanto quisessem e ficar com toda a colheita nos primeiros anos. Depois de algumas colheitas, precisavam devolver a terra desmatada.

Dessa forma, aos poucos, eles conseguiram comprar pequenas áreas de terra. Uma irmã e um irmão continuam morando lá e vivem muito bem. Uma irmã com seu marido e filha foram convencidos pelos pais a retornarem para, com eles, morarem, pois estavam sozinhos. Hoje, continuam residindo e trabalhando no mesmo local. São partidas, rupturas, mudanças, esperanças, a busca do novo, o sonho de uma vida melhor. Nesse processo de perseverança, de vontade de vencer, havia, também, muito sofrimento, pois viviam em condições de extrema precariedade, pois não havia nada de infraestrutura.

Certa vez, o Paulo e a sua mãe foram visitar os irmãos do garoto no Paraguai. A irmã e o irmão que se mudaram mais cedo para esse país já estavam bem instalados. O que não foi o caso da irmã que voltou para a casa dos pais e de um irmão que desistiu cedo, pois eles foram mais tarde e estavam começando numa área de mato recém-adquirida, tendo uns poucos clarões de mato derrubado e fazendo o primeiro cultivo de plantas. Ao chegarem nesse lugar de difícil acesso, na companhia da irmã e do seu companheiro com o carro deles, num domingo de manhã, de longe, avistaram uma barraca de lona. Quando chegaram, um primo estava fazendo a massa para o pão dentro de um balde. Ele não sabia onde enfiar a cara de vergonha!

Depois de ter se tranquilizado um pouco, ele mostrou um buraco na terra no qual faria fogo e colocaria uma chapa de latão por cima para assar o pão. As outras comidas também eram preparadas ali. Os outros estavam perto, na roça, tirando os brotos dos tocos das árvores cortadas para que as plantas pudessem se desenvolver melhor. O Paulo, ao se encontrar com o seu irmão, também envergonhado, porque fazia muito tempo que não tomava banho e não fazia a barba, perguntou: "que dia da semana é hoje?". O meio de locomoção era uma bicicleta.

Certa vez, pouco tempo depois dessa visita, esse irmão do Paulo passou veneno na soja nessa mesma lavoura com uma pulverizadora manual e sem o uso de qualquer equipamento de proteção. Acabou se envenenando e quase partiu para a outra dimensão. Quando esteve um pouco melhor, voltou para o Brasil, a fim de completar a recuperação – o que demorou –, e não retornou mais para trabalhar naquela terra estrangeira. Esta região do Paraguai era um projeto de colonização criado por um padre nascido na Alemanha. Ele vendia lotes de terra para pessoas de descendência alemã.

Os pais do Paulo compraram, nesse projeto de colonização, para si, uma pequena área de terra e outras para os filhos que quisessem começar a vida no mato paraguaio. A terra dos que desistiram e a dos pais acabaram ficando com a irmã que foi a primeira a se mudar para esse país com o seu companheiro. Hoje, eles ainda moram nessa região assim como vários primos do Paulo. Pessoas de descendência alemã de várias regiões do Brasil moram ali. Os pais, em um tempo anterior, já ajudaram com meia colônia de terra para a primeira filha e filho que se mudaram para o Paraguai. Foi o máximo que podiam ajudar.

Na terra dos familiares do Paulo, uma parte era solo argiloso (vermelha), pronta para o cultivo da soja, e outras partes, planas, porém pedregosas. Em dois anos no período do inverno, tempo com menos serviço, os familiares retiraram manualmente todas as pedras com a carroça. Foi um trabalho muito árduo, desgastante. O objetivo era ampliar a área mecanizável. Os pais não tiveram terra suficiente para comprar um trator e os implementos necessários via financiamento pelo banco. Eles, como muitos, alugaram a terra para outros que tinham máquinas agrícolas, sendo que estes plantavam trigo no inverno e ficavam com a colheita em troca de prepararem a terra com a soja plantada. Depois, para colhê-la, contratava-se alguém que tinha uma ceifadeira.

Aliado à mudança do modelo de produção agrícola, outro fator crucial de mudança, e que impactou diretamente o comportamento das pessoas, foi a instalação da rede de energia elétrica no ano de 1977. A geladeira mudou o hábito alimentar. A TV revolucionou a forma de ser dos camponeses, os quais assimilavam mais a cultura e o comportamento urbano. A isso se acrescenta a mudança cultural acontecida nos jovens que passaram a viver na cidade. Um exemplo típico de mudança foi a atitude das crianças de não quererem mais falar o alemão, chamada de língua materna. Iniciou-se um processo de urbanização nos costumes nas áreas rurais camponesas.

Certa vez, no primeiro dia da visita do Paulo aos seus pais nas férias, ele se surpreendeu na hora de começar a almoçar com as pessoas ao redor da mesa. A dona Marli disse: "podem se servir". O Paulo estava esperando que primeiro fizesse a oração, como era o costume. Não se rezou. Horas depois, o Paulo perguntou à sua mãe por que não rezam mais antes das refeições. Ela disse: "eu e o seu pai rezamos todas as noites na cama". Eles gostariam de continuar fazendo essas orações, mas perceberam que as outras gerações não valorizavam esse ato religioso, por isso decidiram abandonar essa prática vista como essencial no período da infância e adolescência do Paulo. Novos tempos assentados em novas práticas!

No início dos anos 1980, foi instalada, na Linha Formosa, a rede pública de água obtida por meio de poço artesiano. A instalação da caixa de água revolucionou, nas casas, todo o sistema hidráulico, a começar pelos modernos banheiros com chuveiro, inclusive para o banho de água quente. Instalou-se o encanamento de água para os porcos, eliminando o trabalho de carregar a água em baldes. Trata-se de um conjunto de fatores de modernização que transformaram substancialmente a vida camponesa tradicional mantida durante séculos. Essa modernização provocou um processo de redução da população naquela comunidade, assim como nas demais da região.

A diminuição do tamanho das famílias provocada pela redução do número de filhos – motivado pela diminuição do trabalho manual e pelo uso de anticoncepcionais – e o êxodo dos jovens produziram o esvaziamento da igreja e da escola. Atualmente, a escola na qual o Paulo cursou as séries iniciais virou casa mortuária. É a ação humana interferindo na natureza e na sociedade, provocando transformações, fazendo emergir novas realidades. É o processo tenso, conflituoso, de interesses e de poder garantindo permanências e produzindo mudanças, novas formas de ser. Novo tempo!

Assim como a terra – criada no primeiro dia, de acordo com a fé do povo bíblico – é vital para a existência e o desenvolvimento da cana--de-açúcar, a família e a comunidade foram essenciais para o nascimento e o crescimento do Paulo, propiciando um determinado jeito de ser. A criação da luz e do calor no mesmo dia da terra é vital para viabilizar a vida em geral assim como para promover a complexa existência humana. É o processo tenso de criação e recriação do mundo, de tudo o que existe, incluindo as trajetórias pessoais de vida. É o tempo de vida do Paulo na infância e na adolescência junto aos familiares e à comunidade camponesa tradicional.

# 2

No segundo dia...! No segundo tempo...!

No segundo dia da criação, Deus criou o firmamento e separou a terra da água, fazendo surgir os continentes e os mares (Gênesis 1, 6-10). É outro tempo transcorrido no processo de criação do mundo. Agora se está diante de um elemento novo, a água. A separação da terra da água é a continuidade da instauração da ordem em um aparente caos. É a tentativa de os seres humanos compreenderem, situarem-se e se inserirem no movimento de interação das coisas aparentemente opostas ou que se sucedem.

A água, assim como a luz e o calor, é uma aliada imprescindível da terra para viabilizar a vida de todos os seres vivos, estes que surgirão em tempo posterior. A água, diferente da terra (daí separada e, ao mesmo tempo, integrada à ela), forma um par vital com essa para imprimir o processo de criação e recriação, a produção do novo a partir do existente. A luz, por sua vez, é crucial para ambos, mas se move em outro espaço, por assim dizer. Terra e água, formadores da superfície (firmamento), disputam o mesmo espaço. É o movimento dialético presente na criação, a interação entre realidades antagônicas, constituindo-se cada uma de uma materialidade específica, e contam com a energia para o processo de sua recriação e a produção do novo.

A água está muito presente na história dos diferentes povos e fatos narrados na Bíblia. Ela é fonte de vida! Os agricultores, incluindo o bíblico, sabem perfeitamente o que representa a água para o cultivo da terra e a criação dos animais. O que para as pessoas urbanas significa "tempo ruim", para quem trabalha no campo geralmente representa tempo bom, pois a chuva revigora a vida da natureza. As duas formas de vida (campo e cidade) – realidades aparentemente separadas – atribuem uma valoração muito distinta ao mesmo fenômeno natural. O tempo ruim e bom é apenas o olhar a partir de um ponto de vista diferente – determinada situação ou interesses – quando a chuva devia ser compreendida e assimilada como muito bom por ambos.

A falta de percepção da conexão da vida urbana com a natureza faz com que, estranhamente, a água torne-se um bem inferior, quando não adverso, aos desejos momentâneos. Da mesma forma, a ganância pela acumulação de capital faz com que a parte dos agricultores movidos exclusivamente pela lógica do mercado seja capaz de maltratar a água, o meio ambiente em geral. Só veem a terra como fonte de riqueza. Encontram-se no fundo da caverna. A água é essencial para qualquer modelo de agricultura, pois é vital para as plantas. A água é fonte criadora!

A água, ao mesmo tempo, contém a força da destruição, em especial quando ignorada ou maltratada. Convive-se diuturnamente com as duas experiências da água: força vital e força destruidora. Na travessia do Rio Vermelho, os soldados egípcios foram engolidos pela água, o que foi decisivo para a libertação da escravidão do povo hebreu em fuga. A água somente é fonte de destruição e de morte, fora casos excepcionais, quando os seres humanos não respeitam os seus próprios limites e o poder da água. Culpar a chuva, a água, pelas enchentes provocadas pelo transbordamento dos rios é ignorar o assoreamento dos seus leitos provocados pela ação humana. Acusar a chuva pelas inundações nas cidades é não querer perceber a falta de fluxo e a dificuldade de penetração da água na terra, situações produzidas pelos humanos. Apontar a chuva como a causa do soterramento de barracos construídos nos morros é não querer enxergar que se trata de áreas de risco, território inadequado para moradias. A prepotência e a hipocrisia humana – presas na escuridão – leva-a a culpar a natureza por destruições e mortes provocadas por ela mesma!

A água contém a força dialética em si mesma. É fundamental ter presente a dimensão desse processo, do seu poder, tornando-a aliada das pessoas, não inimiga, a começar pelo cuidado que deve ser dado ao meio ambiente em geral. Os seres humanos são parte da natureza. Os agricultores camponeses sabem muito bem o que isso significa. Eles sabem qual é o valor da água, aliada imprescindível da terra, crucial para a produção de alimentos, vital no processo de criação e recriação da natureza, do mundo. Daí a criação do firmamento – terra e água – significar o fundamento de tudo, representar um tempo decisivo na história do mundo.

**********

No processo de produção do doce, existem os tempos da cana! Após ser plantada e acolhida pela terra, depois de nascida ou brotada, inicia-se a fase do seu crescimento e desenvolvimento. É o segundo tempo. Os tempos não são bem definidos, o novo inicia-se no momento em que está se esgotando, essa é a condição para o outro. Desenvolvimento, processo de maturação, de afirmação, dinâmica de reprodução da espécie de ser vivo que está inscrita no seu ser, movimento de interação na cadeia vital da natureza. O que seria das abelhas sem as flores com o seu doce? O que seria dos seres humanos sem a possibilidade de se adoçar, sem poder contrabalançar o amargo?

Quantos fatores da natureza auxiliam a cana de açúcar para ela poder se desenvolver e produzir os seus frutos! Os nutrientes minerais contidos na terra, o oxigênio, a água, a luz, o calor, o trabalho humano, um conjunto diversificado e integrado de elementos, cada qual com a sua contribuição específica para proporcionar a festa geral no mundo! No fundo, nada é totalmente separável, cada coisa é condição para o surgimento e desenvolvimento das outras coisas! A separação feita pelos seres humanos é um recurso usado para poderem se situar em meio à complexidade, à multiplicidade das coisas em movimento, em interação, em transformação, ordenando-as.

Na experiência da roça do Paulo, a cana-de-açúcar, depois de plantada, desenvolvia-se com elegância entre as diversas plantas. Além da altura dela, as fileiras chamavam a atenção na composição da paisagem da lavoura. Somente o milho chegava próximo à sua estatura. Mais destacados do que a cana, somente as árvores de erva-mate e os pés de palmeiras, que eram plantas permanentes. Essas duas qualidades de plantas exibiam-se majestosamente em todas as lavouras camponesas, embelezando o cenário na companhia da diversidade das outras plantas, para além da cana-de-açúcar, tais como o milho, a soja, o trigo, a mandioca, o arroz, o feijão, a batata doce e inglesa, as pequenas áreas para cebola, alho, amendoim, melancia, melão, abóbora, plantas gramíneas (pasto verde) para a alimentação dos animais. Na divisa da terra, emendado ao mato de eucaliptos do avô, tinha também uma pequena área com dezenas de árvores dessa espécie de planta. Além disso, havia igualmente pequenas áreas de mato em terras mais íngremes e rochosas cujas árvores eram derrubadas aos poucos na medida em que se precisava de lenha ou fazer pequenas roças para o plantio do feijão.

Mais tarde, com a crescente mecanização das lavouras, aconteceu o fim dessa harmonia na diversidade de plantas das lavouras camponesas. Até então, havia vários espaços, diferentes roças, cada uma tendo um nome para a família situar-se quando era definido o local específico para trabalhar. As fileiras da cana-de-açúcar, assim como os pés de erva-mate e as palmeiras, além dos pequenos pedaços de mato e o caminho interno pelo qual passava a carroça, eram os principais referenciais para dar nome às diferentes roças. A lavoura era espacializada. É a coexistência do tempo e do espaço. A mecanização e a monocultura destruíram essa paisagem. É a destruição do próprio jeito de ser camponês.

O desenvolvimento da cana-de-açúcar, sua desenvoltura exuberante, constituía um elemento importante na paisagem das lavouras campone-sas. O desejo pelo doce faz com que a ação humana construa essa beleza natural. Essa harmonia formada pela diversidade de plantas permanece viva na memória do Paulo, sendo ele, junto aos demais familiares, sujeito ativo dessa construção.

**********

Nos tempos da trajetória de vida do Paulo, outro tempo marcante foi a sua ida ao seminário. Era um sonho para qualquer família ter um filho e irmão padre. Na sua infância, ele já tinha um tio seminarista e um primo estudando para ser irmão religioso –, ambos também pertencentes a Linha Formosa. Depois, mais um irmão seu ingressou na mesma con-gregação e uma irmã numa congregação feminina. Os três da mesma família ficaram religiosos. No seu tempo de criança, quando um adulto perguntava ao Paulo o que este queria ser quando fosse grande, a resposta era: "ser padre". Os seus pais sempre ficavam muito satisfeitos com ela. Era um desejo deles. O ambiente religioso da época era uma terra fértil para esse projeto de vida.

Nos finais de ano, aconteciam dezenas de ordenações sacerdotais na região. Numa comunidade rural próxima a Linha Formosa, já foram ordenados 18 padres, sendo o último no ano de 2010, o que revela que a "safra" está minguando, que a terra está deixando de ser fértil. A rádio, que ficava na sede do município, transmitia a solenidade ao vivo. Geral-mente a ordenação era num dia e a primeira missa do novo padre no outro, seguida com uma grande festa comunitária. Todos esses eventos acontecian na comunidade de origem do novo padre. A presença do bispo, de muitos padres e irmãs religiosas, de parentes de longe e de perto deixava a família e a comunidade em júbilo. Era um grande acontecimento religioso e social!

Nesse ambiente familiar e comunitário no meio rural de tradição camponesa, o desejo de ser padre não estava estreitamente vinculado ao trabalho de evangelização que lhe cabe fazer, aos serviços pastorais que deve realizar, tendo por finalidade ajudar as pessoas a viverem melhor, bem como contribuir para a transformação da sociedade na perspectiva da justiça social. A motivação para ser padre era, acima de tudo, por causa do prestígio religioso e social auferido no âmbito pessoal e familiar. Ser padre dava destaque no seio de um povo humilde e de pouco estudo. Era um meio de ascensão social.

Na medida em que Paulo crescia, outras vontades e desejos também se manifestavam nos seus sentimentos e imaginário. Uma era o desejo de ser motorista de ônibus ou de caminhão, e o outro, pelo fato de gostar, na época, do cheiro da gasolina, era ser frentista de posto de combustível. É a tensão da vida. Ser ou não ser, ser isso ou aquilo. São as diferentes possibilidades na busca da afirmação, do desenvolvimento da personalidade, do reconhecimento social, de se fazer e se realizar por meio do estilo de vida a ser escolhido. O futuro dependia das escolhas a serem feitas na adolescência.

Outro motivo que colocava a vontade de ser padre em dúvida eram as mulheres, o sentimento de convívio, de intimidade, de atração, o desejo de abraçar, beijar, namorar uma garota, formar uma família. Esse sentimento, mesmo em meio à sua timidez que lhe era peculiar, era muito intenso na época em que cursava a sétima e a oitava série do ensino fundamental. É o início da fase da adolescência, a transição para a vida adulta. É o tempo da emancipação dos pais, do desabrochar para a identidade própria, dar feição à sua individualidade, imprimir uma direção à sua vida. É o tempo do surgimento do novo a partir da base educacional recebida na família e na comunidade. É um segundo parto, o se lançar no mundo com muitas esperanças e incertezas.

No ano em que o Paulo completou 16 anos de idade, ele tinha um sentimento de aproximação com uma garota que morava um pouco abaixo da casa na qual ele residia. Ela era baixinha, tinha um corpo muito lindo, usava saias curtinhas... No final da tarde, ao voltar da escola, ela precisava passar pela estrada em frente à casa da família do Paulo. Acima do galpão, na direção da estrada, tinha um toco grosso de uma árvore cortada, mas estava desenvolvendo novos brotos. Quando chegava a hora de ela passar, Paulo largava o serviço, fazia de tudo para vê-la cruzar. Fazia isso escondido atrás daquele toco, conseguindo enxergar ela vindo de longe. Devido à sua timidez, ele nunca contou esse sentimento para ninguém, e, deste, ela também não soube!

No ano seguinte, estava previsto a ida dele ao seminário. Essa possibilidade estava quase descartada. No entanto, no final do ano anterior, seu tio foi ordenado padre naquela comunidade. Essa solenidade religiosa e festiva, o convite insistente dos padres, o ambiente favorável criado, fê-lo tomar a decisão de ingressar no seminário na mesma congregação religiosa, embora ainda pairassem dúvidas sobre esse dilema: ser ou não ser padre. A fonte de inspiração para ingressar nessa congregação do seu tio veio de outro padre natural da comunidade vizinha, pois ele era visto como muito simpático.

No início do ano em que ele completaria 17, chegou a hora de partir, de ingressar no seminário e cursar o ensino médio – na época, segundo grau. Os seus pais passaram a viver um misto de tristeza pela ausência de um filho trabalhador dedicado nas lidas da roça e, ao mesmo tempo, a alegria pela possibilidade de ter um filho padre. Paulo, por sua vez, viveu um sentimento, por um lado, de angústia pelo fato de deixar um jeito de viver para trás e, por outro, a expectativa por iniciar o processo de formação para uma vida nova, um novo tempo. Sentia, também, tristeza pelo fato de não ver os seus pais por um tempo, nem a sua irmã mais nova, de apenas 4 anos, pela qual tinha um carinho muito especial.

Certa vez, quando a mana mais nova tinha poucos meses de vida, de tanto que o Paulo gostava dela, não titubeou em gastar seu parco dinheiro e foi comprar um par de brincos. O que ele queria com esse gesto era lhe dizer, quando estivesse grande, que foi ele quem o deu de presente. Paulo insistiu muito para a dona Marli furar as orelhas da criança de poucos meses para que ela pudesse ostentar as joias. Por causa da baixa qualidade, poucos meses depois os brincos desprenderam-se e se perderam. Quando ela alcançou a fase adulta, a única coisa que restou é a narrativa desse feito!

Os pais levaram o seu filho para a estrada (em alemão, ela é definida como estrada principal) na qual ele pegaria o ônibus no início da noite.

A despedida não foi fácil. O pai se conteve, chorava por dentro, e a mãe não conseguia reter as lágrimas! Foi a primeira experiência de alguém que deixa o convívio junto à família. No interior do ônibus, que tinha como itinerário final Porto Alegre, já havia uns seminaristas e outros embarcariam mais à frente, todos com o mesmo destino e projeto de vida.

No percurso, de madrugada, era necessário desembarcar para pegar outro ônibus. Depois, mais um para chegar à cidade na qual ficava o seminário. Este se localizava longe das comunidades de origem da grande maioria dos seminaristas. Quase todos tinham que fazer um longo percurso até chegar a esse destino. Havia um seminário na cidade do município em que o Paulo morava, porém era para a formação de padres diocesanos. Dado o fato de ter escolhido determinada congregação religiosa, foi necessário fazer essa longa viagem de 400 km.

Paulo e seus novos colegas da região chegaram ao seminário depois do meio dia, quando os padres e os seminaristas presentes já tinham almoçado. O padre formador dos seminaristas naquele ano os acolheu e, depois, conduziu-os ao refeitório para almoçar. Para a surpresa do Paulo, o cardápio era arroz, feijão, macarrão, um pouco de carne e saladas, igualzinho ao que comia em sua casa. A comida que tinha sobrado não foi o suficiente, pois a vontade era comer mais. Na roça, comia-se muito. O trabalho braçal de sol a sol era desgastante. O padre brincou com a situação: "no seminário, vocês vão aprender a deixar de comer!". Paulo não tinha a mínima ideia sobre como funcionava o seminário. Ele não tinha proximidade com o tio que acabara de ficar padre para obter informações. Tudo era novidade! Por isso nem sabia o que se comia no seminário!

Este era enorme, moderno, tendo a forma de um H maiúsculo deitado. Possuía dois andares além de um porão espaçoso. Na parte da frente do prédio, os padres moravam e se encontrava os quartos para hóspedes, uma capela e um espaço para a construção de um teatro e auditório, porém a parte interna nunca foi concluída. Na parte do meio do prédio, ficavam os refeitórios, a cozinha, a despensa, as salas de TV e de jogos, assim como os quartos de mulheres colaboradoras, pois algumas eram de outras regiões, o que requeria que residissem no seminário. No porão, entre outras coisas, ficava a área da lavanderia, de estocar e lascar a lenha, as ferramentas de trabalho. Na ala dos fundos, ficavam os dormitórios dos seminaristas, as salas de estudo, as de reuniões e as garagens.

O total de seminaristas nas três séries do ensino médio era próximo a 100 adolescentes, jovens e alguns adultos. Esses seminaristas eram, basicamente, de paróquias em que atuavam os padres dessa congregação. Praticamente todos eram de descendência italiana ou alemã, sendo que as exceções eram de descendência portuguesa e negra. Parte dos alemães que não sabiam falar o português formou grupos entre si para poder se comunicar melhor, por mais que isso não fosse aconselhado. Aos poucos, eles aprendiam a falar o português, porém sem deixar de se atrapalhar com a tonalidade das letras, sendo o Paulo um deles! Esse foi um problema muito sério que precisava ser enfrentado e que criou muitas situações constrangedoras.

Havia dois padres, sendo um o reitor e o outro o formador. Havia trocas em cada ano. Além dos padres, tinha entre dois e três irmãos religiosos – estes eram membros da congregação, porém não eram padres –, os quais realizavam diversas atividades junto aos seminaristas. Para auxiliar os padres na coordenação, era escolhido, pelos seminaristas, um do terceiro ano para um mandato de um semestre – chamado ironicamente de sênior –, sendo que, para o segundo semestre do ano de 1979, foi escolhido o Paulo. Era necessária certa disciplina devido ao elevado número de jovens no seminário e para garantir o bom funcionamento das diferentes atividades que precisavam ser realizadas. Tinha horário para tudo. Um pequeno sino, de som estridente, era um parceiro inseparável e indesejado que avisava a turma o início das atividades previstas. Esse som, o qual lembra as sirenes das indústrias, soa até hoje nos ouvidos do Paulo.

Todas as manhãs, cedinho – exceto aos domingos –, tinha horário para levantar e, em seguida, o tempo para rezar. Depois, era o momento do café, e o restante da manhã ficava reservado para os estudos. Tinha o horário para o almoço, e a parte da tarde era dedicada ao trabalho. À noite, era a vez de frequentar a escola. Nos sábados, trabalhava-se pela manhã, e o restante do fim de semana era livre. A congregação era muito aberta, havia diálogo, participação nas tomadas de decisão. Grande parte da programação, incluindo os horários, era decidida coletivamente. Uma vez por semana, inclusive, a turma reunia-se para fazer a autoavaliação sobre a vida coletiva cotidiana.

Havia muito trabalho, pois o objetivo do seminário era a autossustentação. Quando era preciso, recorria-se à sede da Província Sul dessa congregação, que ficava distante, em outra cidade. Tinha a lavoura, a criação de gado, a chácara para a criação de vacas leiteiras, porcos e galinhas, a horta, o pomar, jardinagem, limpeza do seminário, lavação da louça após às refeições. Também se fazia a extração de areia, costuravam-se bolas de futebol para uma indústria. Todos os serviços eram feitos em equipes. O trabalho era visto, além da questão financeira, como meio de formação.

As orações matinais eram feitas de formas diferentes e preparadas por pequenas equipes. Percebia-se claramente que os 45 minutos de oração todas as manhãs antes do café não eram empolgantes para a grande maioria, incluindo o Paulo. O horário não era muito favorável, além de se tornar uma rotina quase mecânica, fazendo com que perdesse, em parte, o sentido. Muitas vezes, as orações eram feitas de maneira quase obrigatória. Porém, ninguém se encorajava a reclamar, dado que os meninos estavam nesse lugar para a formação sacerdotal, para quem a espiritualidade é fundamental.

As atividades esportivas eram variadas. Tinha a sala de TV, a sala de jogos, o futebol semanal. Este acontecia em dois dias após o almoço, sendo um dia para os times A e B, os quais jogavam entre si (os melhores jogadores). Em outra tarde, jogavam os demais. Paulo participava dessa turma pois, por mais que gostasse de jogar, tinha um déficit de habilidade com a bola. Havia jogadores muito bons. Aliás, existiam colegas que tinham como um dos objetivos principais no seminário jogar bola. Outros tinham no estudo o principal motivo, e não tanto a formação específica para ser padre.

Quanto aos programas de TV, Paulo assistia alguns aos sábados e aos domingos no início da noite. Ele, como a maioria dos outros, assistia a programação de forma crítica, procurando perceber a natureza e a forma de abordar os assuntos. O Paulo, assim como seu pai, tinha aversão ao leite. Não descia na garganta de jeito nenhum! Ele prometeu várias vezes aos seus colegas que tomaria um copo grande cheio de leite se, em alguma exibição do Jornal Nacional (Rede Globo), não se desse alguma notícia sobre os EUA. Ele nunca precisou pagar essa promessa! Ele tinha consciência da função alienadora dos meios de comunicação social, ainda mais no período ditatorial. Da mesma forma, o rapaz sabia que o futebol tinha um papel de despolitização. Mesmo assim, assistia um pouco de TV e tinha paixão pelo futebol, sendo torcedor do Grêmio. A formação crítica, emancipadora, perpassava todos os seminários dessa congregação.

Paulo tinha um desejo enorme de ter um rádio para ouvir futebol. Mas não tinha dinheiro para essa aquisição. No seminário, era cobrada anuidade, a qual, com dificuldade, era paga todos os anos pelos seus pais. Além de perderem um trabalhador, agora ele gerava gastos extras. Alguns seminaristas eram de famílias com a situação financeira melhor, o que permitia que tivessem certas coisas, inclusive roupas de marca, o que também era desejado pelos demais. Dentre eles, alguns tinham, até, um aparelho de som mais sofisticado do que o rádio, chamado de "três em um" (rádio AM/FM, tocador de fita e gravador). Para o Paulo, o jeito era se aproximar de quem tinha um aparelho de som para ouvir as notícias sobre esportes e os jogos do seu time nos finais de semana. Ele teve o seu primeiro radinho apenas oito anos depois, quando já tinha 25, ganhado de presente de um padre ao comprar, para si, um aparelho de som "três em um".

A Escola Pública Estadual ficava no centro da cidade, numa distância de quatro quilômetros do seminário, sendo que este ficava num bairro. Fazia-se esse trajeto a pé, tanto para ir como para voltar, todas as noites, de segunda à sexta-feira. Os seminaristas melhores financeiramente pegavam, com certa frequência, o ônibus coletivo. Os outros, como o Paulo, fazia isso muito raramente, somente quando chovia ou fazia muito frio. O seminário e a cidade ficavam no alto, o que aumentava o frio no inverno devido ao vento forte. Aliado a isso, não se tinha roupa adequada para usar no inverno. Casacos apropriados eram para uma minoria e, devido ao preço, somente uns tinham um poncho – também chamado de pala – para usar, o que era um objeto de desejo do Paulo – desejo nunca satisfeito. Posteriormente, ele comprou um para o seu pai.

Devido ao espírito de dedicação, valor aprendido na família, o Paulo tirava notas bastante satisfatórias. Estas eram o termômetro para saber o desempenho na escola, e essa era a concepção de ensino-aprendizagem, de educação escolar, naquela época. O Paulo estudava muito para se sair bem nas avaliações, e, dessa forma, passar nas disciplinas (matérias). Ele tinha muita facilidade nas de exatas: Matemática, Física e Química. Esse fato explica-se por ele ter tido uma excelente professora de Matemática nas séries do curso ginasial. Ela era muito exigente, brava, fazia a turma estudar e compreender o que era ensinado. Além disso, o envolvimento com os números, a realização de cálculos era facilitada pelo fato de não demandar tanto o uso da língua portuguesa.

O retorno para casa era permitido somente nas curtas férias de julho e no final do ano. Na noite em que recebiam a nota da última disciplina, e estavam livres do exame, corria-se euforicamente para o seminário, pegava-se a malinha com quase tudo já arrumado e se seguia à estação de trem para embarcar no famoso Úngaro, que passava às duas horas da madrugada. Esse trem fazia o trajeto entre Porto Alegre e Santa Maria. Depois, ainda era preciso pegar dois ônibus para o Paulo chegar à casa dos familiares no fim da tarde daquele dia. Essa primeira experiência dele aconteceu no início de julho de 1977. Agora, o Paulo tinha um status social maior na família: era seminarista.

Foi uma emoção sem descrição possível rever os pais, irmãos, parentes e amigos, rever e reviver toda atmosfera familiar e comunitária deixada para trás. Foi um reencontro que parecia um mergulho na felicidade plena! O Paulo lembra muito bem o local da estrada em que ele não conteve mais o choro ao imaginar o reencontro. Esse momento aconteceu quando o motorista entrou na rodovia que passa em frente à casa dos seus pais, embora ainda faltassem uns 50 km. Foi o reencontro com o tempo anterior. E assim foram as idas e vindas durante os três primeiros anos do novo tempo.

Mesmo com toda a emoção vivida na chegada após o período de quatro meses de separação e saudades, os corpos eram muito contidos no reencontro. Todos da família evitavam o abraço apertado, e da mesma forma agia o Paulo em relação a eles. O Sr. Silmar, seu pai, muito feliz, sem saber o que dizer, limitava-se ao aperto de mão com o braço esticado, enrijecido. A dona Marli, sua mãe, soltava-se um pouco mais, assim como seus irmãos e irmãs, porém sem o contato afetuoso dos corpos. A emoção era pouco manifestada por meio destes, e isso fazia parte da cultura católica alemã camponesa. A divisão radical entre o corpo e a alma era defendida pelo filósofo grego Platão. Este via o corpo humano como sendo a fonte dos desejos e do prazer, por isso deveria ser contido e reprimido pela razão. Esta, por sua vez, despertaria as pessoas para viverem de acordo com os valores e as virtudes mais elevadas originárias da alma. Essa concepção dualista do ser humano serviu de base para a elaboração da doutrina cristã católica e foi repassada de geração em geração até chegar aos familiares do Paulo.

Um momento marcante para o Paulo no segundo semestre do primeiro ano foi ter recebido a visita de sua mãe, sua irmã mais nova, uma amiga e seu filho pequeno. A viagem delas foi uma verdadeira aventura! Na ida, fizeram quase todo trajeto de trem, tendo em vista as dificuldades financeiras. Na volta, somente uma parte foi feita de trem, a mesma que o Paulo sempre fazia. Essa amiga e seu companheiro eram vizinhos dos seus pais e, além da amizade, eram grandes parceiros na canastra. A dona Marli não se cansa de contar fatos dessa viagem. Hoje, ela se admira da coragem que tiveram para fazer esse percurso longo de trem, além de não terem nenhuma experiência com esse sistema de transporte. Todo esse sacrifício foi feito para visitar o filho, irmão e amigo e, dessa forma, aliviar a saudade.

Elas chegaram de madruga na estação de trem, na qual foram recebidas pelo Paulo e um padre, este foi por causa da necessidade de dirigir o carro. Elas estavam exaustas, inclusive a senhora amiga tinha passado mal durante a viagem, vomitado muito devido ao balanço do veículo. Dada à ingenuidade do Paulo e a vontade incontida de apresentar as suas visitas aos demais colegas, nessa mesma manhã, bem cedinho, foi acordar as visitas para que participassem da oração junto aos seminaristas, a qual teve início às 06h15. Ele não parava de bater nas portas dos quartos até que conseguiu acordá-las e convencê-las a participar da oração. O que, para a razão, é inexplicável ou beira à loucura. Só os sentimentos vividos, incluindo a ingenuidade, explicam a atitude dele de deixá-las dormir apenas entre três a quatro horas.

O Paulo, quanto à relação com as mulheres, tinha contato apenas com as colegas da escola e algumas da redondeza do seminário. Nos fins de semana, dificilmente ele saía, diferente de parte dos seus colegas. Seu comportamento com as garotas limitava-se à amizade, isso tanto no seminário quanto na comunidade nos períodos de férias. Esse fato não quer dizer que faltasse vontade de se aproximar mais, de namorar. Para ele, ser seminarista impunha-lhe essa condição, esse limite, esse distanciamento. Parte dos outros seminaristas agia diferente, paquerava garotas na escola, assim como em oportunidades nos fins de semana, embora de forma discreta. Raros faziam isso de forma explícita. Paulo não se opunha, embora não fizesse.

E assim se passaram os três primeiros anos do tempo de seminário. Foi uma época de muito aprendizado, de formação intensa, de mudanças na forma de pensar, sentir e agir. Foi, também, um tempo de sofrimento por causa dos atritos criados no convívio por parte de alguns colegas, bem como motivado pela saudade dos familiares e da ruptura sentida em relação ao primeiro tempo vivido numa família e comunidade camponesa. É o rompimento provocado pela mudança, pelo novo, que se engendra a partir da superação do antigo, do tempo anterior. É um processo de continuidade e descontinuidade, de preservação, de ruptura, de ressignificação e de conquista do novo. A semente ou broto da cana, para produzir o doce, precisa se desenvolver, criar forma (formação) e madurar, enfrentando, nesse processo, inclusive, várias adversidades. É o novo tempo iniciado na trajetória de vida do Paulo.

No seminário, pelos mais diferentes motivos, parte expressiva desistia no decorrer de cada ano. Os principais motivos eram a dificuldade de adaptação ao novo sistema de vida e as dúvidas que sempre pairavam nas mentes e nos corações dos seminaristas sobre as exigências existentes para ser padre, sendo o celibato a principal. A grande maioria queria namorar! Alguns eram expulsos pela clara manifestação de desinteresse com as atividades formativas. Havia casos em que a expulsão ocorria pelo fato de os padres desconfiarem de certos problemas de ordem psicológica ou emocional.

Certa vez, de acordo com comentários ouvidos pelo Paulo, teria ocorrido o seguinte fato: o padre formador pôs à prova o equilíbrio mental de um seminarista. Num sábado depois do almoço, sob um sol de rachar, mandou o rapaz abrir um buraco quadrangular de boa extensão e profundidade. Depois, pediu que o fechasse. Caso não perguntasse o porquê dessa ação, seria demitido. Enquanto ele abria o buraco, o padre o observava sentado ao lado, na sombra. Depois de estar exausto, o padre pediu para que fechasse o buraco com a mesma terra. Feito isso, pediu que guardasse as ferramentas e fosse tomar banho. Ele foi feliz da vida, sem questionar nada! Na segunda-feira, ele foi convidado para tomar o caminho de casa! Havia, também, casos de homossexualidade, os quais sempre terminaram com o seminarista sendo convidado a procurar outro caminho.

Um filtro expressivo sempre acontecia no final do terceiro ano do segundo grau: continuar a formação sacerdotal, indo para o seminário de Filosofia, ou desistir e tentar a sorte no vestibular para cursar outro curso superior, ou, ainda, voltar para a casa da família. Cursar Filosofia era um passo desafiador. Muitos não o deram. O Paulo, mesmo em meio a muitas dúvidas, aceitou o desafio, pois o projeto de ser padre ainda vibrava com certa intensidade.

O seminário de Filosofia ficava numa cidade a 300 km de distância, portanto um pouco mais perto, e de fácil acesso, pois com um ônibus só se fazia todo trajeto. Esse seminário era um prédio enorme de estilo antigo em forma de U maiúsculo com três andares. Numa ponta, funcionava uma gráfica da congregação, e, na sequência, uma capela. No outro lado, separado, existia um ginásio de esportes. Como é comum na estrutura física dos seminários, tinha muitos quartos para os seminaristas, padres, irmãos religiosos, hóspedes, bem como salas, refeitório, cozinha, despensa, lavanderia, garagem. A estrutura do prédio não tinha leveza, não era aconchegante, assim como em termos paisagísticos, dado o seu formato e o local da construção no terreno. A frente ficava bem próxima à rua, com um estreito jardim fazendo a separação, tendo, basicamente, a parede do prédio como muro de proteção. Havia um jardim interno, mas de espaço acanhado quando comparado ao edifício.

O período de permanência nesse seminário era de três anos, sendo o tempo do curso de Filosofia. As turmas eram menores, um total de aproximadamente 40 seminaristas. Nessa fase, chegaram novos seminaristas (ensino médio já concluído), os quais se somavam aos que viveram no seminário na etapa anterior. No seminário de Filosofia, havia vários padres, sendo poucos os envolvidos diretamente com os seminaristas (geralmente dois), e os demais exerciam outras atividades, inclusive uns eram de idade avançada. Além deles, tinha uns irmãos religiosos. Nesse seminário, também residiam algumas mulheres, as quais trabalhavam na cozinha e lavavam e passavam a roupa.

O Paulo ingressou nesse seminário no ano de 1980. Ele pegava o ônibus pela manhã e, no final da tarde, já se encontrava no destino. Além dele, outros quatro colegas que fizeram a experiência no seminário do ensino médio também deram esse passo, ingressando na Filosofia. Uma turma expressiva de nove novos seminaristas agregou-se a esses cinco no primeiro ano. Três dos cinco que vieram do seminário da fase anterior desistiram durante aquele ano, os outros dois concluíram a Filosofia, sendo o Paulo um deles, e o outro ficou padre. Dos ingressantes novatos, o impressionante número de sete seminaristas concluiu esse curso, ou seja, houve apenas duas desistências.

A experiência de convivência do Paulo com a turma de Filosofia foi muito diferente do seminário do ensino médio. A maturidade e maior seriedade dos seminaristas fizeram com que as relações destacassem-se pelo respeito, compreensão, fraternidade, cooperação. Agora se trata de jovens e adultos, antes eram adolescentes em fase de afirmação, de competição, sendo que muitos deles não tinham a clareza mínima sobre o que estavam fazendo no seminário, não tinham, no horizonte, nem vagamente, o projeto de ser padre. Os aprendizados desenvolvidos pelo Paulo nessa etapa da sua formação foram cruciais, provocando muitas mudanças na sua forma de pensar e agir, inclusive sendo decisivos para o seu futuro em termos profissionais.

No primeiro ano nesse seminário, o Paulo recebeu a visita dos seus pais e do companheiro de uma irmã, a que mora no Paraguai. Eles, além de poderem ficar uns dias com o filho e irmão da companheira, conheceram a cidade e foram em vários locais em que o pessoal do seminário desenvolvia atividades econômicas: lavoura, chácara de criação de animais, área de plantação de eucaliptos, gráfica. Eles ficaram bastante impressionados com o sistema de gás natural produzido por meio do esterco dos animais, ficando, dessa forma, naquele local, autossuficientes em energia. Além disso, ficaram admirados com a qualidade genética das vacas de leite e o sistema mecanizado de ordenha. Foi o encontro da agricultura camponesa tradicional com sistemas inovadores de produção, utilizando-se da tecnologia disponível.

A chácara ficava ao lado de uma rodovia para o acesso a outras cidades numa região da cidade em grande expansão habitacional. Mais tarde, essa propriedade foi loteada, e a sede da chácara acabou sendo o centro de atendimento da nova paróquia criada na região. A casa da chácara tornou-se a residência do padre e secretaria da paróquia, e a estrebaria e o chiqueiro foi transformado numa belíssima Igreja matriz. Uma construção foi restaurada para um fim totalmente diferente, dando-lhe outra forma. É o novo emergindo a partir do velho, do já existente, transformando-o, superando-o, revolucionando-o, dando-lhe outra finalidade e forma.

Como dimensão fundamental para a formação sacerdotal e religiosa, o cultivo da espiritualidade, via oração e meditação, tinha o seu tempo todos os dias. Ao levantar, antes do café, 45 minutos era para a oração, feita de muitas formas. Nas segundas-feiras, no final da tarde, tinha uma missa aberta para a participação dos leigos. A parte da manhã era reservada para o trabalho, sendo que, aos sábados pela manhã, fazia-se a reunião de debate e autoavaliação. O estudo de Filosofia acontecia no período da tarde e, também, nas sextas-feiras à noite. Esse dia de aula à noite foi a forma encontrada para cursar os sete semestres do curso em três anos. As outras noites eram ocupadas para o estudo no seminário e reuniões esporádicas. Nesse seminário, não tinha um pequeno sino para chamar os seminaristas para as tarefas. A forma de acordar era por meio da música, e, para os demais horários de início das atividades, cada um se programava para isso.

Nos finais de semana, todos os seminaristas exerciam ações sociais e pastorais nas comunidades, nos movimentos populares na periferia da paróquia na qual se localizava o seminário. Foram muitas as atividades exercidas, o contato e a interação com a população, práticas consideradas relevantes para a formação sociocultural e sacerdotal. Essa inserção religiosa e social era um imperativo, um dever. Paulo, junto a outros colegas, atuava em atividades pastorais e sociais num conjunto de vilas pobres localizadas ao lado da ferrovia. A população residente nessa área era, em sua grande maioria, oriunda do êxodo rural na década anterior e estava precariamente inserida no mercado de trabalho, assim como desenraizada de suas origens sociais e culturais.

Certa vez, o Paulo visitou uma família nessa região que tinha duas garotas no grupo de jovens. Ao conversar com a mãe e o pai delas, ele contou de onde veio a sua família, o motivo por que se mudou para a cidade, lamentou que ele estivesse recebendo um salário baixo e contou que a família encontrava dificuldades para garantir o básico para viver. Nisso, a mulher começou a chorar, levantou-se da sala e foi para a cozinha. Após um bom tempo, mais calma, ela voltou quando o Paulo perguntou o que tinha acontecido. Ela, ainda muito abalada, respondeu: "eu não aguento viver na cidade! Eu quero voltar!". Era uma família que vivia no campo e fazia menos de 10 anos que tinha se mudado para a cidade. É um êxodo rural que provoca rupturas profundas, que desestrutura as pessoas, corta as raízes. Nesse caso, as condições sociais não propiciam o novo enquanto superação do tempo anterior, o melhoramento das condições de vida.

A congregação religiosa estava alinhada à ala progressista da Igreja Católica, tendo a Teologia da Libertação como fundamento teológico e social. Na região em que ficava o seminário, em um município bem próximo, no ano anterior – 1979 –, trabalhadores rurais sem terra ocuparam duas fazendas: Macali e Brilhante. Eles eram oriundos de uma área indígena na qual viveram por muito tempo e, nessa época, foram expulsos. Não tendo êxito com essa ocupação, nem para onde ir, e contando com o apoio do padre, em 1981, uma parte desses trabalhadores, e mais o ingresso de outros, decidiu acampar ao lado de uma estrada, a qual se tornaria famosa pelo acampamento chamado Encruzilhada Natalino.

Os seminaristas, junto aos padres, faziam arrecadações de mantimentos para esse acampamento e, em algumas oportunidades, visitas a esses trabalhadores. Na famosa romaria e missa celebrada no dia do colono, contando com dezenas de bispos, o Paulo e seus colegas estavam lá. Esse ato religioso também foi um evento político marcante em favor da democracia, contra a ditadura civil-militar. Uma ação sociocultural relevante desenvolvida pelos seminaristas, sob a supervisão de um padre, foi a criação e exibição de uma obra teatral para retratar a luta dos trabalhadores rurais sem terra pelo assentamento e pela reforma agrária. Essa peça teatral foi apresentada em quase todas as sedes paroquiais em que atuavam os padres dessa congregação.

O curso de Filosofia era uma base formativa essencial para o desenvolvimento da formação política e teológica emancipadora. A Filosofia era numa universidade particular que ficava numa distância de aproximadamente 10 km do seminário. Daí ser necessário deslocar-se diariamente de ônibus coletivo. Nesse curso, além de leigos e mulheres, havia seminaristas da diocese local e de outras congregações religiosas. O Paulo teve dificuldades no primeiro ano para assimilar a natureza do curso. Não era a graduação de sua preferência, e sim uma exigência para alguém que estava no processo de formação para ser padre. Posteriormente, tendo como sede aquele seminário, a congregação criou o seu próprio curso de Filosofia.

Os seminaristas de Filosofia tinham um Diretório Acadêmico, o qual levava o nome do fundador da congregação. Sua finalidade era administrar a parte cultural e esportiva. A biblioteca, incluindo a aquisição de livros, era de sua responsabilidade, assim como a sala de música, incluindo os aparelhos de som, a compra de discos. Da mesma forma, era de sua incumbência a aquisição do material esportivo e a organização de viagens de passeio. Para a obtenção dos recursos financeiros, organizavam-se jantas festivas. O mandato da diretoria era de um ano. As eleições eram bem participativas, democráticas, com formação de chapas, debate, eleições. O Paulo fez parte da diretoria em dois mandatos. Essa organização estudantil tinha um caráter formativo relevante.

A diversão era realizada de muitas formas. Tinha dois horários semanais reservados no ginásio de esportes para o futebol de salão, assim como havia dois times de futebol de campo para jogar com equipes de outros seminários ou em comunidades na cidade ou no interior. Tinha a sala de jogos, a de TV e a de música. Promoviam pequenas festinhas nos quartos ou na sala entre os mais próximos, principalmente para comemorar aniversários. E saíam para assistir filmes e participar de festinhas nas comunidades em que se atuava na pastoral. Havia muita liberdade para a diversão, a confraternização, inclusive fora do seminário. Eram chamados de bobos os que saíam pouco. O Paulo quase aproximava-se destes, pois saía pouco para se divertir.

O seminário de Filosofia também buscava, ao máximo, a autossustentação em termos econômicos. As atividades produtivas para a geração de renda eram: gráfica (pagava as mensalidades na Universidade), aluguel do ginásio de esportes, lavoura, criação de animais, cultivo de eucalipto (venda de paus para andaimes nas empresas de construção civil e lenha para indústrias), britadeira. Quando as receitas não eram suficientes, recorria-se à sede da congregação. Em relação à gráfica, o seminário só cedia o espaço físico, sendo que a administração era de responsabilidade da congregação (administrada por um padre e dois irmãos), e os empregados eram leigos.

O trabalho dos seminaristas era importante para a obtenção do sustento. Eles trabalhavam em equipes: limpeza do prédio, lavação da louça, extração do eucalipto, atividades na lavoura e na chácara. Assim como na gráfica, na britadeira, também não trabalhavam seminaristas, porém era administrada por padres. O trabalho era visto, para além da questão econômica, como parte integrante da formação humana. O fundador da congregação tinha o seguinte lema: *"ora et labora"* (reze e trabalhe).

O desenvolvimento de amizades com as garotas e mulheres em geral era facilitado pelo trabalho social e pastoral, assim como na Universidade. Essa experiência era relevante para o desenvolvimento da dimensão subjetiva (afetividade e sexualidade) no processo da formação integral. Ainda assim, essa questão ficava muito aquém do desejado pelo Paulo. Este não se autorizava em estreitar relações, paquerar, embora não faltassem as que assim desejavam. A vontade era grande, mas a disciplina ética e a formação trazida do berço familiar bloqueavam essas iniciativas.

Vários outros seminaristas agiam diferente, tiveram a experiência de maior aproximação e contato, sendo as festinhas nos grupos de jovens a oportunidade propícia. Paulo visitava várias garotas em suas casas, desenvolveu boas amizades, mas se limitava a isso, sendo que o desejo ou a vontade demandavam experiências de maior intimidade.

A questão da sexualidade nada desenvolvida, muito reprimida, criava tristeza, angústia, vazio interior, queimação na alma, gerava crises na vida do Paulo. Essa situação existencial colocava o projeto de ser padre em dúvida, pois temia pela não realização pessoal. Afinal, seria muito desumano conviver a vida inteira com esse desejo elementar negado, impedindo-o de se realizar, o que é que importa na vida, obviamente também na sacerdotal. Foram muitas as crises durante esses três anos. Várias vezes, ele pensava em desistir, o que vários outros colegas fizeram.

Certa vez, num sábado à tarde, uma senhora chegou no seminário para se encontrar com o Paulo. Ela disse que sua filha estava em casa chorando com vontade na namorar ele e que tinha esse sentimento já há algum tempo! O Paulo gostava muito dessa garota, era linda. Ele ia muito à casa dela, o que fez com que criasse uma boa amizade também com a mãe. Na verdade, essa senhora também queria que a sua única filha namorasse o Paulo. Essa situação o deixou desnorteado, com uma grande dor no peito, não sabendo o que fazer! Ele sabia que, caso começasse a namorar ela, nem concluiria o curso de Filosofia. Seria o rompimento com essa trajetória de vida. A falta de coragem para dar esse passo na direção do mundo da incerteza foi o que mais pesou na decisão de permanecer no seminário.

Um colega do Paulo, com um sotaque de alemão bem carregado, seguidamente dizia que não casaria porque, caso contrário, amaria apenas uma mulher. Por sua vez, enquanto padre, ele poderia amar a todas, pois não estaria comprometido com apenas uma! Depois de concluída a Filosofia, ele trocou de congregação e ficou padre! Deve estar amando como ninguém!

Um motivo da falta de coragem para desistir era o medo de contrariar os pais. Esses tinham um grande desejo que um filho se tornasse padre. Paulo procurava equacionar estas duas questões: realização pessoal e agradar seus pais. A realização pessoal consistia em ser padre, porém com a dimensão da afetividade e sexualidade integrada nesse estilo de vida. Para os pais bastava, em boa medida, a primeira parte, isto é, o filho ser padre. Para o Paulo, a questão era mais complexa, por isso essa equação persistia em não fechar. É a principal tensão que acompanhou a sua vida no seminário.

Certa vez, numa comunidade do interior, aconteceu um fato muito lembrado posteriormente pelos seminaristas nas suas brincadeiras. Esporadicamente se passava o dia de domingo numa comunidade rural cuja programação era: missa pela manhã, almoço festivo, futebol à tarde e muita animação (conversas, piadas, cantoria, cerveja, risada). O meio de transporte era um caminhão ¾ com toldo, o mesmo usado para levar os seminaristas para o trabalho na lavoura. Numa dessas visitas, no final da tarde, encerrado o futebol e antes de retornar, saiu mais uma rodada de cervejas e, com isso, começou a escurecer. O ambiente estava perfeito para os seminaristas mais animados aproximarem-se das moças. Num dado momento, o motorista, que era irmão religioso, foi entrando no carro e gritou com voz firme: "Vamos embora! Quem beijou, beijou! Quem não beijou, não beija mais!". Claro, esse grito não foi para o Paulo!

Concluído o curso de Filosofia no final de 1982, com a persistência do dilema entre continuar ou desistir, Paulo decidiu continuar, indo no noviciado no ano de 1983. Essa experiência aconteceu em uma cidade-zinha pequena na Região Oeste do estado de Santa Catarina, lugar em que havia várias paróquias atendidas por padres da congregação. O grupo era formado por nove seminaristas, sendo três chilenos. Além deles, tinha dois padres e uma senhora para fazer o serviço doméstico, esta sendo irmã de outro padre. A casa era de tamanho médio, modesta e ficava na área central dessa cidade interiorana. O ingresso foi na ocasião da solenidade da primeira profissão dos votos religiosos da turma de seminaristas anterior, ou seja, os que estavam encerrando o ano de noviciado.

Noviciado é um ano de certo recolhimento, de reflexão e meditação, visando a preparação para a entrada na vida religiosa. Nas congregações religiosas, os seminaristas, antes de serem padres, tornam-se religiosos, fazendo a profissão anual dos votos de pobreza, obediência e castidade. Portanto, o Paulo e os demais colegas estavam preparando-se para ingressar na vida religiosa, uma das condições para ser padre. A vida comunitária é a essência dessa forma de vida via pertencimento a uma congregação religiosa.

O trabalho pastoral nas paróquias é um serviço prestado à Igreja, porém não deveria ser a atividade principal ou central dos padres religiosos. Os diocesanos, diferentemente, não são religiosos, por isso são chamados de padres seculares, ou seja, são padres leigos. Mesmo assim, no decorrer da história da Igreja Católica, esses sacerdotes também foram obrigados a professar os três votos. Eles estão vinculados ao bispo da diocese em que atuam – portanto não a uma congregação religiosa –, e cada um é responsável pela sua sustentação financeira. Para esses padres, como foram os primeiros mil anos da Igreja Católica, faria todo sentido se casar, constituir família e, dessa forma, exercer o sacerdócio.

É um ano sem a experiência do estudo formal numa instituição de ensino. Porém, desenvolvem-se muitas ações formativas, tais como leituras, cursos, debates, retiros espirituais, momentos de oração, atividades pastorais e sociais. O acento é na espiritualidade, na reflexão sobre o sentido da vida religiosa. Na pastoral, todas as comunidades da paróquia tiveram a contribuição dos chamados noviços, sendo que cada comunidade tinha um deles para auxiliar nas diferentes atividades. Ao Paulo, couberam três comunidades do interior e o grupo de jovens da comunidade matriz. Também tinham três irmãs religiosas, pessoas parceiras nas atividades pastorais, cuja casa ficava aos fundos da residência dos noviços.

O contato com as pessoas e as atividades desenvolvidas foi muito enriquecedor para a formação. Era uma região de agricultores camponeses formando um ambiente social em que o Paulo sentiu muita facilidade para o convívio. A diferença era que os camponeses desse município são de descendência italiana, e o Paulo, no caso, é de origem alemã. Foi um ano em que foi saboreado muito frango caipira acompanhado de polenta e salada de chicória e radiche, queijo e salame caseiro, vinho, ocorria muita conversa com a marca característica da expressão corporal (falar com o corpo) e risadas altas. Os dois estilos de vida em interação amplia e aprofunda a compreensão humana, a abertura para a multiplicidade das formas de existência.

As atividades de lazer eram diversas. Nas sextas-feiras à noite, depois do jogo de futebol de salão, a janta era festiva, seguida de cantoria, jogos de baralho, regada a vinho ou cerveja. Além disso, participava-se de festas e do futebol nas comunidades em que cada um atuava. A grande novidade, contra a vontade do padre formador, foi a participação dos noviços no campeonato municipal de futebol de salão. O padre auxiliar, novo, era o primeiro reserva do time. Paulo, devido ao contato que teve com os jovens da cidade, e outro colega, amante do futebol, foram decisivos para essa participação. Depois da fase de grupos, a equipe dos noviços classificou-se para a fase eliminatória em jogo único, e, por pouco (diferença de um gol), o time não foi para a final. Essa participação virou notícia entre a parte do público que não era frequentadora assídua na igreja. Na verdade, tratava-se de uma estratégia de inserção nesse mundo mais laico.

Tinha, também, o trabalho. Na casa, auxiliava-se a doméstica, fazendo a limpeza, passando roupa, lavando a louça. Nos fundos da moradia tinha uma horta, a qual estava sob os cuidados do Paulo, e uma criação de galinhas poedeiras, bem cuidado por outro seminarista. E, como de costume, tinha uma pequena lavoura próxima na qual se produzia milho, mandioca, feijão e batatas. Em uma cidade próxima, ficava um seminário ginasial (sexta à oitava série), para onde os noviços iam, com a Kombi, trabalhar de forma esporádica e, em troca, voltava-se com o carro cheio, além dos noviços, de carne e outros alimentos.

Certa vez, o irmão religioso responsável pela produção e criação naquele seminário, descontente com os noviços por um motivo ignorado, resolveu pirraçar! Foi combinado que, em determinado dia, eles iam lá trabalhar e uns carneariam um porco. O irmão não tinha preparado nada! Os noviços, ao perguntar sobre qual porco teria a infelicidade de ser sacrificado, ele respondeu: "vão lá e escolham o que vocês quiserem!". Achando que o irmão iria ajudar, como aconteceu nas outras vezes, agora restou aos noviços virarem-se por conta própria. Eles tiveram que procurar tudo o que era necessário, a começar pelas facas! Na hora de faquear o porco, ninguém se animou, pois faltava essa experiência. O Paulo, que nunca tinha feito isso, algo que sempre estava reservado para o seu pai, prontificou-se e foi certeiro. Foi a única e última vez!

Os três chilenos do grupo eram da cidade de Santiago e não tinham nenhum conhecimento sobre a agricultura. Nunca pegaram numa enxada! Um dos noviços resolveu fazer uma brincadeira com o mais ingênuo dos três colegas chilenos. Numa ida à lavoura, ele lhe entregou um saquinho de sagu e disse que eram sementes de mandioca, pedindo para que ele as plantasse e explicando como deveria fazer. Enquanto os demais faziam outras atividades na lavoura, ele ficou plantando essas sementes. Na semana seguinte, ao perceber que não tinham nascido, ele se queixou. De pronto, o colega lhe disse: "falta água! Por favor, pega esse balde e busca água naquele córrego e rega a terra onde você plantou as sementes, e em sete dias nascerão". E assim fez! É uma brincadeira que retrata as diferentes realidades vividas pelas pessoas, uma pluralidade em formação na busca do mesmo objetivo!

Novamente, as dúvidas sobre ser ou não ser padre persistiam nos sentimentos do Paulo. Diante do fato de que isso não era exclusividade dele, foi motivo de muita conversa entre os colegas. Havia um ambiente favorável para isso naquele ano. Aliás, o noviciado é para isso, refletir sobre o sentido da vida religiosa e sacerdotal. Novamente, várias garotas bonitas davam sinais para algo além da amizade, no entanto, o Paulo não se autorizava em avançar o sinal "vermelho" na sua forma de conduta que, em boa medida, ele mesmo havia definido. Com uma delas, ele manteve um contato bastante romantizado por meio de cartas e cartões durante muitos anos subsequentes.

Antes da profissão dos votcs e o consequente encerramento do noviciado, na comunidade atendida pelo Paulo e da qual pertencia essa garota, o grupo de jovens realizou uma festa de despedida para todos os noviços. Era um lugar perfeito! Foi à noite, no campo, no local do encontro das águas do Rio Uruguai com um riacho que atravessa o município. A estratégia adotada para preparar a janta foi extremamente democrática. Cada um e uma ficaram de levar alguma coisa para comer, sendo que o cardápio definido era galinha com arroz e mandioca, assim como vinho para beber. Os seminaristas estavam excluídos dessa tarefa.

Todos estavam, praticamente, limitados à iluminação lunar, e, em mãos, havia uma ou outra lanterna de pilha. Foi colocado um tacho para fazer a galinhada e outro para cozinhar a mandioca. Com o fogo aceso, quem tinha levado carne de frango, despejou-a no tacho escaldante para fritar. Depois de frito, chegou o momento de colocar o arroz! Foi um despejo de arroz que quase não tinha fim! Nunca se comeu tanto arroz na vida! Seguiu-se à risca o ditado popular: a galinhada era arroz com a galinha solta no quintal! Vários levaram mandioca, que também foi cozinhada em outro tacho. Uma pessoa ficou responsável de levar o óleo e os temperos. A sorte foi que vários levaram muito vinho caseiro, bebida abundante na região. Na hora do jantar, graças ao efeito do vinho, a comida era uma delícia!

Foi um encontro dos sonhos! Alguns noviços não resistiram aos apelos nobres da profundeza do seu ser, paqueram encorajados pelo vinho e o ambiente. Paulo, na sua rigidez disciplinar de seminarista e sua timidez, não se autorizava a tanto, embora se divertisse muito. Os noviços, na hora de retornar com a sua Kombi, e os dois motoristas oficiais não tinham resistido ao sabor de um vinho caseiro! Conclusão: no momento de dar a marcha à ré no escuro, achou-se um toco de uma árvore! É a vida com os seus imprevistos. Mesmo assim, não foi esse pequeno incidente o motivo para estragar a bela noite no campo diante do encontro dos rios (longe do agito urbano) e sob um luar que provocava inveja aos deuses. Noite enluarada, comida, vinho, companheirismo, alegria, jovens, afetos, um cenário paradisíaco para festejar a despedida dos noviços.

Chegou o dia solene da primeira profissão dos votos temporários pelo período de um ano, e, dessa forma, o ingresso na vida religiosa e, consequentemente, o pertencimento à congregação religiosa. É a entrada numa nova família! É a manifestação do novo muito distinto do antigo, com rupturas profundas, mas também com a preservação e ressignificação de valores cultivados no berço familiar. Da turma que ingressou no noviciado, todos assumiram o desafio de dar esse passo.

Os pais e outros familiares de quase todos os noviços marcaram presença nessa solenidade. Um evento significativo na vida do filho ou irmão não podia ocorrer com a ausência deles. O Paulo contou com a presença dos seus pais e de uma irmã. É o encontro de seres humanos dos dois primeiros tempos! Pessoas da família e comunidade camponesa, sem muito entender o que se passava, presenciando o filho tornar-se religioso e, dessa forma, assumir o pertencimento à nova família, uma numerosa e plural, constituída por todos os membros da congregação.

Durante a missa, o ápice foi a profissão dos votos religiosos de pobreza, obediência e castidade, o que foi feito individualmente por cada noviço. Foi um momento significativo e, por isso, de muita emoção. Após a missa, com transmissão pela rádio local, houve a festa comunitária. Era um povo humilde, generoso, que soube valorizar a presença daquela turma assim como as anteriores. Na mesma solenidade, ingressou uma nova turma de noviços! É a dinâmica da vida: chegadas e despedidas! O Paulo, sempre quando vai passear no estado do Rio Grande do Sul, passa na entrada desse município, o que faz evocar muitas e belas lembranças.

Novamente, mesmo com essa bela experiência no noviciado, as principais angústias e dúvidas teimavam em persistir. A tensão, os conflitos entre ser ou não ser padre eram, embora com intensidades variadas, uma constante na vida do Paulo. Mesmo convivendo com as incertezas, carências, medo de encarar o diferente, o novo e, ao mesmo tempo, alimentado expectativas em relação ao novo passo a ser dado, em meio a esse turbilhão, tomou a decisão de professar os votos e se tornar religioso.

A etapa seguinte foi o ingresso no curso de Teologia. Era o ano de 1984, ano da gigantesca mobilização popular pelas Diretas Já (reivindicação de eleições diretas para a escolha do novo presidente da República). O período da ditadura civil-militar estava esgotado após uma longa noite de trevas, de crise social, intensa organização e luta política em favor da instauração do regime democrático. Era um período de transição, a passagem do velho para o novo, porém sem romper com causas estruturais causadoras das obscenas desigualdades sociais. A transição foi pelo "alto", pactuado entre os militares em retirada e os setores civis conservadores desejosos de se manterem no poder, preservarem os privilégios, agora sob o comando deles. Para garantir esse acordo, o movimento das Diretas Já, um desejo da grande maioria da população, foi derrotado pelo Congresso Nacional. O primeiro presidente civil ainda foi eleito pelo Parlamento contra a vontade mobilizadora do povo.

Era, no Brasil, um período efervescente da política no âmbito da sociedade civil: sindicatos, movimentos populares, associações, entidades. Entre estas, houve a contribuição significativa de parte da Igreja Católica e de lideranças religiosas de outras igrejas cristãs tradicionais para a organização e mobilização popular em favor de uma sociedade mais justa, mais humana, a começar pela erradicação da pobreza. A Teologia da Libertação, desenvolvida a partir do início da década de 1970, foi a grande base teológica e doutrinária para a parte da Igreja Católica chamada progressista. Essa teologia procurava articular a fé com a ação política emancipadora. O Reino de Deus e a salvação passavam por uma sociedade justa, o que demandava a militância política dos cristãos nas esferas do Estado e da sociedade civil. A parte católica tradicional, conservadora, defensora do status quo perdeu a hegemonia nesse período.

Nesse contexto de renovação, foram criados novos institutos de teologia alinhados à Teologia da Libertação. Entre os seminaristas, incluindo o Paulo, começou uma movimentação para a congregação deixar o instituto de Teologia tradicional para viabilizar uma formação teológica que estivesse em sintonia com o novo tempo sociopolítico e com a própria linha pastoral dessa congregação. Havia um instituto de Teologia novo criado por duas dioceses, o qual estava no segundo ano de funcionamento. A congregação se tornou parceira dessa instituição a partir de 1984, sendo a turma do Paulo a primeira a cursar Teologia nesse novo e inovador centro de formação teológica. Foi uma grande conquista!

Nesse instituto, as diferentes temáticas consideradas essenciais na formação teológica eram estudadas no formato de módulos. Findo um, e antes de iniciar o outro, tinha-se uma semana para a escrita de um texto avaliativo relacionado aos assuntos abordados no referido módulo. As aulas regulares eram no período matutino. Quando o professor era de fora, geralmente as aulas eram concentradas nos dois períodos diurnos. Para além do novo enfoque dado aos temas teológicos, várias disciplinas contemplavam temas novos, ignorados nos estudos teológicos tradicionais. O contexto sociocultural da região, assim como os aspectos políticos e econômicos nacionais, era tratado direta e indiretamente, estabelecendo um vínculo estreito entre Teologia e as ciências sociais.

A Teologia da Libertação foi combatida pelo Papa João Paulo II (chefe da Igreja Católica entre 1978 a 2005), um pontífice conservador, opositor às experiências eclesiásticas inovadoras que aconteciam em certas regiões do mundo. Nesse papado, o cardeal Josef Ratzinger – que seria o Papa seguinte – era o responsável pelo zelo da doutrina e da fé na Igreja Católica. Sob suas ordens, o instituto de Teologia no qual Paulo estudava sofreu uma visita pouco cortês em 1986, tendo como objetivo analisar se tudo funcionava dentro do estabelecido e desejado pela cúpula do Vaticano. A partir de então, progressivamente, o instituto de Teologia foi perdendo força, assim como os demais setores da Igreja Católica alinhados à Teologia da Libertação. É o velho lutando pela sua preservação, resistindo, evitando o surgimento do novo! É o medo do novo!

Outro aspecto essencial que integrava a formação teológica foi a inserção social dos seminaristas junto aos pobres. Isso acontecia por intermédio da habitação no meio deles, bem como pelo trabalho pastoral e sociopolítico. A turma do Paulo era composta por cinco estudantes da congregação. Nos primeiros meses, eles moraram na casa paroquial de uma paróquia atendida por padres dessa congregação. Nesse tempo, eles conheceram a região periférica da parte da cidade pertencente a essa paróquia e compraram uma casa simples numa vila para morar acompanhados de um padre jovem.

Os serviços domésticos eram feitos em forma de rodízio. Cada estudante fazia um tipo de trabalho por semana: limpeza da casa, lavação da roupa, cozinha, horta e serviços diversos (preparação das orações, jardinagem, pequenos consertos, compras). As comunidades urbanas e rurais da paróquia, assim como aconteceu no noviciado, foram distribuídas entre os seminaristas para a atuação pastoral. Além dessas atividades, todos atuavam em outros setores da sociedade, tais como movimentos sociais, entidades, grupos de formação política. Essas práticas pastorais e sociopolíticas eram fundamentais para subsidiar os estudos teológicos.

A turma de seminaristas da congregação que ingressou no ano seguinte foi morar numa vila periférica em outra paróquia atendida por padres dessa mesma instituição religiosa. Nos anos seguintes, as novas turmas iam numa ou outra casa, dependendo do espaço disponível. E todos faziam as mesmas experiências de inserção social. Os seminaristas diocesanos procediam da mesma forma: todos viviam em grupos na periferia da cidade, e esta cidade ficava a menos de 100 km de Linha Formosa, comunidade em que residiam os pais do Paulo. Essa distância favorecia as visitas frequentes de familiares, parentes e amigos.

A convivência fraterna entre os estudantes de Teologia da turma do Paulo foi muito enriquecedora para a formação, o que foi facilitado pelo fato de terem vivido juntos no ano anterior no noviciado. Havia muita abertura para o diálogo sobre as mais diferentes questões, muita compreensão, ajuda mútua. Claro, sempre há mais afinidade entre uns do que com outros, o que é perfeitamente compreensível e aceitável. Questões teológicas, filosóficas, políticas, afetivas, dificuldades de toda ordem eram discutidas, problematizadas, refletidas, meditadas e rezadas no local de moradia assim como nas aulas no instituto de Teologia, que ficava no centro da cidade, a três quilômetros de distância.

No entanto, a questão afetivo-sexual continuava sendo uma dimensão estrangulada na vida do Paulo. Agora, ela se impunha de forma mais categórica, pois ele era religioso, tinha professado o voto de castidade, o que aumentavam as restrições. No decorrer do primeiro ano de Teologia, esse problema ganhava uma dimensão sempre maior. A mesma situação passava-se com outro colega. Depois de muita conversa entre ambos, eles decidiram pedir à congregação um afastamento por dois anos. Foi concedido apenas um. O colega foi trabalhar numa empresa privada numa cidade distante e nunca mais retornou ao seminário. Ele casou, tem filhos, está muito bem, fazendo, no seu caminho, a vida acontecer.

O Paulo teve uma história muito distinta. Outro estudante de Teologia pronto para ser padre, para adquirir mais experiência, foi encaminhado para trabalhar numa paróquia atendida pela congregação numa cidade distante na Região Centro-Oeste do Brasil. O padre dessa paróquia, ao saber que o Paulo sairia por um tempo, convidou-o para ir junto trabalhar na pastoral. A Província Sul da congregação, a partir do início da década de 1980, foi assumindo novas frentes de atuação em regiões distantes do sul do Brasil e, posteriormente, em outros países. Paulo, na falta de saber onde trabalhar e pelo fato de ser uma região longínqua das influências e possíveis pressões, achou que poderia ser uma boa estratégia para realizar as experiências afetivas desejadas.

No início do ano de 1985, chegou o dia de pegar a sua malinha com poucas peças de roupa e tomar o rumo para aquela região, tudo desconhecido, tudo novidade. O desejo era fazer uma experiência enquanto leigo, o que lhe daria as condições necessárias para cultivar a dimensão afetiva, desenvolver novas experiências de relacionamento com as mulheres, a possibilidade de maior intimidade, de namorar.

Porém, o dia da partida foi conturbado. Uns dias antes, o Paulo foi ajudar o padre reitor do seminário localizado na região dos seus familiares a efetuar o trabalho de contabilidade, mais precisamente lançar a movimentação financeira do mês de dezembro e fazer o balancete daquele ano. Esse padre ficou de levar o Paulo na rodoviária no dia e horário da partida do ônibus rumo à nova experiência.

Durante o almoço no dia de pegar o ônibus, que partiria as 15h00 rumo à cidade de São Paulo, com o Paulo já com a passagem em mãos, o padre falou: "depois do almoço eu preciso sair. Mas volto logo, e aí te levo na rodoviária". Na medida em que o horário da partida do ônibus foi se aproximando, nada do padre aparecer, a agonia foi aumentando. Quando faltava pouco tempo, o Paulo correu no local de criação de porcos desse seminário, que ficava bastante longe, e conseguiu que um empregado levasse-o com sua Brasília até a rodoviária, que ficava no outro lado da cidade, distante.

Ao chegar no box, o motorista já tinha desistido de esperar e estava concluindo a manobra com a marcha à ré para partir. O Paulo ainda conseguiu embarcar, mas não escapou do xingamento do motorista e de resmungos de passageiros, afinal, ele chegou 20 minutos depois do horário definido. O Paulo procurou justificar o atraso dizendo várias vezes: "perdão, a culpa não foi minha. A culpa foi de quem ficou de me trazer!". Até hoje, o Paulo ainda não se encontrou com esse padre para devolver o xingamento e as reclamações ao verdadeiro protagonista desse episódio!

Em São Paulo, ele pegaria outro ônibus que o levaria à cidade do destino. Chegado ao local, foi muito bem recebido na casa paroquial, onde residiu naquele ano. Morar nessa residência foi, provavelmente, o erro cometido para que pudesse concretizar a experiência desejada. Além desse, a outra decisão equivocada foi não ter desenvolvido algum trabalho remunerado para se sustentar em termos financeiros. Pelo fato de morar na casa paroquial e atuar exclusivamente em várias frentes pastorais, Paulo foi visto, pela população, como um quase padre. Ele convivia muito com o outro seminarista – este sim era quase padre e se assumia com tal –, o que dificultou ainda mais a possibilidade de se distanciar deles e de viver a condição de leigo. Ainda mais, um rapaz daquela cidade cursava o ensino médio e também morava na casa paroquial. Anos depois, foi para a Filosofia e acabou ficando padre. Os quatro moradores daquela casa pareciam uma turma de padres. Era um conjunto de ingredientes que fizeram o povo ver o Paulo de uma forma que o inibiram de concretizar o que estava projetado.

Por outro lado, as atividades pastorais e as amizades desenvolvidas pelo Paulo foram muito relevantes para aumentar a sua confiança em nível pessoal e dar consistência prática na sua formação. O pároco era muito cordial e aberto, o que contribui significativamente para essa experiência. Foi esse padre que presenteou o Paulo com o radinho naquele ano, o primeiro de sua vida. O trabalho intenso nos finais de semana fez com que as segundas-feiras, chamadas de domingo dos padres, fossem de descanso. Geralmente eles iam no interior de fazendas, em algum rio, para pescar e caçar. Os amigos sempre tinham indicações de locais em que os peixes eram cevados. Segunda-feira cedo eles pegavam a tralha e tomavam o caminho do campo.

Uma irmã freira adorava essas aventuras nas segundas-feiras, sempre levava lanches deliciosos, e o padre não deixava de levar cervejas geladas na caixa de isopor. O seminarista teólogo gostava de caçar, principalmente perdizes e codornas. Os outros três (padre, irmã e Paulo) sentavam-se no barranco do rio e se divertiam com os molinetes, conversavam, admiravam a natureza, principalmente o movimento da água, as árvores, os diferentes pássaros. Quase sempre eles fisgavam uma quantidade razoável de peixes. O caçador dificilmente voltava de mãos vazias! O retorno era no final da tarde, e o cardápio da janta sempre estava definido: codornas com molho de tomate e macarrão caseiro preparado pela irmã com a ajuda dos demais. Antes, a caipirinha, também degustada pela irmã, não podia faltar.

O povo daquela cidade era muito acolhedor, generoso, acessível, aberto, de fácil relacionamento. Essas questões fizeram muito bem ao Paulo, contribuindo para que conseguisse ver alguma luz na perspectiva da realização pessoal enquanto padre, mesmo não tendo namorado naquele ano. Fez muitas amizades com mulheres, mas ficou aquém do desejado, não vivenciando experiências de maior intimidade que o levariam a desistir temporariamente da congregação e do projeto de ser padre.

Certa vez, naquele ano, aconteceu um fato desagradável com o rapaz. Ele foi convidado para almoçar, num domingo, numa chácara próxima à cidade na qual havia um encontro de jovens. Paulo chamou o seminarista teólogo e o jovem interno para irem juntos. Os três foram com o carro da paróquia, um Fiat 147. No retorno, depois do almoço, com o Paulo na condução do carro numa estrada cascalhada de pedra fina, ao passar em frente a um motel, que ficava na esquina em que essa estrada fazia uma curva bem fechada, ele resolveu brincar, ameaçando entrar no estabelecimento. Com essa manobra, ele não conseguiu fazer a curva e o carro derrapou, lentamente descendo a ribanceira de uns cinco metros de altura. O veículo capotou várias vezes. O seminarista interno era de corpo bem avantajado e estava sentado no banco de trás, ficou bastante tonto, o que fez com que tivesse alguma dificuldade para sair do carro. Aos outros dois não aconteceu nada, fora o tremendo susto. O carro teve danos, pois ficou com a lataria bastante amassada. O problema maior, depois, foi explicar ao pároco o motivo do ocorrido! É a vida com os seus sabores (doce da cana) e os seus dissabores (amargo)!

O ano de 1985 foi o início do regime político liberal-democrático com um civil na presidência da República após mais de duas décadas de ditadura, de repressão. Tancredo Neves, eleito presidente da República pelo Parlamento, morreu antes de tomar posse. No lugar dele, assumiu o vice da chapa, José Sarney, que teve a sua trajetória política toda vinculada à ditadura militar. É a conservação ou a continuidade em meio à mudança ou à descontinuidade, sendo esta, no caso, talvez muito mais aparente do que real. A luta pela reforma agrária estava na pauta política enquanto parte do projeto de transformação estrutural da sociedade. Os fazendeiros e demais setores conservadores organizaram-se de forma consistente nesse período para inviabilizar esse projeto.

Para impedir a reforma agrária, nesse ano de 1985, foi criada a temida União Democrática Ruralista (UDR), tendo como principal liderança Ronaldo Caiado, que é de família tradicional de fazendeiros do estado de Goiás. O primeiro leilão de gado (doado pelos próprios fazendeiros), cujo objetivo era arrecadar recursos financeiros para a defesa armada das grandes propriedades rurais, aconteceu justamente na cidade em que o Paulo atuava. Nos discursos vociferados durante os leilões feitos nas regiões de latifúndios do país, era mencionada uma lista de nomes de lideranças leigas e religiosas defensoras da reforma agrária que precisavam ser eliminadas. E assim era feito, e continua até hoje! É a tensão entre a preservação e a mudança na política, tensão na vida do Paulo entre ser ou não ser padre.

Terminado o ano de experiência enquanto leigo (*pero no mucho!*), tendo, na bagagem, um bom trabalho pastoral desenvolvido e sem perspectivas e coragem para voos mais radicais, levou-o à decisão de retornar à Teologia e à congregação, professando novamente os votos religiosos. Para os pais, imagina-se, deve ter sido uma alegria imensa! É a vida com seus dilemas e contornos, uns com mais e outros com menos determinação e firmeza para enfrentar certas situações que requerem ousadia na busca do novo. Ao Paulo, faltava essa coragem, um passo mais radical e coerente com os seus sentimentos, diferente do outro colega que saiu no mesmo ano.

No retorno, parte da turma de Teologia não era a mesma. Uns haviam desistido, outros ingressado. E assim foi nos anos subsequentes: desistências e entradas de novos seminaristas vindos do noviciado. As práticas internas e pastorais não variavam muito. A convivência fraterna também era um valor de primeira grandeza. Ser religioso é viver, acima de tudo, em comunidade junto aos demais irmãos da congregação, e, em segundo plano, deve ser considerado o serviço pastoral, a dedicação à Igreja. Essas questões eram conversadas, refletidas e praticadas, por isso a valorização da vida fraterna. Nas sextas-feiras, a partir do início da tarde, as duas turmas da congregação sempre se reuniam para discutir certas questões e, à noite, fazia-se uma janta especial acompanhada de muita diversão: cantoria, baralho, vinho, brincadeiras, risadas.

Os estudantes de Teologia eram mantidos financeiramente pela congregação, pois, na condição de religiosos, já eram membros da instituição. O dinheiro era escasso e, portanto, cuidadosamente gasto quando e onde fosse realmente necessário. Roupas e calçados, de baixa qualidade, eram comprados em último caso. Não se tinha carro, somente uma bicicleta velha, esta geralmente usada por um colega que fazia um trabalho social na penitenciária, que ficava bastante retirada da cidade.

Uma grande novidade na família nesse tempo em que o Paulo cursava Teologia, e foi uma surpresa agradável para ele, foi o ingresso no seminário do seu penúltimo irmão. Ele cursou o ensino médio na mesma congregação e no seminário que antes só recebia estudantes do ensino fundamental. Os dois estavam, agora, na mesma cidade, porém com inserções sociais e experiências muito distintas. Ao concluir o curso, ele desistiu. De acordo com o que contou, ele também enfrentou problemas no relacionamento, não aceitando certos tratamentos recebidos por alguns adolescentes que procuram a afirmação pessoal por meio de ações ofensivas praticadas em relação aos outros. O convívio numa turma grande de adolescentes é terrível! Em todos os casos, ele agiu de forma mais determinada do que o seu irmão Paulo, desistindo. No entanto, posteriormente, ainda como resultado dessa experiência, ele teve problemas de saúde, enfrentou uma depressão profunda. Com muita persistência, o rapaz conseguiu se recuperar.

No ano de 1986, teve a eleição para a Assembleia Constituinte e para os cargos eletivos nos estados (governadores e deputados estaduais). Os estudantes de Teologia fizeram um trabalho intenso de formação política nas comunidades para que cada cidadão e cidadã votassem de forma consciente. Tratava-se de uma eleição essencial para quem almejava mudanças estruturais alicerçadas na justiça social, pois os deputados federais e senadores seriam os protagonistas da nova Constituição. Estava em jogo o projeto de sociedade a ser criado por meio de novas leis. Havia muitos fiéis conservadores com ideias elitistas, mesmo sendo pobres e morando na periferia, o que criou muitos conflitos, sendo os seminaristas chamados de politiqueiros e comunistas.

E assim passavam os anos de 1986, 1987 e 1988 na vida do Paulo, o qual cursava, respectivamente, o segundo, terceiro e quarto anos de Teologia. As questões relacionadas à afetividade com as mulheres, e toda a dimensão da sexualidade envolvida nisso, não se alteravam na vida do Paulo. O mesmo acontecia com os outros colegas, com intensidades diferentes, sendo esse o principal motivo da desistência da grande maioria.

Os estudantes de Teologia diocesanos lidavam melhor com as questões afetivas, especialmente a sexualidade, pois não eram religiosos, e sim leigos que buscavam o sacerdócio para auxiliar o bispo no trabalho da Igreja da diocese. A profissão dos votos no momento da ordenação sacerdotal era bastante relativizada por eles. Um colega diocesano do Paulo falava abertamente que, no ato da profissão dos votos, ele expressaria a palavra "caridade" no lugar de "castidade", e assim fez! Ele se negou a prometer uma vida de castidade. Muitos padres diocesanos sempre estão com a mesma secretária, e esta nunca tem namorado. Quando são transferidos para outro lugar, a secretária vai junto. Entre os padres religiosos, essa prática também acontece, porém com frequência bem menor. Nesse caso, a ação fere o princípio fundante da vida religiosa: as comunidades religiosas são a sua família.

Na perspectiva da vida humana (o que se estende a todos os seres vivos), a dificuldade da vivência do celibato é totalmente compreensível. Na perspectiva eclesial e doutrinária, cuja obrigatoriedade foi introduzida pela Igreja em meados do período feudal, o celibato continua sendo mantido a "ferre e fogo" pelos setores conservadores que controlam o poder do Vaticano! O atual Papa está aberto para a discussão sobre a ordenação sacerdotal de homens casados, que abriria caminho para a permissão de os homens exercerem o sacerdócio e, ao mesmo tempo, poderem casar e constituir família. Porém, a ala conservadora e tradicional continua hegemônica, consegue manter o tabu acerca da discussão dessa questão. A possibilidade do exercício do sacerdócio pelas mulheres é um problema ainda muito mais distante em termos de admissão.

Havia um colega que não demonstrava angústia em relação à sexualidade, estando sempre tranquilo, mostrando-se indiferente ou distante dessas discussões. Certa vez, a turma decidiu questioná-lo, tentar colocá-lo também em crise. Perguntaram: "você não tem vontade de abraçar, beijar, namorar e manter relação sexual com mulheres? Você não teme não se realizar como padre por causa do celibato?". Ele, com tranquilidade, respondeu: "eu já fui noivo, namorei muito, sei o que é isso, por isso não tenho mais essas vontades, e sim o desejo de ser padre!". Com essa resposta, ele deixou os seus colegas sem argumentos, pois falou de uma experiência que os outros não tinham. Ele ficou padre e deve estar realizado com esse projeto de vida!

A vida celibatária ainda era um dilema que persistia na vida do Paulo quando chegou o mês de maio do quarto ano de Teologia, que era o prazo final para tomar a decisão se desejava ser padre no final do ano. Antes dessa ordenação, era obrigatório passar um pequeno período pela experiência do diaconato (semipadre). O bispo já havia se reunido no início do ano com os seminaristas da diocese em condições de ficar padre para dar orientações e definir das datas das ordenações. Já no ano anterior, os pais do Paulo ficavam especulando sobre qual decisão tomaria, pois era necessário se planejar. No prazo limite, o Paulo formalizou a decisão de que queria ser padre.

No entanto, essa decisão deixou-o muito perturbado. Na noite do mesmo dia, ele entrou em desespero e numa depressão profunda. Na manhã seguinte, teve um encontro da comunidade religiosa entre os estudantes de Teologia e os padres da congregação que moravam naquela diocese, oportunidade em que Paulo fez questão de participar para dizer que estava sentindo-se muito mal, desorientado, confuso e que precisava rever a decisão tomada no dia anterior. A vontade era gritar bem alto NÃO a tudo e fugir para um destino ignorado! Ele foi compreendido pelos colegas e aconselhado a repensar a sua decisão. Mesmo nessa situação, ele continuou os estudos e concluiu a Teologia.

Com muitas conversas com os colegas, o rapaz decidiu por uma saída intermediária, professando os votos religiosos no início do ano seguinte junto aos demais colegas. Dessa forma, continuaria religioso e trabalharia na pastoral. Seria a quinta profissão dos votos anuais, chegando próximo do limite permitido de seis anos de vida religiosa temporária. Após isso, caberia só a profissão dos votos perpétuos ou a desistência.

Somente agora o Paulo, mesmo receoso, teve uma conversa bastante franca com os seus pais, dizendo que não ficaria padre no final do ano. Até então, os sinais emitidos não foram muito claros sobre qual caminho tomaria. Mas, para amenizar o impacto e a possível decepção, podia ao menos dizer a eles que continuaria religioso e, portanto, vinculado à congregação, e o sacerdócio não estaria totalmente descartado no futuro. O medo de decepcioná-los sempre foi um fator relevante na falta de coragem para tomar decisões mais radicais.

Para a enorme e agradável surpresa do Paulo, os seus pais aceitaram de forma muito serena essa decisão e continuaram apoiando e amando o seu filho na mesma intensidade, ou mais ainda, caso fosse possível. Os pais disseram: "a decisão é sua"!. E completaram: "nós queremos a sua felicidade, assim como queremos para todos os outros filhos! É isso que nos interessa!", demonstrando isso no dia a dia, embora possa ter provocado algum sentimento de decepção. Mas isso nunca foi manifestado, muito pelo contrário. Na verdade, os pais tiveram uma enorme sensibilidade de perceber claramente a luta do seu filho em sua trajetória de seminarista para ser padre e, ao mesmo tempo, as dificuldades, as dúvidas, as crises que o acompanharam. Esse comportamento dos pais foi uma das coisas mais maravilhosas acontecidas na vida de Paulo, dando muita tranquilidade para continuar seu projeto de busca pela realização pessoal.

No mês de setembro daquele ano, em comemoração à data de fundação da congregação, que foi uma iniciativa de um padre francês no século XIX, aconteceu um encontro (estudo e confraternização) de todos os padres e religiosos da Província Sul, evento realizado todos os anos. Na semana do encontro já ocorrem sondagens sobre possíveis transferências de local de trabalho para o ano seguinte, ocasião em que foi definido, pela equipe provincial, que o colega e amigo do Paulo desde o seminário do ensino médio, o qual se ordenaria padre no final daquele ano, começaria a sua atuação pastoral na cidade de Plimápolis, localizada na Região do Centro-Oeste brasileiro. O padre que atuava numa paróquia dessa cidade ficaria sozinho e necessitaria de auxílio.

Diante dessa decisão, esse colega a ser transferido consultou o pároco anfitrião e o provincial sobre a possibilidade de estender o convite ao Paulo. Essa sugestão foi de pronto atendida por ambos. O Paulo aceitou trabalhar naquela região auxiliando os padres na pastoral e em atividades sociais na condição de religioso. Para ele, foi uma estratégia interessante, pois se afastaria de possíveis pressões do sul, estando mais livre e solto para procurar se reencontrar enquanto indivíduo com o direito de ser feliz.

A aceitação do convite pelo Paulo têm duas dimensões relevantes a serem consideradas. A primeira é a escolha por uma transição moderada, a ida para o trabalho de evangelização em paróquias. Paróquia é um pequeno território de uma diocese – esta é uma área maior, constituída por um conjunto de paróquias sob a responsabilidade de um bispo – em que são desenvolvidos os serviços pastorais. É a Igreja marcando presença por meio dos diferentes serviços que dizem respeito à evangelização.

A segunda dimensão é revolucionária. O Paulo foi o primeiro da congregação que concluiu toda a formação teológica para ser padre, no entanto iniciaria sua atuação "apenas" como um religioso. Essa opção é perfeitamente compreensível quando se coloca a vida religiosa como algo central, e não o sacerdócio. Os padres são enviados, na sua grande maioria, para trabalhar em paróquias, que são vistas como "gaiolas" que restringem a dimensão comunitária da vida religiosa. Um padre religioso que priorizar a sua dimensão religiosa pode negar-se a assumir uma paróquia, pois esse trabalho não é essencial. É a necessidade da Igreja que força os padres religiosos a assumirem paróquias e, dessa forma, submeterem-se ao bispo.

Um padre religioso, ao priorizar a vida religiosa, pode trabalhar exclusivamente junto a grupos sociais específicos, e não em paróquia para ficar "preso" às diversas funções demandadas nesse espaço institucional, principalmente ministrar sacramentos. O padre religioso pode, de forma alternativa, atuar junto aos grupos étnico-sociais mais vulneráveis, tais como os povos indígenas, os negros, as crianças, as mulheres, os imigrantes, os dependentes químicos, o povo carcerário, os idosos, os enfermos em hospitais, os moradores de rua, os movimentos populares, os estudantes nas escolas, as comunidades rurais tradicionais e de assentamentos.

A decisão do Paulo, embora não sendo a motivação central, vai ao encontro dessas discussões e reflexões feitas internamente entre os religiosos. Na sequência, outros colegas do Paulo também assumiram essa opção de vida, indo além: após a conclusão do curso de Teologia, fizeram os votos perpétuos, porém não ficaram padres. Eles continuam, até hoje, vivendo a vida religiosa dessa forma, na sua essência.

No início de fevereiro de 1989, Paulo e seu amigo e colega, agora padre, tomaram o ônibus na cidade em que cursaram Teologia rumo à nova missão que os aguardava. O ônibus era clandestino, mas fazia o trajeto de ida e volta todas as semanas. No dia sete de fevereiro – dia de Carnaval –, os dois chegaram ao destino, desembarcando no ponto de parada costumeiro próximo da rodoviária, mas não havia ninguém na espera, na recepção. Pegaram um táxi e foram até a casa paroquial. O pároco e um grupo de jovens estavam ensaiando os novos cantos da Campanha da Fraternidade. Ali foram muito bem recebidos. O colega padre estava com várias malas e outras mochilas. Perguntaram ao Paulo onde estava a sua bagagem, ao que ele respondeu: "é isso aqui". Era uma malinha bem simples (material sintético) e uma caixa média de papelão. Esta era muito mais para disfarçar por causa da vergonha que sentia, pois, em seu interior, tinha um monte de cadernos usados na Filosofia e na Teologia. Com esse capital acumulado, ele começou a vida nova no ano em que completaria 29 anos de idade.

A residência foi na casa paroquial, junto a dois padres. A relação entre os três foi muito fraterna, de cooperação, sem hierarquias. Paulo exercia várias atividades pastorais na matriz e nas comunidades. Ele também atuava na diocese, fazendo parte da coordenação da pastoral da juventude, e dava certos cursos, principalmente sobre Bíblia. No período até meados do ano seguinte, foram aceitos quatro meninos que tinham como projeto serem padres. Eles dormiam ao lado da secretaria, frequentavam uma escola pública estadual e auxiliavam em certas atividades pastorais.

No entanto, a depressão continuava a fragilizar a vida do Paulo. Ele estava sempre sob o efeito de medicação antidepressiva. Essa situação tirava-lhe as forças, a iniciativa, a alegria de viver. Embora os dois padres soubessem, o sofrimento causado no dia a dia ele procurava ocultar de todo mundo. Certo dia, o pároco sugeriu para ele fazer um tratamento psicológico junto a um psicólogo que era amigo e paroquiano. O Paulo topou! Esse tratamento deu-lhe a lucidez e a coragem necessária para desistir da vida religiosa e dar outro rumo em sua vida. Não recebeu nenhuma objeção, ao menos explícita, de ninguém da família e nem dos membros da congregação.

É a trajetória do Paulo em termos gerais nas diferentes fases e lugares que compõem o tempo do seminário. Foi um período de muita formação, convivência, experiências, conquistas, mudanças. E, igualmente, foi um tempo de muitas lutas, conflitos, resistências do tempo anterior, insegurança, medo do novo! A transformação acontecida na vida do Paulo no seminário, assim como os principais dilemas enfrentados e superados, comporá, ainda nesse ambiente, o próximo tempo da sua vida.

# 3

No terceiro dia...! No terceiro tempo...!

No terceiro dia, Deus criou a diversidade de plantas, ordenando que se desenvolvessem sobre a terra, produzindo frutas e sementes (Gênesis 1, 11-13). O povo bíblico, com base na sua fé em um Deus, em um determinado momento histórico muito posterior à criação, procura compreender e se situar no mundo diversificado e em mudanças, e, dessa forma, pôr uma ordem na aparente desordem. Nesse sentido, esse povo apreende esse mundo complexo como tendo surgido (criado) em um processo não coetâneo, e sim sucessivo. A formação do mundo ocorre em vários dias consecutivos, em vários tempos. O novo que surge depende do já existente, assim como está em conexão com ele, daí os vários dias, os vários tempos. A força criadora do surgimento e doadora de sentido a tudo o que existe, assim como a forma como se movimentam e interagem as coisas, seria mediante a intervenção divina, uma intencionalidade externa e superior. Nada existe por acaso no universo, assim como nada é totalmente inútil!

Dedicar um dia ou um tempo ao surgimento ou à criação das plantas é muito significativo. As plantas dependem do anteriormente existente (terra, céu, luz, calor, água) e serão vitais para o que surgiria na sequência da obra criadora. São necessárias as condições naturais básicas para o desenvolvimento das plantas, para que alcancem o florescimento e a frutificação. Ainda mais, as plantas são seres vivos, alimentam-se, constituem uma formação orgânica complexa, manifestam sensibilidade, o que requer um conjunto amplo de fatores favoráveis para que possam viver, desenvolver-se, produzir frutas e sementes (grãos, cereais).

A cana-de-açúcar, enquanto parte do reino vivo vegetal, o seu desenvolvimento e a produção do delicioso doce também é constituído por um conjunto de tempos. E, da mesma forma, precisa de condições apropriadas para completar os diversos tempos, a começar pela terra fértil, água abundante, a claridade e o calor do sol.

Os camponeses têm a sensibilidade e o conhecimento como ninguém no que diz respeito ao que as plantas precisam para que possam produzir frutas e sementes. Eles sabem valorizar, apreciar, sentir, encantar-se com o desenvolvimento das plantas, assim como compreendem a integração dessas com o conjunto da natureza para que possam produzir alimentos em abundância e obterem as colheitas esperadas. O próprio tempo da natureza orienta-os no dia a dia em seu trabalho de cultivo da terra.

Os produtores da agricultura empresarial, em especial o setor do agronegócio, que produzem sob a lógica do lucro a qualquer custo, ignoram e agridem o conjunto da natureza. Para eles, não há meio ambiente. Só veem a espécie de planta a ser cultivada, não medindo as consequências na aplicação dos insumos que julgam necessários para a obtenção máxima de lucro. As consequências são o desmatamento, as queimadas, a erosão da terra, a adubação química, a aplicação de inseticidas e herbicidas, a destruição das nascentes e mananciais de água, o cultivo da monocultura (imensas áreas com somente uma espécie de planta) etc. Para a produção de um produto agrícola (não usam o termo planta), eles violentam e matam a diversidade de plantas formadora de um determinado ecossistema, destroem a totalidade do meio ambiente. A sensibilidade e a valorização das plantas e a visão da sua integração ao conjunto da natureza, narrada pelo povo bíblico, são ignoradas por esses produtores vorazes que só vivem em função do tempo presente.

O desenvolvimento das plantas tem como meta produzir frutas e sementes (grãos, cereais), lembra o povo no Antigo Testamento. As frutas são abrigo e alimento para as sementes da própria planta poderem se desenvolver e, dessa forma, multiplicar as espécies vegetais. Além disso, as plantas servem de alimento para os animais em geral, incluindo o ser humano. Elas servem para curar as doenças, oxigenar o ar, trazer chuva, pousar os passarinhos, dar lenha para o fogo, fazer sombra para descansar, produzir flores para enfeitar os ambientes e sensibilizar os seres humanos... As plantas, integradas no mundo ou no universo, não têm um fim exclusivamente em si mesmas. Ao alimentar, deixam de ser para possibilitar a vida dos animais e humanos. O fim, a morte das plantas é condição de vida para outros seres vivos. É a relação de harmonia e tensão que cria e recria o mundo em movimento.

**\*\*\*\*\*\*\*\*\*\***

A cana-de-açúcar, depois de crescida, madura, para se acessar a sua doçura, é necessário que seja cortada e moída. Ela deixa de ser cana para se tornar açúcar, melado ou cachaça, passando por um processo de extração da garapa ou caldo. Esse processo de deixar de ser cana é imprescindível para que se torne alimento precioso: o doce. Os próprios animais em geral são apreciadores da cana por causa da sua doçura.

A cana-de-açúcar, embora ocupe um pequeno espaço da terra dos camponeses, é uma planta que faz parte na paisagem da lavoura. O doce e a cachaça extraídos dela adoçam e alegram a vida das famílias e comunidades camponesas. O processo de produção artesanal do melado segue um ritual composto de várias etapas.

Paulo tem muitas lembranças marcantes sobre a sua participação no processo de produção do melado de cana. A sua experiência é a do trabalho ainda feito de forma manual, o que demanda o envolvimento de várias pessoas, inclusive as crianças a partir da idade escolar. O primeiro passo era o corte e a limpeza da cana. O corte é o rompimento de sua vinculação com a terra. Depois, era colocada na carroça de bois e levada para casa para ser moída no outro dia cedo. Essa ação sempre acontecia no inverno, o tempo mais apropriado para esse trabalho. No tempo do Paulo, as estações do ano eram bem definidas. No inverno, geralmente muito frio, com muita geada, a paisagem parecia de cinema, com tudo branco. Esse gelo matava a cana, por isso ela tinha quer ser colhida antes ou no início da chegada desse adversário natural.

A moenda de cana era enorme, toda de madeira, movida por uma junta de bois. Esses andavam em círculo, fazendo a engrenagem girar e, dessa forma, moer a cana para que soltasse o caldo. Isso era feito de manhã bem cedinho para ter o melado pronto ao meio dia e, assim, à tarde, voltar a cortar e limpar outra carroçada para repetir tudo no dia seguinte. Bastava não estar chovendo, independente do frio. A cana ficava exposta durante à noite ao lado da moenda aguardando ser prensada. Devido ao frio intenso, durante a moagem, as mãos perdiam a sensibilidade, parecia que caíam, mas não se podia cessar o trabalho. Os bois estavam andando, a moenda girando. Restava chorar, e chorar muito, por causa do frio!

O Sr. Silmar enfiava a cana na moenda, pois era necessário imprimir bastante força, e, no outro lado, o Paulo pegava-a e a colocava, de volta, ao lado para uma segunda prensada, esta mais apertada para que saísse o restante da garapa. A dona Marli recebia a cana triturada pela segunda vez (bagaço) e levava o caldo em baldes no tacho que já estava sob o fogo. Esse serviço demandava, no mínimo, três pessoas, por isso não tinha como o Paulo escapar. Nesses dias, quando a sua aula era de manhã, ele se ausentava da escola. Todo esse esforço era necessário para obter o precioso melado, imprescindível na mesa dos camponeses, o que era compreensível para os professores e as professoras. Não se podia perder tempo, pois a geada, após agir vários dias sobre a cana, matava-a.

A cana é moída, triturada, transformada, em parte tornada bagaço, tudo por causa do caldo desejado. A cana se torna garapa e bagaço, sendo este descartado. Na verdade, como nada se perde totalmente, o bagaço era amontoado e, depois, levado e colocado nos locais da roça de relevo um pouco inclinado, nos quais era iniciada a formação de valetas (erosão) por causa da chuva. O bagaço era excelente para conter a água, e, nesses lugares, enterrado, servia também para adubo. Parte do bagaço era igualmente jogada nas pequenas valetas que se formavam na estrada que servia de acesso para o interior da roça. Na lavoura camponesa, nada se perde! O esterco dos animais era um excelente adubo, muito superior ao químico, e era todo levado e espalhado na roça.

Cortar a cana é uma ação humana radical, mas necessária para que se possa extrair o seu doce. A cana é um ser vivo e, com o corte sofrido, a sua vida é interrompida. Cortar é matá-la. Mas, se assim não acontecesse, a geada do inverno a mataria. A própria natureza encarrega-se de fazer surgir (ser) e de fazer desaparecer (não ser). Arrancar uma flor ou uma fruta é uma ação semelhante. Caso não fizesse, a flor murcharia e a fruta cairia no chão e apodreceria, tendo em vista que completaram o seu tempo, dando a vez às sementes. O mesmo sentido tem o sacrifício de animais: são abatidos para que sirvam de alimento. Se não fosse assim, num tempo posterior, teriam o mesmo fim. Tudo tem um ciclo de existência composto de várias fases. A ação do ser humano intervém, interrompe ou encurta o ciclo de certas plantas para se beneficiar.

O Paulo, na infância – hoje muito mais –, ficava, por um lado, feliz quando se carneava um porco, porque era um alimento de primeira necessidade. Por outro lado, porém, ficava muito sentido, pois o primeiro passo era esfaqueá-lo. Os camponeses criam um vínculo com os animais. O pai dele mostrava frieza dizendo: "a gente cria eles para isso!". No final da tarde anterior ao Sr. Silmar preparar tudo para carnear o porco no outro dia cedo, os cachorros faziam a maior festa, pois já sabiam o que aconteceria. Um dos piores serviços que o Paulo fazia era segurar os leitões para a castração. Era feito sem nenhuma anestesia. Era uma atividade que não tinha como escapar! Assim como a cana, esses são cortes necessários para que se obtenha o desejado. É o movimento contraditório da própria natureza, assim como a intervenção humana nesta para acelerar o seu ciclo de desenvolvimento, ou dando-lhe outro destino, criando algo novo.

Dessa mesma forma ocorre o ciclo de vida dos seres humanos. É da natureza o nascer, o crescer, o amadurecer e o morrer. Viver e deixar de viver. Existir por um determinado tempo. Por um curto tempo. Considerando o tempo do universo, a vida dos indivíduos é um sopro e nada mais! E para essa existência frágil e temporária, são necessárias as condições materiais básicas de vida, algo negado para grande parte da humanidade por causa da ganância de uma minoria.

É da natureza dos seres humanos, ao crescer, buscar o seu "lugar ao sol", afirmar-se enquanto sujeito, ser autônomo, ser dono do seu destino. Viver essa individualidade requer "cortes", rupturas em relação a certos aspectos da educação recebida, a determinadas ideias e valores assumidos no passado. Ainda mais, considerando que as sociedades contemporâneas estão em uma velocidade alucinante de transformações, muito diferente do ritmo lento e cíclico da natureza. Uma geração tem sérias dificuldades para compreender a outra, tamanha são as mudanças sociais, tão diferentes são os modos de viver! Como hoje é difícil a relação entre os pais, filhos e avós! Certos cortes, para produzir a mudança, o novo, podem ter o significado de triturar, moer, tamanho é o sofrimento. Assim como com a cana, os cortes e as rupturas também são necessários na formação e na busca da realização dos indivíduos humanos.

**\*\*\*\*\*\*\*\*\*\***

Assim como as plantas são criadas num dia ou tempo no processo agitado de surgimento do mundo ou universo, a cana-de-açúcar, depois de madura, deixa de ser e dá origem ao doce do melado! Porém, essa preciosidade é resultado de muito trabalho e esforço. A cana é cortada, prensada, moída, levada ao fogo, transformada – uma dinâmica tensa de permanências e rupturas para a gestação do novo, do desejado. Assim foi o tempo do Paulo na trajetória de vida no seminário: na busca de ser padre (novo), o passado e o futuro tencionavam o presente vivido em diferentes lugares e com a diversidade de pessoas. Alegrias e angústias interagiam nessa trajetória, nesse tempo.

A passagem do tempo da família para o tempo do seminário reveste-se de permanências e de rupturas. A estrutura de organização e as relações internas nesses dois tempos e espaços possuem peculiaridades muito distintas. Na família, a hierarquia interna, o espaço e as funções de cada um e uma estavam muito bem definidos. Os poderes e as atribuições eram do conhecimento de cada membro. Todas e todos os integrantes – pai, mãe, filhas e filhos – estavam dia e noite juntos, interagiram nesse ambiente diverso e uno.

A figura do pai é o que mais marcou a personalidade do Paulo. Hoje, a pessoa mais próxima do Paulo sempre diz: "Paulo, seu pai é tão bondoso!". Sim, ele sempre foi bondoso. Porém, essa virtude era manifestada de uma forma na infância do Paulo e, agora, de outra maneira na sua vida adulta. O Paulo, na sua trajetória, teve duas imagens distintas do seu pai. Na infância, a experiência de pai que se destacava era a sua seriedade, rigidez, disciplina, introversão, preocupação excessiva com o trabalho. Era a imagem de uma autoridade (o que não quer dizer autoritário), e não tanto de carinho e afeto, daí gerava insegurança, medo, obediência, distanciamento. Para evitar atritos com essa imagem construída, o Paulo fazia de tudo para nunca desapontá-lo, e a saída adotada foi agradá-lo. Foi basicamente um relacionamento entre um filho e uma autoridade.

Na verdade, o Sr. Silmar, em boa medida, é fruto e assimilador de uma cultura familiar tradicional, reforçada pela tradição católica: a figura paterna como sendo o chefe da família, portanto o responsável pela sua sustentação financeira, material. Nessa visão, a mãe e os filhos "ajudavam" o pai no trabalho devido às dificuldades dele em garantir, sozinho, o provento necessário por causa da exploração a que estavam submetidas todas as famílias camponesas. Essas imensas dificuldades geraram muita preocupação, nervosismo, angústia na sua forma de ele se relacionar com a família.

O que o Paulo não percebia nesse tempo, e sim somente muito depois, é que, nessa forma de ser do pai, estava o seu amor imenso à família: a dedicação ao extremo para fazer o melhor em meio às inúmeras e às imensas dificuldades. Daí a seriedade, preocupação, semblante fechado, espírito de mando, seguro com o dinheiro, certa demonstração de insensibilidade no dia a dia, sendo condutas motivadas pelo desejo de garantir bem-estar à sua família. A ideia e motivo de vida central do pai era dar um futuro para os filhos! Esse objetivo como sendo a sua principal razão de ser ele expressou inúmeras vezes com palavras e a prática. A dona Marli tinha a mesma motivação central de sua vida, porém com uma forma de ser mais suave.

Ela concordava e seguia os mesmos objetivos ou projeto de vida pessoal e familiar do pai. Talvez por isso os dois formassem um casal estupendamente harmonioso e unido. Porém, o jeito de ser dela era mais sereno. Dona Marli era mais aberta, extrovertida, de fácil acesso – jeito maternal de ser –, não dando tanto a impressão do seu comportamento de autoridade junto aos filhos e às filhas. Dada a cultura paternalista, ela não precisava carregar essa responsabilidade pela sustentação financeira da família.

Outro aspecto que marcou a vida do Paulo no tempo da família foi o espaço restringido atribuído à sensibilidade e à sexualidade. A pouca expansão ou o bloqueio dado a essas dimensões da vida não é uma particularidade apenas dessa família, e sim algo inerente à cultura germânica e da tradição camponesa e católica tradicional. Esse jeito de ser era muito visível, explícito nas diferentes relações entre os membros da família e com as pessoas em geral. Os pais do Paulo enquadravam seus corpos a essas limitações, evitando muitas das manifestações explícitas de carinho, de afeto, assim como conversar abertamente sobre vários temas, tais como a sexualidade e os desejos.

O Paulo não tem, nas suas lembranças, a imagem dos pais abraçados ou dando um beijo. Numa vez, ao voltar de ônibus de uma visita aos tios e as tias de uma cidade vizinha, no trecho andado a pé entre a estrada pública e a casa, já escurecendo, o Paulo, ainda criança, viu seus pais andarem de mãos dadas. Ele ficou com um sentimento misturado de espanto e admiração. O próprio Paulo, devido a essa cultura e educação recebidas na família, teve dificuldades para demonstrar carinho aos pais por meio do corpo ou das palavras. Raríssimas vezes se diziam, na família, palavras como "querido", "querida", "eu te amo", "flores lindas", "comida gostosa", "dia lindo"!

Depois, quando os filhos estavam casados e ganhando o pão com o próprio trabalho e o pai aposentado, assim como a mãe, o Sr. Silmar começou a relativizar sempre mais o trabalho e usufruir o tempo livre. A sua vida foi ganhando outro colorido, as cores da vida passaram a ser o descanso, a serenidade, a descontração, a alegria, o humor, a atenção aos outros, a cordialidade, o carinho, a manifestação de desejos. A sua bondade ganhou visibilidade por meio das manifestações do corpo. A troca de carinho dele com a mãe, os abraços nos filhos, filhas e o colo recebido pelos netos e netas passaram a ser algo do cotidiano da vida dele.

Os familiares começaram a brincar muito com o Sr. Silmar, e ele gosta de rir e fazer com que os outros façam o mesmo. A uns 15 anos atrás, ele foi submetido a uma cirurgia na próstata, pois estava com um pequeno tumor detectado nos exames anuais que fazia. Só que, ao invés de dizer próstata, ele sempre diz "próstica", e não quer aprender a pronunciar a palavra corretamente. Cada vez que se pergunta qual foi a causa da cirurgia feita nele, ele diz que teve um problema na "próstica" e ri junto aos demais. É uma manifestação da serenidade, leveza dada à vida dele.

Um traço significativo da cultura germânica, camponesa e católica limitador da manifestação dos sentimentos é o tratamento recebido nas relações de gênero: a separação entre os sexos. Isso acontecia nas diferentes instituições sociais, tais como no trabalho e na família, a ocupação dos bancos na Igreja e na escola. As diretorias da Igreja e do clube social eram formadas exclusivamente por homens. As diversões nos fins de semana, tais como baralho e bolão obedeciam a essa tradição de separação dos sexos.

Os bancos de madeira na escola primária eram para dois estudantes, ficando, separadas pelo corredor central, duas fileiras na direita para os meninos e duas fileiras à esquerda para as meninas. A turma do Paulo teve a mesma professora durante três anos: da terceira à quinta série. Ela, em frente à dificuldade para criar um clima favorável para as aulas devido ao comportamento dos estudantes, fez com que, em cada banco, sentasse um menino e uma menina, intercalando a ocupação dos lugares pelos dois gêneros. A vergonha sentida por estar ao lado de uma menina, e vice versa, com raras exceções, proporcionou um comportamento exemplar entre todos e todas. Foi a estratégia adotada pela professora para ter certo controle na sala, e não o desejo de revolucionar a relação tradicional entre os gêneros. A colega que sentava ao lado do Paulo continua morando naquela comunidade.

Quando foi para o seminário, para começar, ele não sabia nada sobre o que se fazia naquele espaço. Aliás, a única coisa que ele tinha quase certeza era que se rezava muito. Ele era bastante ingênuo, dado o estilo de vida simples tido numa família e comunidade rural bem interiorana, além de não ter tido acesso a quase nada em termos de informações. Ele não tomou conhecimento da literatura infantil. Muitas práticas rotineiras precisavam ser abandonadas na nova vida que se iniciava. É a ruptura, o "corte", o "decepar a cana", a perda de raízes culturais para possibilitar a nova formação. No seminário, realmente existe uma formação intensa!

Um estranhamento impactante já aconteceu no segundo dia cedo ao perceber que os seminaristas, ao levantarem, foram tomar banho. Isso era impensável na vida camponesa, para quem, após o café, já ia se sujar ao tratar os animais e cultivar a terra. Além do horário desse primeiro banho do dia, outra novidade era o banho tomado nu. Na casa da família do Paulo, o banho era tomado de caneca nos dois tanques de concreto instalados para receber a água trazida de uma mina distante. Considerando que o local ficava aberto, os banhos sempre aconteciam com o uso de *shorts* ou cueca. No seminário, com os banheiros fechados, esse procedimento era desnecessário. Muito do que se fazia até então precisava, agora, ser abandonado. Além do mais, o corpo era bem protegido no ambiente familiar: as irmãs não usavam minissaia ou blusa decotada e os homens não andavam sem camisa na roça ou em casa. Pouca roupa ou a nudez só ganhava espaço na esfera privada ou íntima.

Certa vez, numa aula na escola, no tempo do seminário ginasial (sexta à oitava série), um seminarista, agora colega do Paulo, teria manifestado esse estranhamento de forma pública. Durante a aula, ao levantar a mão, a professora o deixou falar, quando ele teria dito com espanto: "professora, os seminaristas tomam banho pelado!". Imagina-se o que passou na cabeça dele nesse tempo todo e como ele tomava seus banhos nos banheiros fechados! Novo tempo, novos aprendizados, novas formas de ser, "cortes", rupturas, o novo sendo construído a partir do velho, superando-o! É a dinâmica da nova formação!

Outros elementos, além do banho ao levantar, revolucionaram a forma de Paulo fazer sua higiene pessoal no seminário. Neste ambiente, foi a primeira vez que ele se lembra de ter usado o papel higiênico adequado, em rolos, pois, antes, era o papel de sacos de ração usados como alimentação para os porcos. Foi também a primeira vez que usou shampoo, sendo da marca Colorama para cabelo liso claro (cor amarela), uma vez que, até então, somente usava o sabão fabricado em casa, e este servia para tudo o que demandava ser lavado. O primeiro sabonete, que era da marca Gessy, igualmente foi usado no seminário. Escovar os dentes foi outro hábito desconhecido até aquele momento e que Paulo teve que aprender no seminário. Nas primeiras vezes, na hora de escovar, era preciso olhar com o rabo de olho para o colega ao lado para saber como se fazia. A lixa da planta trepadeira levada de casa ele jogou logo fora para não passar vergonha e comprou uma escova apropriada para lavar os pés. O Paulo, com base do material de higiene usado pelos seus colegas mais experientes, já precisou fazer uma boa compra nos primeiros dias para se ajustar ao novo estilo de vila. Vida nova com novos aprendizados e novos hábitos!

No seminário, a hierarquia familiar desaparece ou adquire outra significação. Os padres, mais ou menos, são assimilados como substitutos da figura paterna, visto como autoridades. Porém, a figura da mãe desaparece totalmente. A relação entre os seminaristas pode ser assemelhada à vivida em relação aos irmãos na família. Contudo, as irmãs (gênero feminino) desaparecem. No caso do Paulo, que era filho primogênito, teve uma clara ascendência sobre os demais irmãos e irmãs na família. Essa relação também se extinguiu no seminário, ou, em boa medida, inverteu-se. Essa mudança foi muito sentida por ele, passando da posição de certo domínio para a de dominado.

Os apelidos depreciativos e outras formas de ridicularizar o Paulo, assim como outros colegas, feriram-no profundamente. Isso jamais acontecia na família, pois, no convívio desta, ele se impunha. Nos três primeiros anos de seminário, predominavam seminaristas com a idade inferior a 20 anos. É uma fase de afirmação, de disputa, de buscar rebaixar os outros para criar um sentimento de superioridade, de quem se acha numa posição acima na relação ou com mais poder. São atitudes típicas nesta fase de afirmação que antecedem a idade adulta. Muitos colegas, além do Paulo, sofreram até a alma com essas depreciações ou menosprezo recebidos. Foi uma experiência terrível, em nada comparável ao ambiente familiar.

A exclusividade de homens no seminário foi um fator de agravamento da dificuldade de o Paulo desenvolver relações de proximidade com as mulheres. O contato com estas foi muito pouco nesse período tão crucial para o desenvolvimento do universo da subjetividade. No caso do Paulo, tinha as singularidades que lhes eram próprias e que dificultaram ainda mais o que já era difícil. No ambiente familiar, tinha a mãe, as irmãs e muitas primas na comunidade que facilitavam as relações de carinho.

Certa vez, no intervalo de uma aula na escola do ensino médio, um colega não seminarista estava com uma revista de pornografia e mostrou a foto de uma relação sexual na qual estava bem visível o pênis no interior da vagina. O Paulo, assim como vários outros seminaristas, ficou de boca aberta ao se deparar com aquela foto, imagem, pois se tratava de algo nunca visto na vida. O Paulo ainda tem essa foto registrada em sua memória: o homem sentado numa cadeira, e a mulher sentada no colo dele. Esse fato revela a pouca familiaridade que havia na família e na comunidade católica camponesa tradicional no que se refere à sexualidade. Essa ingenuidade e desinformação agora passam a ser confrontadas com a ampliação e diferenciação na forma de ver o mundo.

Ainda falando em ingenuidade, no primeiro ano de seminário, aos 17 anos, o Paulo descobriu o prazer da masturbação. Diante do impedimento de estabelecer relações de intimidade com as mulheres pelo fato de ser seminarista agravado pela sua timidez, a produção do autoprazer corporal foi uma estratégia usada com frequência a partir de então. Era uma compensação de uma vontade bloqueada, uma forma de lidar com um problema, porém não resolvia o desejo de criar relações de afeto com o gênero feminino. O distanciamento esperado de um seminarista de conduta exemplar em relação às mulheres reforçava essa timidez trazida pelo Paulo do tempo da sua infância.

No ano em que completaria 14 anos, Paulo viu e assistiu pela primeira vez TV. Foi uma partida de futebol na Copa do Mundo realizada na Alemanha em 1974. Na ocasião, a Seleção Brasileira perdeu para a Seleção da Holanda por dois a zero e, com isso, foi eliminada. Esse aparelho de TV pertencia a um tio e uma tia que tinham um bar na comunidade vizinha, o qual servia, também, de parada de ônibus do trajeto intermunicipal. Ver imagens na tela, mesmo sendo embaçada e de cor preta e branca, foi uma grande novidade! Na infância e adolescência daquela época, naquele lugar, não se tinha acesso às informações devido à falta de meios de comunicação escrita, televisionada, falada, exceto o rádio. Daí a ingenuidade e o desconhecimento mantidos em relação a questões relevantes que já deveriam ser do conhecimento e domínio do garoto com essa idade.

Durante os primeiros anos no seminário, os piolhos eram parceiros fiéis na vida do Paulo. Na busca constante de evitar ser motivo de chacota por certos colegas, ele procurava esconder esse problema. A vontade de coçar era disfarçada. Tinha um colega que cortava os cabelos da turma, mas era justamente um dos que gostava de humilhar os outros. Daí ser totalmente inviável deixá-lo fazer esse serviço. Cortar com profissional estranho também era complicado, pois ele poderia contar para colegas que também o procurassem. O jeito era esperar quatro meses, virar cabeludo e cortar nas férias em casa. A solução simples seria comprar algum produto para matar esses insetos incômodos. Mas, e se o vendedor contasse para outro seminarista? Em casa, passava-se o pó branco da marca neocid, porém não podia ser levado para o seminário, pois ficava visível e tinha um cheiro forte!

Certa vez, depois de vários anos convivendo com esses intrusos totalmente indesejados, o Paulo, muito incomodado com isso, num sábado ao final da tarde, respirou fundo e tomou a coragem de ir numa farmácia para comprar um medicamento para expulsá-los para bem longe da sua cabeça. Para disfarçar, ele disse que queria comprar algo para acabar com a coceira no couro cabeludo. O farmacêutico perguntou: "é para você?". O Paulo, sem graça, disse: "sim". Aí ele falou: "deixe-me ver". Aí não teve saída, e o farmacêutico, ao olhar, disse: "você está com a cabeça cheia de piolhos!". E continuou: "eu tenho um sabonete medicinal ótimo para isso". A marca do sabonete era pruritrat, nome inesquecível, pois passou a fazer parte da cesta básica de produtos.

Outro fator perturbador na vida do Paulo foi ter aprendido e falado apenas a língua alemã no tempo da família e comunidade. Ao ingressar no seminário, foi outro revés, outra ruptura profunda: permanecer em silêncio. O pouco que falava era motivo de risos, pois trocava a tonalidade das letras, o "b", nas palavras, era pronunciado como "p", e o "d", pelo "t". Numa disciplina do primeiro ano de seminário, a professora fazia a chamada para registrar a frequência, e, nesse caso, o Paulo não teve saída: para ganhar presença, ele teve que responder em voz alta. Ao responder, a turma ria, porque ele dizia "pressente" e, pior, não sabia como responder de forma correta. Essa situação criava uma sensação terrível, contribuindo de maneira profunda para a geração de uma autoimagem negativa, um sentimento de rejeição, de inferioridade. Ele, assim como outros, muitas vezes, era chamado de bocó, termo que ele não sabia o significado, mas percebia claramente que não era elogioso. São os "cortes e o moer" pelos quais passa a cana para acessar o melado, realidade vivida pelo Paulo no seu processo de formação!

A língua alemã era uma forma de preservação da cultura germânica, tornando-se um mecanismo de resistência. Outro elemento de preservação dessa cultura era os alemães católicos casarem entre si. O melhor amigo do Paulo foi o primeiro a revolucionar essa prática em Linha Formosa ao namorar e se casar com uma alemã da religião Luterana. Próximo de lá, em torno de 15 km, ficava uma comunidade alemã dessa religião, que, como os católicos, casavam entre si. A atitude do amigo foi corajosa, pois foi motivo de comentários e contestações. Uma das perguntas era: "quem vai trocar de religião?". Era do entendimento que não daria certo os casais seguirem religiões diferentes, pois poderia ser um fator de discórdia. O machismo levou-a a se tornar católica. Mais tarde, com a modernização agrícola, muitas práticas dessa tradição foram relativizadas ou extintas, a começar pela língua.

Outra situação vivida pelo Paulo que contribuiu de forma marcante para essa baixa autoestima nutrida foi o tratamento de inferioridade recebido ainda no tempo anterior, durante a infância na comunidade de origem. Os moradores do norte de Linha Formosa, devido à melhor qualidade da terra, tinham um poder aquisitivo maior quando comparados aos moradores da parte sul da comunidade, região na qual morava a família do Paulo e de seus tios e tidas. Os do norte falavam pejorativamente sobre os moradores do sul dizendo: "o canto dos..." (seguido pelo sobrenome do Paulo). Eles usavam roupas melhores, tinham mais dinheiro para gastar. Essa experiência vivida pelo Paulo o deixava muito ferido, inferiorizado, rejeitado, inclusive achando-se mais feio, algo que ele não queria admitir. O Paulo não queria ser tratado como alguém inferior!

No seminário, essa realidade de sentimento de inferioridade tinha continuidade: roupas e calçados inferiores e insuficientes, sem dinheiro, nem sequer tinha um radinho, diferente de parte dos colegas. Muitas vontades não eram satisfeitas: sair bem vestido para ir à escola ou curtir um filme no cinema, participar de festas, beber cerveja, tomar sorvete...! O único filme que o Paulo lembra ter assistido no cinema no período do seminário do ensino médio foi o *Ben-Hur*. Ele levou vários sustos durante a exibição por causa da corrida dos cavalos, achando que esses animais viriam para cima dele!

Foi no ano de 1986, aos 26 anos de idade, que o Paulo decidiu comprar uma calça jeans para usar pela primeira vez na sua vida. Era um objeto de consumo desde os tempos de seminário no ensino médio

(1977-1979), pois vários colegas, naquela época, já usavam essa qualidade de calças, mas ele não tinha condições financeiras para adquirir uma, limitando-se a usar as costuradas pela sua mãe. A maioria das calças dele, que eram poucas, além de feita de tecidos simples, era costurada de uma forma que não se ajustasse bem ao corpo. E como ele ainda estava na fase de crescimento, pouco tempo depois, as peças só iam até um palmo abaixo dos joelhos! Essa maneira de se apresentar aos outros e às outras, de fato, não o tornava elegante, o que alimentava o sentimento de feiura! São situações típicas de adolescente, mas que deixam cicatrizes pelo caminho da vida!

O Paulo tinha rejeição aos colegas vaidosos, os quais ficavam na frente do espelho se admirando. Ele, até hoje, somente usa o espelho para se pentear e barbear. Isso é revelador dessa imagem construída de si mesmo, ou a ausência dessa imagem de admiração de si. A relação mantida com o pai durante a infância e o tratamento depreciativo recebido de certas pessoas nessa trajetória o faz viver demasiadamente em função dos outros indivíduos. Por isso a insegurança, a falta de autonomia e de coragem para tomar as rédeas da vida em suas mãos, independente das outras pessoas.

Paulo adquiriu as primeiras chuteiras quando tinha mais de 30 anos, considerando que jogava futebol desde a infância. Nesta fase, jogava de pé descalço. Depois, o máximo que conseguiu adquirir foi um par de Kichute. São experiências de vida que interferiram profunda e decisivamente na sua autoimagem, na construção da sua individualidade. Essa realidade constrangedora encarnada nesse longo tempo na comunidade, e, agora, no seminário, contribui para a compreensão do seu modo de ser, agir, pensar, sentir: timidez, insegurança, medo de errar, falta de autonomia, ousadia, coragem, utopia, de encarar o incerto, o inesperado, de perseguir o novo.

A dor da saudade dos pais, irmãos e de todo ambiente do berço de origem, principalmente nos três primeiros anos de seminário, dilacerava a alma do Paulo. Era muito sofrimento sentido todo santo dia pelo fato de estar distante daquela gente e espaço de convivência familiar e, ao mesmo tempo, pela necessidade de adaptação a um estilo de vida e de convivência muito distinto. O único meio de comunicação possível era por meio de cartas. Não existia telefone na casa dos familiares, e o único existente na comunidade não funcionava para ligações intermunicipais. Os familiares nem saberiam usar esse aparelho, pois era algo estranho para quem morava na roça. As cartas demoravam uma eternidade para chegar ao destino. Em cada uma, Paulo escrevia: "não estou com saudades!". Isso não era verdade, sendo uma estratégia adotada para tranquilizar a sua família, pois ele temia que estivessem com os mesmos sentimentos.

No primeiro ano de seminário – 1977 –, devido à insistência de muitos seminaristas, os padres os deixaram visitar seus familiares no período da Páscoa. Dois colegas seminaristas da comunidade vizinha – hoje é sede dc município – da sua família viajaram. O Paulo não foi por causa da falta de dinheiro, ou porque queria evitar esse gasto a mais para a sua família. Porém, devido à saudade, passou por dias de profunda tristeza. Para ele, naquele ano, não houve Páscoa (Ressurreição), e sim apenas Sexta-Feira Santa (paixão e morte de Jesus). Sentado no jardim em frente ao seminário, ele olhava para a rodovia que era o caminho para a casa de sua família e chorava intensamente. A saudade queimava e parecia arrebentar o seu peito! Se houve Páscoa, foi a mais triste de sua vida! Um dos dois colegas, ao retornar, pegou as suas coisas e voltou para a casa dos pais, onde vive até hoje. É a vinculação ao tempo anterior, a dificuldade e lentidão para produzir certas rupturas necessárias no caminho que leva a novas realidades.

Em todos os seminários pelos quais passou, o Paulo recebeu a visita de familiares. Sempre era motivo de muita alegria, uma maneira de amenizar as saudades e uma manifestação dos laços familiares criados desde a infância. As visitas representavam o encontro de dois tempos distintos que coexistiam na vida dele: tempo da família com o tempo do seminário. A saudade tem essa qualidade: o sentimento de amor pelas pessoas queridas que estavam longe e ausentes do convívio cotidiano, a valorização de tudo o que é significativo do tempo passado. Paulo valorizava muito os familiares no tempo de seminário, assim como continua nos dias atuais.

Por outro lado, o Paulo aprendeu, na família e na comunidade, valores preciosos que se constituíram em princípios de vida. São fundamentos inabaláveis na sua trajetória de existência e de convívio, virtudes norteadores, tais como o esforço, a dedicação, o trabalho, o estudo, a esperança, a resistência às adversidades (desistir jamais!), o respeito para com os respeitosos, a valorização da amizade e da honestidade, a defesa dos humildes, o valor atribuído às pequenas coisas e conquistas, o reconhecimento dos limites e erros. São valores encarnados, materializados na forma de ser no tempo de seminário, dando firmeza e sustentação para não se render às dificuldades. Foram valores essenciais para enfrentar as adversidades. Nessa trajetória de 13 anos no seminário, ele sempre foi respeitoso com todos, nunca rebaixou intencionalmente alguém, sempre chamou seus colegas pelo nome, e não pelo apelido.

O estudo era uma forma de afirmação, via obtenção de notas boas nas disciplinas por meio das avaliações. As notas na escola do ensino médio eram bimestrais. Certa vez, a professora de Química – o Paulo lembra-se do nome dela até hoje –, ao devolver as avaliações do primeiro bimestre, leu o nome de cada estudante e as levou pessoalmente onde cada um estava sentado. O Paulo não tinha recebido a sua, mas estava relativamente tranquilo porque a professora estava com uma avaliação na mão enquanto comentava o desempenho dos estudantes. Enquanto comentava, ela falou: "muitos de vocês foram mal na avaliação, tiraram notas baixas. Vocês precisam estudar mais. Com dedicação vocês conseguirão melhorar, pois um colega de vocês fez uma avaliação perfeita".

Na sequência de sua fala, ela perguntou: "Quem é o Paulo?". Ele, acanhado, tímido, alto, franzino levantou a mão. Nesse instante, a professora dirigiu-se a ele, entregou a avaliação e o parabenizou. Todos ficaram surpresos, menos o Paulo! E assim foi o desempenho dele nas disciplinas exatas, sendo que, nas outras, com muito esforço, conseguia a média para passar, mesmo ainda não sabendo falar português. Embora não fosse inteligente ou tivesse facilidade nos estudos, ele nunca pegou um exame final. É a vitória do esforço! É o espírito de luta, dedicação, superação aprendido na família e que lhe é favorável em sua trajetória pessoal.

A experiência de enfrentamento das dificuldades desenvolvida na família para conseguir o pão de cada dia fez com que o Paulo nunca reclamasse da comida no seminário. Ao contrário, ele se irritava quando acontecia essa reclamação, algo corriqueiro por parte de alguns seminaristas. Eram exigentes os que tinham pouca dedicação e perseverança no processo formativo – estes acabaram desistindo no caminho. A falta de coerência e honestidade era uma conduta repelida com veemência pelo Paulo, algo bastante comum para muitos dos seus colegas. Ele sempre defendia que a palavra precisava ser honrada, que deve estar vinculada à vida prática, materializada nas condutas cotidianas e projetada na luta pelos projetos e sonhos.

Um aprendizado do Paulo já nos primeiros anos de seminário foi o fato de ter se dado conta do racismo praticado na família e na comunidade de origem. O novo ambiente social e formativo lhe permitiu essa percepção. Na época da colheita da soja, não se podia perder tempo, pois essa planta era muito sensível à chuva. Quanta soja já apodreceu, quantas colheitas foram perdidas por causa do excesso de água que caía nessa época! Para auxiliar esse serviço, a família contratava um ou outro trabalhador de origem negra misturada com o povo indígena Guarani.

Não muito distante de Linha Formosa, havia pequenos redutos de pessoas com essa origem que eram muito pobres – não tinham terra, nem estudo – e estavam totalmente excluídos do convívio social com os brancos alemães. Viviam da venda de balaios de taquara que produziam e da prestação de pequenos serviços sazonais, cujo pagamento era feito por meio de produtos agrícolas (cereais e animais) e com uma quantidade em dinheiro. Alguns trabalhavam como assalariados somente em certas atividades mais permanentes.

Durante o período da colheita da soja, esses trabalhadores contratados moravam com a família contratante. Porém, o tratamento recebido era de exclusão. Não podiam entrar na casa. Na residência dos pais do Paulo, eles podiam sentar à mesa com os demais durantes as refeições, algo que poucas outras famílias permitiam. No entanto, a mesa era colocada fora da casa, numa área coberta. O problema maior era onde deveriam dormir à noite. Todas as famílias agiam da mesma forma: cedia o paiol para que dormissem em cima da palha de milho e se cobrissem com bolsas de estopa! Isso era feito com relativa naturalidade, sem questionamento, pois eles eram vistos como seres humanos inferiores. E esses, pelo menos na aparência, aceitavam esse tratamento.

Certa vez, a dona Marli estava aguardando para ser atendida em um banco público, e, na fila, tinha uns morenos ou negros – assim eram chamados –, ocasião em que eles perguntaram: "a senhora nos conhece?". Ela respondeu: "eu já vi vocês, mas não sei quem são". Nisso eles falaram: "quando nós éramos crianças e passávamos na sua casa para vender balaios, a senhora sempre nos dava alguma coisa para comer. Naquela época, nós passamos muita fome. Nós somos muito agradecidos por isso. A senhora é uma pessoa maravilhosa!".

Além do agradecimento feito pelo alimento recebido na infância, o que é revelado nessa memória deles é que essa ação era uma exceção, feita por poucas famílias. O pouco que se faz pode representar muito para quem precisa. Na verdade, ainda deve ser feito muito por eles: priorizá-los, não tolerar essas relações de desigualdade e lutar para que tenham as mesmas oportunidades reais de inserção social.

Em Linha Formosa, próximo à casa de sua família, tinha uma olaria de tijolos. O serviço era muito pesado, cansativo, por isso não era feito pelos brancos, restando para os negros. Nesse caso, eles eram assalariados. O Sr. Silmar cedeu o barro existente na área em que fica o açude para o proprietário da olaria, pois era uma matéria prima apropriada para a fabricação dos tijolos. Nas férias do final do ano, após o primeiro ano no seminário, o Paulo foi muitas vezes conversar com esses trabalhadores quando retiravam o barro. Ele levava melancia e bergamota (mexerica) e conversava sobre muitos assuntos. Dessa forma, foi exercitando-se no aprendizado da língua portuguesa. Eles acharam o máximo essa atenção inusitada que recebiam.

Nessas conversas, ao saberem que o Paulo era seminarista, um confessou que desejava casar na Igreja (já morava muito tempo junto à sua companheira), outros dois manifestaram o desejo de batizar os seus filhos. O Paulo falou que, para tanto, eles deveriam, antes, começar a participar da comunidade cristã, ir à missa nos fins de semana, pois se tratava de uma exigência estabelecida pela Igreja na diocese.

Para a surpresa do Paulo, num dia, ao chegar com os seus familiares na capela, avistou várias famílias deles (mulheres, homens e filhos) num cantinho do pátio daquela Igreja. O Paulo foi acolhê-los e agradecer por terem ido à missa. Porém, eles se sentiram muito desconfortáveis, pois era visível a estranheza manifestada pelos alemães com a atitude do Paulo e a presença deles. Essa situação ficou mais evidente depois, durante a missa dentro da Igreja, a começar pelo fato de terem ficado juntos (todos no lado masculino). Depois de passarem por mais essa experiência de exclusão, eles nunca mais foram à Igreja. Os próprios familiares do Paulo demonstraram certo estranhamento pelo fato de ele ter dado tanta atenção aos trabalhadores. Essa atitude revela o aprendizado desenvolvido no seminário, a convivência com os não alemães.

Outro fato que remete ao racismo, porém, neste caso, claramente como resquício do nazismo, era o fato de alguns chamarem outros de judeu (*jude*, em alemão). Esse rebaixamento ou discriminação acontecia por parte de pessoas das gerações anteriores à do Paulo, uma atitude adotada quando alguém tinha muita raiva de outro e procurava atribuir-lhe o pior adjetivo possível. O Paulo, na época, achou que se tratava de uma referência aos povos indígenas, igualmente inferiorizados. Mais tarde, percebeu que era relacionado ao tratamento dado pelos alemães nazistas aos judeus e que ainda existiam traços desse fato histórico abominável nas gerações posteriores agora vivendo no Brasil.

Outra conduta de mudança demonstrada pelo Paulo já no início do processo de formação no seminário aconteceu em relação aos seus irmãos. O rapaz tinha uma bicicleta nova bem incrementada e cuidada. Quando foi para o seminário, ele a pôs no sótão do galpão para que os seus irmãos não andassem com ela. No segundo semestre do primeiro ano, Paulo arrependeu-se dessa atitude. Nas cartas que escrevia à família, ele insistia para que seus irmãos pegassem e usassem a bicicleta o quanto quisessem. E assim fizeram. Depois, ficaram com ela. São reflexões que se faz em outros ambientes socioculturais, possibilitando rever comportamentos e transformá-los. É a nova formação agindo sobre certas condutas, superando-as, sendo resultado da mudança na forma de ver e compreender o mundo.

Os três primeiros anos de seminário do ensino médio foram bastante dramáticos na vida do Paulo. Foi uma experiência de transformações profundas. As causas principais dessa dramaticidade foram devido às rupturas provocadas em relação à experiência do tempo anterior – família e comunidade camponesa alemã católica –, à necessidade de assimilação e adaptação ao novo ambiente plural de adolescentes em fase de afirmação, às práticas de humilhação perseguidas por parte de alguns colegas, ao esforço imprimido para a superação das adversidades, à necessidade de falar a língua portuguesa. O mesmo sentimento era vivido por muitos outros colegas, levando uma parte expressiva a desistir já nesses anos. A expressão muito usada para quem estava infeliz, desanimado, em crise existencial era: "estou na fossa". O Paulo muitas vezes usou esses termos para expressar como estava sentindo-se em meio a esse mar agitado!

As etapas seguintes do percurso na vida de seminarista eram bem mais tranquilas, principalmente devido à maior maturidade nas relações internas e ao ambiente de respeito entre os colegas. Estava superada a fase da adolescência! Muitas adversidades estavam superadas. As tensões e dilemas, a partir de então, deslocaram-se para outras dimensões da vida. Afinal, sem a existência de conflitos, a vida não teria sabor. A incompletude, a finitude, as limitações, as carências (o que falta) dão o tempero à vida.

A formação filosófica e teológica desenvolvida na década de 1980, aliada à inserção no mundo pastoral e sociopolítico, foi extremamente enriquecedora para a formação humana nas suas múltiplas dimensões, para muito além da formação específica à vida sacerdotal. O convívio com os colegas em sua pluralidade de concepções de mundo e formas de viver, assim como as relações mantidas com diferentes populações, os aprendizados ampliados, aprofundados e revistos, as inúmeras experiências assimiladas e compartilhadas, enfim, trata-se da soma de um conjunto de fatores que foram fundamentais no processo de construção da nova forma de encarar e projetar a vida. Essa dinâmica do se fazer em um novo contexto de convivência não significa a total negação ou anulação das vivências tidas nas décadas anteriores, e sim a superação de certas visões e práticas, agregando uma nova filosofia de vida. Novas descobertas, novos desafios, novos sentidos dados ao viver!

O grande desafio no seminário foi desenvolver e integrar à vida as dimensões subjetivas da afetividade e da sexualidade. O desafio foi cultivá-las como se cultiva as plantas na roça, a cana para que produza o doce que se transforma em melado. O desafio de desbloquear, de fazer fluir os sentimentos represados na infância e na adolescência. O desafio crucial de conectar esse cultivo no processo de formação para ser padre.

A afetividade e a sexualidade, o convívio aberto e carinhoso com as mulheres, foram os grandes conflitos vividos pelo Paulo na trajetória de seminarista e nunca enfrentados. A dificuldade de superação dessas barreiras foi de muita angústia, sofrimento. O velho teimava em continuar a ser, permanecer, impedindo o surgimento do novo, a nova forma emancipadora de ser, de conduzir a vida nas suas múltiplas dimensões. Essas questões colocaram o projeto de ser padre em dúvida. Foi o grande dilema existencial nesse tempo. A falta da convivência de maior proximidade e intimidade com as mulheres, um desejo não realizado, fez com que Paulo temesse que essa agonia persistisse enquanto padre. Além do mais, nesse estilo de vida como celibatário, seria ainda mais difícil caminhar na direção de uma solução. Daí o medo pela não realização pessoal por meio da vida religiosa e sacerdotal.

A própria realidade vivida na infância e na adolescência – família, comunidade camponesa alemã católica e seminário no ensino médio –

contribuiu para que faltasse coragem para decisões mais radicais, para novas experiências, mesmo que esporádicas ou temporárias. O medo de desagradar os pais caso não ficasse padre está vinculado à forma de se relacionar com eles, principalmente o pai, sempre buscando agradá-lo. Ao mesmo tempo, a insegurança e a falta de autonomia para se assumir como indivíduo, de construir a sua individualidade, de criar a sua própria personalidade – independente dos outros – foram decisivas para nutrir o medo em relação ao novo, ao incerto, ao imprevisível. O medo de errar! O medo em relação ao que os outros pensam! Medo de efetuar a "prensa", os "cortes" necessários em relação a situações vividas no passado! Medo de "decepar a cana" para produzir o melado, o novo! Medos!

Somadas a isso, a depressão profunda e todas as consequências para a saúde, incluindo a falta do vigor físico relacionada a essa situação, levaram-no a desistir de ser padre no ano de 1988 e da vida religiosa no ano seguinte. Os dilemas vividos deixaram-no com dores na alma, assim como no corpo, deixando-o doente. Foi necessário chegar ao limite, a contrair uma doença física para que tomasse a decisão de desistir desse projeto de vida. Em meio à fragilização física, para além da sentimental, ocorreu a necessária ruptura, o salto para o novo.

Ele, mesmo assim, continuou em pé, não se rendeu às adversidades, uma virtude valiosa aprendida no berço familiar. É o fim de um tempo! Um tempo intenso, tenso, de dificuldades, superação e emancipação! Agora, após a trajetória pessoal dos primeiros de 30 anos, inicia-se uma nova etapa de vida decisiva!

# 4

No quarto dia...! No quarto tempo...!

No quarto dia, Deus criou os luzeiros no firmamento para separar o dia e a noite, sendo um luzeiro maior para governar o dia e um menor para tomar conta da noite, assim como para servirem de sinal às festas, aos dias e aos anos (Gênesis 1, 14-19).

No esforço de compreensão da diversidade e do movimento de tudo o que existe a partir da sua origem por meio da criação divina, e, dessa forma, compreender e se situar no mundo para dar sentido à vida humana, o povo bíblico destaca mais um dia ou tempo dessa obra criadora. Em meio a essas e outras questões, eles atribuem um dia da criação para o surgimento do sol e da lua para explicar a alternância sem fim, respectivamente, do dia e da noite. Além disso, o sol e a lua servirão de indicação para marcar o próprio movimento do universo, o tempo, inclusive o período para as festas!

Essa narrativa construída em um tempo de milhões de anos posterior ao da criação original retrata a profunda harmonia vivida pelos seres humanos com o universo. Os humanos viam-se como parte desse mundo, integrando-o. Tudo o que existia, e da maneira como se movimentava, tinha um grande significado, daí a importância vital dada para a sua compreensão! A fé divina foi essencial para o reconhecimento dessa interconexão entre tudo e todos. A origem de tudo a partir de uma mesma fonte criadora possibilita essa visão integradora do mundo, o que facilita a própria compreensão do seu movimento contraditório e aparentemente desordenado.

De fato, o surgimento e o desaparecimento do dia, assim como o surgimento e o desaparecimento da noite, era uma realidade instigante para os povos da antiguidade. E essa alternância afetava de forma crucial a sua vida cotidiana, ainda mais para os camponeses daquele período. A vida humana precisava adaptar-se e se inserir nesse movimento, pois a lida na terra e com os animais precisava ser feita de dia, considerando que o povo bíblico vivia no campo. A noite não permitia esse tipo de trabalho. O luar da noite criava o ambiente para o vinho, o silêncio e o descanso.

A alternância aparentemente sem fim entre o dia e a noite, o ser e deixar de ser são próprios do movimento dialético, ou seja, duas realidades e forças que agem de forma antagônica (tese x antítese). Nesse caso, para algo ser, a outra precisa desaparecer. A noite só pode surgir com o desaparecimento do dia e vice versa. A lua entra em ação somente com o sol saindo de cena. E depois de um tempo, ocorre o inverso. A síntese desse processo é o resultado obtido pela ação humana, a produção alcançada até o final do dia por meio do trabalho.

O sol ganhou poderes extraordinários por causa da importância do dia. Para muitos povos politeístas (crença em vários deuses), a exemplo do povo indígena Inca, na América, o sol é a principal divindade. Ele é a fonte de luminosidade e calor. A luz recebeu um significado de excelência pelos diferentes povos. Era entendido como o sumo bem, dissipadora das trevas. Estas, por sua vez, eram relacionadas ao mal. Os filósofos gregos atribuíram à razão o poder de clarear as coisas, de mostrar como elas são na sua essência, definindo isso como sendo o conhecimento verdadeiro. Conhecer é trazer a realidade da escuridão à luz, é revelar o que estava escondido, é desvendar (tirar o véu) o que estava encoberto. Nesse sentido, a razão humana era igualada ao poder do sol. Por sua vez, as trevas, a escuridão, o fundo da caverna estavam relacionadas à ignorância, ao desconhecido, ao não manifesto ou revelado.

A noite, com a sua parceira lua, é o tempo do descanso para quem cultiva a terra. O descanso é um tempo vital no mundo do trabalho, a condição para revigorar as energias para o dia seguinte. É um tempo propício para a reflexão, contemplação, imaginação, para os sentimentos – dificultado durante o dia por causa da ocupação no trabalho. É o tempo em que o vinho é mais saboroso! É a oportunidade para contemplar as estrelas, as diferentes fases da lua, curtir o silêncio, acalentar o encontro, facilitar as situações que evocam a profundeza dos sentimentos imprescindíveis para viver em harmonia e com prazer. O filósofo Hegel foi muito feliz ao designar a coruja como símbolo da Filosofia. Esta teria a função de analisar e compreender o que os seres humanos fizeram durante o dia, igual a coruja, que entra em ação no cair da tarde, tempo em que cessa o trabalho.

O sol e a lua, suas posições diferentes no espaço por causa do seu movimento, serviram igualmente para marcar o tempo. A lua, com uma peculiaridade a mais, pois mudava o formato de uma noite para a outra, atribuindo-lhe quatro fases. Além da mudança de posicionamento desses astros, a forma do brilho também tinha um significado, sendo a emissão de algum sinal. Em toda a história da agricultura dos diferentes povos, certas épocas eram celebradas com festas e oferendas aos deuses. As principais comemorações foram no período do plantio e do cio dos animais – fertilidade, fecundação –, pedindo chuva abundante e distância das pragas para obter uma colheita farta e a renovação e multiplicação dos animais. A outra festa foi a da colheita e a do nascimento, a reprodução dos animais, o momento de agradecimento pelo fruto do trabalho desenvolvido pelos seres humanos e oportunizado pela natureza.

O Sr. Silmar, dada à conexão que mantinha com o movimento do sol, resultado da sua experiência na roça, olhava para ele e dizia a hora daquele momento. Não errava nunca! Durante o trabalho, ao final da manhã, ele olhava para o alto e dizia: "são 11 horas! Vamos parar". Era a hora de voltar para casa, pois o horário para o chimarrão e o almoço era meia hora depois. Dependendo do brilho do sol ou da lua, ele dizia em quantos dias choveria. Da mesma forma em relação à direção e à intensidade que soprava o vento. O canto de certos pássaros também era um sinal no qual se podia confiar. São os sinais que podem ser interpretados para uma melhor integração com o movimento do mundo, com o tempo da natureza.

Na vida urbana, principalmente nos tempos modernos, há uma acentuada desconexão com a dinâmica da natureza. A chuva é vista como "tempo ruim"; a terra é vista como algo "sujo"! O calor do sol é motivo de irritação por causa do suor. A lua e as estrelas são ignoradas! O cantar dos pássaros não é ouvido! Não há tempo para admirar o verde, as flores e o perfume das plantas. Ninguém pergunta da onde e como foi produzida a comida empacotada ou enlatada que está nas prateleiras do mercado. Os dias da criação do mundo narrados pelo povo bíblico e a vida camponesa devem levar a população das cidades a refletir sobre a necessidade de se viver conectado com o universo, com a natureza. Além do tempo mecânico marcado pelo relógio, existe o tempo da natureza da qual fazemos parte.

**\*\*\*\*\*\*\*\*\***

Após várias fases ou tempos pelos quais passa a cana-de-açúcar até que possa ser saboreado o seu doce, chega-se ao quarto momento: a depuração da garapa feita pelo fogo. Antes, primeiro, a cana é acolhida pela terra no ato do plantio e o fornecimento dos seus nutrientes; depois, ocorre o processo de desenvolvimento e maturação; e no tempo seguinte, o corte e a moenda para a extração do seu caldo ou garapa. São tempos distintos e necessários no processo do trabalho para que se alcance o resultado desejado.

A garapa já é o resultado de um processo de transformações sofridas pela cana. Já é em si uma bebida saborosa que pode ser tomada para se refrescar nos dias quentes, deliciando-se do seu doce. A garapa é uma bebida deliciosa, além de saudável, diferente dos refrigerantes. Porém, para chegar ao estágio do açúcar ou do melado, ela ainda demanda outros tempos, pois contém uma substância além do doce puro, que é a água, a qual precisa ser retirada.

O fogo, auxiliado pelo trabalho humano, tem esse poder de separar o doce da água, de evaporar esta, expulsando-a para outro lugar, mantendo a essência no tacho. O fogo, o calor, vinculado à energia do sol, age de forma poderosa para promover essa transformação, fazendo com que a garapa deixe de ser, tornando-se melado. É o movimento dialético, uma força atuando sobre uma realidade (garapa), transformando-a em algo diferente, nova. Essa substância nova é desejada pelos seres humanos, por isso o esforço, o trabalho árduo, o sacrifício nos dias frios do inverno.

A produção do açúcar, do melado e da cachaça é um trabalho de extrema fatiga, por isso coube aos negros africanos, na condição de escravos, realizá-lo forçadamente nos engenhos brasileiros. No tempo do Brasil Colônia, nos séculos XVI e XVII, a produção do açúcar foi a principal atividade econômica, tendo como mercado consumidor os países europeus. Foi o ciclo chamado de economia canavieira. Só por meio da forma de trabalho escravo – a "ferro e fogo" –, foi possível obter gente para exercer esse trabalho, tamanho o sacrifício demandado. O branco do açúcar foi conseguido graças ao trabalho aviltante dos negros. Estes, com a sua permanência na sociedade após a abolição oficial da escravidão, nada real, mesmo que vivendo em condições de exclusão social e tratamento desumano, continuam sendo a parte do povo mais marcante para o desenho físico e cultural da população brasileira. Que não tarda mais um dia para a sua emancipação social.

A família do Paulo, envolvida no trabalho de extração do doce da cana no período do inverno, também vivia uma contradição, porém de ordem natural: ao cuidar da fervura da garapa, ficavam aquecidos ao redor do fogo, sendo que, no momento anterior – durante a moagem –, estavam quase congelando de frio. São tensões, contradições que ocorrem no movimento de constituição da realidade, na dinâmica da vida, que, quando reconhecidos e enfrentados, resultam em transformações, em novidades. Que os negros no Brasil e no mundo conquistem, também, esta novidade: a sua emancipação social completa do jugo dominador dos brancos.

O próprio fogo e a lenha ou o carvão vegetal estabelecem uma relação de antagonismo. O fogo precisa da lenha para existir e produzir os efeitos esperados, mas, ao ocorrer esse processo, a lenha é consumida, deixa de ser. Ela se entrega ao fogo (faz este existir, ser) para que, assim, ocorram as transformações e se tenha acesso ao doce. As cinzas da lenha queimada, por sua vez, são um ótimo adubo, que era jogado na horta e no pomar para fertilizar a terra.

Depois, com o processo da modernização da produção agrícola, os camponeses tiveram acesso à máquina de moenda de aço e movida por motor de combustível fóssil. Em momento posterior, com a instalação das redes de energia elétrica, foram adquiridos os motores movidos por essa força. É o fim da moenda de madeira e o tempo demorado de extração da garapa por meio do trabalho árduo de várias pessoas. Agora, um indivíduo, num tempo curto, pode fazer todo serviço. As moendas enormes de madeira viraram enfeite em frente às casas, testemunhando um tempo que não existe mais. A mecanização é a nova forma de realizar as atividades agrícolas, substituindo o trabalho manual e todo sistema de produção vinculado a isso, uma modalidade que deixa de ser. O problema dessa nova realidade, engendrada sob a lógica da produção capitalista, do mercado, promoveu, ainda, mais a concentração da riqueza e a expansão da pobreza.

**\*\*\*\*\*\*\*\*\*\***

O quarto tempo na trajetória de vida do Paulo é de mudança radical e definitiva. O novo iniciado representou uma profunda ruptura, um "corte", não isento de "prensa", ou "moagem" igual a sofrida pela cana! A vida no seminário – formação e enfrentamento de adversidades – pertence, em grande medida, ao tempo passado. Agora, o Paulo é um indivíduo solto no mundo, independente, não tem ninguém que o sustente financeiramente, precisa lutar para conseguir o "pão nosso de cada dia". É o tempo do trabalho. É o ano de 1990, ano em que ele completou 30 anos de idade.

Na primeira metade do ano de 1990, o Paulo, a convite e custeado pela diocese, fez um curso de formação na cidade de Porto Alegre para coordenadores da pastoral da juventude em nível nacional. A expectativa dele e de outras lideranças que atuavam na pastoral era a de que, agora na condição de leigo, daria continuidade a esse trabalho. O curso significou uma experiência muito boa em termos de estudo e de convivência. Ele morou nos fundos da casa de uma família na companhia de dois colegas de estudo, um do Acre e outro de Roraima. Eram três indivíduos de realidades muito distintas.

O almoço era no local do curso, menos aos domingos, quando cada um precisava se virar. Nesse dia, os três sempre saíam juntos para almoçar em algum restaurante. Era um costume dos dois colegas sempre levar uma mochila junto, seja para onde fossem. Quando o almoço era muito caro, antes de levantar da mesa, eles pegavam um talher, ou sincero, e o colocavam na mochila, fazendo isso de forma consciente e criticamente, dizendo: "isso é preciso fazer para reduzir a exploração!". Muitas vezes, eles voltavam aos mesmos restaurantes e repetiam a ação. O Paulo, contrário a essa atitude, não tinha coragem de entrar uma segunda vez, o que o levava a almoçar sozinho em algum restaurante próximo. São comportamentos distintos em relação a determinadas situações, dependendo da educação recebida, dos medos alimentados ou dos princípios adotados que orientam as práticas sociais. Eles faziam isso com naturalidade.

Retornado, depois do curso, veio a pergunta: e agora, onde morar e o que fazer para se sustentar. A moradia foi resolvida rapidamente: Paulo foi morar na casa de um amigo que conhecia desde os tempos da Filosofia. Nesse período de estudo, esse amigo também morava naquela cidade e cursava Direito. Um irmão dele foi colega do Paulo no seminário do ensino médio, e outro irmão era o pároco da paróquia que acolheu o Paulo na cidade de Plimápolis.

Agora, o grande desafio seria o trabalho. Onde trabalhar? Numa das conversas com o colega e amigo padre com o qual foi junto da Região Sul para morar na cidade, este falou: "na Universidade, abriu uma vaga para professor de Filosofia". Esta vaga estava sendo provisoriamente ocupada por um ex-seminarista que também estava fazendo uma experiência fora do seminário na condição de leigo, pois estava com muitas dúvidas se continuava ou não a formação para o sacerdócio. Terminado o contrato, ele voltou ao seminário. Depois desistiu, fez concurso público naquela Universidade e se tornou colega de profissão do Paulo no mesmo curso de graduação. É uma história muito parecida com a do próprio Paulo, e os dois acabaram trabalhando juntos.

A inscrição realmente estava aberta para a contratação de um(a) professor(a) para o preenchimento dessa vaga por meio de um contrato temporário de 12 meses. Portanto se tratava da seleção de professor(a) substituto(a) enquanto a vaga não fosse para concurso público. O Paulo se inscreveu, juntamente a outra candidata, esta já uma professora experiente da escola pública estadual. O Paulo foi aprovado. Esse padre amigo foi mais uma vez decisivo na sua vida, levou-o junto e, agora, indicou-lhe uma vaga de trabalho. É o início de um novo tempo na sua vida: o do trabalho.

O contrato foi assinado no dia 16 de julho de 1990. A partir de então, o Paulo era um profissional da educação de nível superior. Ele lembra muito bem da primeira aula. É como o primeiro beijo: nunca se esquece! Além disso, foi a primeira aula dada por ele na vida enquanto profissional. Antes, ministrava cursos de formação nas atividades pastorais. Foi o seu primeiro emprego. A insegurança era muito grande. Devido ao esforço, à dedicação, a aula estava muito bem preparada. Até a saudação inicial a ser feita à turma, além das ideias a serem desenvolvidas, estava apontada no papel.

O começo foi desafiador, exigindo muita superação de dificuldades. Além de ministrar a disciplina de Filosofia no curso em que estava lotado, trabalhava outras disciplinas em outros cursos de graduação, inclusive matérias em áreas distintas. Essa situação exigia muita leitura, preparação das aulas. O semestre já estava em curso, o que demandou em sobrecarga de aulas para poder concluir a carga horária necessária até o final do semestre. Aliado a isso, o Paulo estava doente, deprimido, submetido a um tratamento na base de medicação antidepressiva, o que limitava a energia e disposição para um bom desempenho no trabalho.

Certa vez, o Paulo, no mês de janeiro de 1994, em companhia de um casal com sua filha e uma jovem – todos eram amigos da pastoral da juventude –, foi passar as férias na cidade de Maceió-AL. Eles foram de carro, e ninguém tinha muita experiência no volante. Dada à distância, todos aprenderam bem essa habilidade durante a viagem. O Paulo tomava, todos os dias (entre 1989 a 1998), um ou dois comprimidos antidepressivos da marca Lexotan. Os amigos dele ficaram impressionados em relação à vontade dele de dormir na viagem ao invés de curtir as belezas daquela região. No entanto, eles não sabiam, e o Paulo não contou que a sonolência era causada pela medicação. Ele, na verdade, manteve esse segredo a todos durante todo esse tempo, menos do médico que dava a receita e alguns do círculo de pessoas muito próximas. Foram nove anos de muita sonolência!

Passado um mês de serviço, chegou a primeira remuneração correspondente ao período trabalhado. Como se trata do primeiro emprego, igualmente foi o primeiro salário que ele recebeu na vida. Uma experiência inesquecível! Paulo achava que era muito dinheiro, principalmente considerando que era uma quantia que ele nunca teve. Ele achava que não merecia todo esse valor pelas aulas dadas em 30 dias. Depois de pensar uns dias em que gastar parte desse dinheiro, priorizou duas coisas: comprar roupas e calçados e ir ao consultório dentário. Eram duas necessidades prementes.

Havia uma garota bonita e simpática que o Paulo conhecia por causa da atuação na Igreja, e ela trabalhava numa loja de confecções que vendia mercadorias bonitas e de qualidade. Ele chegou à loja e disse para a moça: "você que conhece bem roupas e calçados de qualidade e que estão na moda, veja o que serve para mim. Quero comprar várias calças, camisas e calçados!". E assim fez durante muitos anos, ele ia lá e ela escolhia as roupas. São as mudanças acontecendo no novo tempo, inclusive no visual!

Certa vez, na Universidade, foi organizada uma brincadeira, um concurso para várias categorias de destaque entre os três segmentos da comunidade acadêmica (técnicos, estudantes e professores). Quem quisesse poderia votar. No dia do jantar de confraternização, foram homenageados os vencedores com a entrega de troféus. Paulo ganhou na categoria de "mais elegante" entre os homens daquele local de trabalho. Agora, diante de outras condições financeiras, ele começou a caprichar na aparência física, comprando e usando roupas que antes ele apenas sonhava em ter.

Numa turma, tinha um estudante excelente em desenho de grafite. Enquanto o Paulo dava aula, sem ele perceber, esse estudante o desenhou, dando destaque à roupa usada de forma impecável. Ao final da aula, o discente entregou-lhe o papel com o desenho. Posteriormente, Paulo pô-lo em uma moldura. É o novo tempo emergindo com certas transformações acontecendo na sua maneira de se apresentar, no caso, na forma de se vestir. É a realização de um desejo até então impossibilitado.

Coincidentemente, o seu primeiro ano de trabalhado assalariado era, também, o primeiro ano do governo Fernando Collor de Mello – eleito presidente da República no final do ano anterior contra a vontade do Paulo. Tratava-se de um governo neoliberal, que defendia o Estado mínimo, com a entrega dos serviços públicos para a iniciativa privada, entre eles, a Educação. Ao invés de promover concursos públicos para o preenchimento das vagas existentes ou a sua ampliação no serviço público, Collor criou um programa de demissão voluntária, querendo a redução do número de funcionários.

Essa política do governo inviabilizava a pretensão de o Paulo efetivar-se por meio de concurso público. Restou-lhe continuar o trabalho de forma precária mediante contratos temporários. Vencido o período do contrato, o Paulo foi ministrar aula de Religião para a quinta e a oitava séries de uma escola particular e a disciplina de Sociologia no curso de Administração de uma universidade particular. Foi uma experiência péssima, pois poucos estudantes estavam interessados nessas disciplinas. Além disso, o Paulo continuava sofrendo com o problema de saúde, o que dificultou imprimir a vitalidade necessária nas salas de aula para despertar um maior interesse nos estudantes.

Na Universidade Pública Federal faltavam professores, tendo muitas disciplinas curriculares descobertas. O contrato somente era permitido para um ano, e o Governo Federal dificultava ao máximo reabrir as vagas para novos contratos. A saída encontrada pela Universidade foi remanejar recursos financeiros internos para contratar por conta própria, criando a figura do professor "prestador de serviços". Dessa forma, a vaga de Filosofia foi novamente preenchida por meio de seleção, porém com contrato para um semestre e salário inferior. O Paulo inscreveu-se e foi novamente selecionado. Depois, o contrato foi renovado para mais um semestre. Esse retorno à Universidade Pública levou-o a pedir demissão nos dois estabelecimentos de ensino privado.

Devido à demanda de professor de Filosofia em vários cursos de graduação, depois de muita pressão, finalmente essa vaga foi a concurso público em meados de 1992. O Paulo inscreveu-se e se preparou para a concorrência. Além dele, mais seis candidatos disputaram a vaga, sendo um com o título de doutorado, o que era uma grande vantagem, pois a esse título era atribuído uma pontuação que os demais candidatos não tinham. Resultado final: o doutor foi aprovado para ocupar a vaga, e o Paulo foi aprovado na categoria de "classificado", e os outros cinco candidatos foram reprovados. O professor doutor trabalhou um semestre e pediu demissão, voltando à cidade em que morava e, nesse período, outro professor também pediu demissão, além de um ter conseguido a transferência para outra Universidade Pública Federal. Enfim, surgiram três vagas.

Diante desse cenário da existência de vagas, o colegiado do curso em que o Paulo trabalhou e estava classificado decidiu chamá-lo para assumir, de forma definitiva, a vaga de Filosofia. Ele tomou posse no dia 1 de novembro de 1992. Estava resolvido o problema relacionado ao trabalho, claro, desde que cumprisse com as exigências, no caso, ser aprovado no período do estágio probatório (avaliação de desempenho nos três primeiros anos). Foi uma conquista e alegria imensa na busca da sua realização pessoal.

A efetivação, mesmo tendo apenas o título de graduado, dá, ao professor, o direito e as condições para a realização de uma série de atividades acadêmicas para além do ensino em sala de aula nos cursos de graduação. Os limites intelectuais do Paulo eram notórios, principalmente nos primeiros anos, mas não lhe faltava vontade de assumir atividades e de fazê-las com responsabilidade. Esse perfil foi muito elogiado pelos seus colegas já durante o trabalho no período de contrato temporário, além do seu espírito crítico, alinhando-se à ideologia de esquerda, sendo a perspectiva política da maioria.

Boa parte dos colegas professores que ingressaram nessa Universidade até o final da década de 1990 tinham apenas o título de graduação ou, no máximo, o de especialização. Um motivo era o fato de essa Universidade estar localizada na Região Centro-Oeste, mais ainda, no interior de um estado, o que não é um atrativo para muitos pretendentes. Outra causa foi que, naquela época, tinha poucos programas de pós-graduação e incentivo para que os professores cursassem o mestrado e o doutorado. Mesmo assim, o curso no qual o Paulo esteve lotado tinha uma política de capacitação, estando dois professores sempre afastados para cursar a pós-graduação. Esta qualificação era vista como uma necessidade, pois aperfeiçoava a formação dos docentes e ampliava as condições de trabalho, tais como o desenvolvimento de pesquisas, ministrar aulas em cursos de pós-graduação, assumir certas funções de gestão que exigiam essa titulação.

Era definida uma fila de afastamento para a pós-graduação. A vez da saída do Paulo estava prevista para o ano de 1997. Diante dessa situação, ele usou parte das férias no início do ano anterior, sem comentar com ninguém – era costume dele fazer as coisas por meio da iniciativa e esforço próprio, sem consultar colegas, o que não é uma virtude –, e foi visitar as principais universidades públicas do país para se inteirar sobre os programas de pós-graduação de Filosofia e ciências humanas. Naquela época, ainda não se tinha acesso a esses programas pela internet. Nesse mesmo ano (1996), ele fez o projeto de pesquisa para o mestrado, selecionou quatro programas de mestrado nos quais se inscreveu. No exame de seleção, após passar nos dois primeiros, escolheu o programa de mestrado de uma universidade pública do estado de São Paulo e nem prestou a seleção nas outras duas em que estava inscrito.

No início do ano de 1997, ele pôs o básico que coube no carro e se mudou para aquela cidade, iniciando o curso de mestrado. Era na área de Ciência Política com ênfase na ideologia, que é, também, um objeto de estudo da Filosofia. Paulo escolheu essa área pelo fato de gostar e valorizar a política, vista como essencial na estratégia de luta por um projeto de sociedade pautada na justiça social, na redução drástica das desigualdades sociais escandalosas. Para abraçar essa temática e perspectiva política, foi fundamental a sua formação no seminário, tanto na Filosofia quanto na Teologia.

No segundo ano do curso de mestrado, concluídos os módulos exigidos, ele se dedicou às leituras, ao aperfeiçoamento do projeto de pesquisa e à escrita. Sua orientadora, muito talentosa, bondosa e atarefada, não contribuía como o Paulo desejava no que se refere à delimitação do tema, assim como na definição dos conceitos a serem abordados teoricamente, bem como na realização da pesquisa e da construção metodológica da estrutura do texto. Ela confiava muito nele, dado a idade, experiência e o fato de já ser do quadro de docentes efetivos, chamando-o sempre de colega. Ela dava algumas orientações gerais e, no mais, dizia: "Paulo, você sabe o que quer e como fazer. Vai lendo e escrevendo! Daqui a algum tempo, você me apresenta o seu texto".

Porém, na medida em que ele foi lendo, ao invés de clarear e definir as ideias a serem desenvolvidas, tudo ficou sempre mais confuso, e não saía nada de escrito! Quanto mais lia, mais angustiado ficava. Além disso, ele morava sozinho num puxadinho no fundo da casa de uma senhora de idade e tinha pouco contato com os seus colegas do curso, pois não tinha mais aulas, e também buscar ajuda não era costume dele. Essa situação levou-o ao agravamento da sua saúde, uma recaída no estado depressivo que estava sendo tratado com o uso de medicação. Quando foi à cidade de Plimápolis votar nas eleições do mês de outubro de 1998, poucos o reconheceram, de tão desfigurado e debilitado que ele estava por causa da depressão. Uns amigos articularam-se para buscá-lo e cuidar da sua recuperação. Uma amiga dele fez isso, foi até à cidade em que ele estudava e o ajudou a fazer a mudança novamente com o carro.

Nessa situação, com enormes dificuldades de saúde e um projeto auspicioso de pesquisa de campo a fazer, ele teve que dar continuidade ao seu projeto de mestrado. Paulo enviava os seus escritos para a orientadora pelo correio, e, assim, ela os lia e mandava de volta com preciosas orientações. Às vezes, o Paulo encorajava-se e se comunicava por telefone para agilizar a troca de informações. A orientadora sempre foi muito generosa nesse atendimento à distância. Os membros da banca de qualificação fizeram poucas sugestões para o aperfeiçoamento do texto dissertativo. Essa apreciação deu bastante tranquilidade para o Paulo concluir o texto e fazer a sua defesa, que aconteceu no mês de outubro de 2001. Naquela época, o período para a conclusão do curso de mestrado era de 60 meses (cinco anos). O texto foi aprovado com a nota máxima – "10 com distinção e louvor" – e a indicação para a publicação. Foi uma conquista obtida devido à dedicação, à persistência (desistir jamais!) e à ajuda dos amigos.

Uma editora importante mostrou interesse na publicação. Mas, devido à debilidade da sua saúde, pois a adaptação para o formato de livro seria muito trabalhosa, Paulo achou melhor dedicar esse tempo já na preparação do doutorado. Fez muitas leituras, desenvolveu pesquisas, publicou-as em dois capítulos de livros coletivos, tudo para fazer o doutorado em boas condições em termos intelectuais e físicos, evitando grande desgaste devido aos problemas de saúde, que demandava muitos cuidados.

Paulo inscreveu-se novamente em quatro programas, agora de doutorado no ano de 2005, pois, no ano seguinte, seria a vez de ele sair outra vez para a capacitação. Ele passou na primeira seleção que fez, justamente na Universidade e Programa em que cursou o mestrado e teve a confirmação de que a mesma professora seria a sua orientadora. Foi a sua preferência, pois, dessa forma, conseguiria dar continuidade aos estudos desenvolvidos no afastamento anterior. O Paulo teve sorte, pois aquele ano foi o início do Programa de Doutorado em Ciência Política naquela instituição. E dessa vez, foi morar na casa de um filho da senhora com quem residiu durante o mestrado, uma família com a qual teve ótima convivência. Adaptando um ditado, a sorte ajuda para quem madruga!

O curso de doutorado foi relativamente tranquilo, sem o agravamento de sua saúde, o que ele temia. Dessa vez, ele foi bem preparado para os estudos, o que contribuiu muito para as facilidades encontradas, assim como pelo fato de ter retornado para a mesma instituição e poder contar com a mesma orientadora. Ele defendeu a tese de doutorado no mês de novembro de 2010, tendo sido bem avaliado pelos membros da banca examinadora. Esse foi o último estudo formal desenvolvido pelo Paulo, 42 anos depois de ter ingressado na primeira série da escola primária em Linha Formosa (1968). Foi um longo percurso, com muitas dificuldades, esforço, superação e conquistas. São as permanências preservadas em meio às mudanças, estas sendo geradas a partir de situações de vida anteriores, com contribuições e superações.

O jeito de atuar enquanto profissional de uma instituição federal do ensino superior nestes 30 anos (1990-2020), não desconsiderando todas as mudanças de ordem pessoal e social ocorridas nessas décadas, muito se deve à formação recebida na família, na comunidade camponesa e nos seminários de uma congregação religiosa. Ele sempre via o seu trabalho na academia para muito além do ensino dos conteúdos previstos nas diferentes disciplinares curriculares, nas pesquisas desenvolvidas, nos cursos de extensão realizados, no exercício da gestão e nas inúmeras outras atividades executadas. Paulo, no seu trabalho na docência, sempre defendeu a formação integral, contemplando as múltiplas dimensões da vida humana. A ética devia estar acima de tudo.

O Paulo sempre reconheceu os seus limites na profissão. Ele tinha como valores a humildade, a sinceridade, o esforço, a dedicação, a seriedade, a compreensão, o diálogo, a disciplina, a honestidade, a intransigência no respeito a certos princípios. A meta foi contribuir com a formação dos estudantes também mediante o modo de ser, e não apenas por meio do discurso oral, pelas palavras, o desenvolvimento de ideias e teorias. Entre as lideranças do Movimento dos Trabalhadores Rurais Sem Terra (MST), existe uma máxima que diz: "a melhor forma de dizer é fazer!". A mesma conduta o Paulo procurou imprimir em relação ao convívio com os colegas professores.

Ele não gostava de ser chamado de professor, muito menos de doutor. Para Paulo, ao se dirigir a alguém, nada é mais importante do que chamá-la, ou chamá-lo, pelo nome. Este é a nossa principal identidade, não a profissão, muito menos o título. Na verdade, pôr o cargo e o título na frente do nome é uma conduta discriminatória que visa distanciar-se do povo em geral. Afinal, porque ninguém se apresenta desta maneira: "meu nome é empregada doméstica Maria Pereira", ou "meu nome é servente de pedreiro João Machado". Nesse caso, quando a profissão é vista como pertencente ao povo comum (classe baixa), não é digna de menção. Por outro lado, os advogados, médicos e dentistas gostam de ser chamados de "doutores", mesmo não sendo. Da mesma forma, os professores e as professoras fazem questão que a sua profissão e o seu título apareçam antes do nome ou que sejam chamados(as) ignorando seu nome. É típico de uma cultura elitista da classe média que quer distância dos pobres.

Da mesma forma, o Paulo nunca chamou os estudantes de "alunos". Este termo latino significa a natureza de dependência própria das crianças, necessitantes do cuidado incumbido aos seus pais e outros adultos. Dada essa relação de dependência das crianças em relação aos adultos, nas instituições de ensino, considerando a sua finalidade enquanto espaços de educação centrados no conhecimento, aos estudantes é atribuído o sentido de indivíduos sem luz própria, ou seja, são pessoas que vivem na escuridão, na ignorância. Por sua vez, as professoras e os professores seriam a luz, os conhecedores, os iluminadores, daí o papel de ouvintes (passividade), o qual deve pautar o comportamento dos estudantes na sala de aula, e não a de participantes, a prevalência do processo de interação do ensino e da aprendizagem entre os docentes e os estudantes. A proeminência ou o protagonismo exclusivo dado às professoras e aos professores "luzeiros" e os estudantes tratados como envoltos na escuridão é uma relação hierárquica, de poder, de domínio, uma relação entre os que sabem e os que não sabem. É a pior concepção de educação existente. No entanto, o que mais se ouve em referência ao sistema educacional é o termo "aluno". É a educação exercendo um papel conservador de legitimação da divisão das classes sociais, uma relação de dominadores e dominados, normalizando o que deveria ser objeto de crítica, contestação e superação.

Os estudantes percebem e assimilam – em grau maior ou menor – o que se ensina por meio do modo de ser, sentir, agir. As próprias palavras proferidas pelo discurso oral ganham uma dimensão maior quando acompanhadas de uma prática condizente (dizer + com). A assiduidade foi uma marca do Paulo. Ele não lembra de ter chegado cinco vezes atrasado na sala de aula em 30 anos. Da mesma forma, agia na participação em reuniões e outras atividades acadêmicas ou sociais. Para ele, isso faz parte de uma conduta normal, e não o contrário. Ele sustenta que é falta de educação fazer os outros esperarem! São princípios aprendidos e vividos desde a infância e que se somam à forma de ser e de agir nos tempos posteriores, enriquecendo-os.

Durante as aulas, o Paulo não titubeava em chamar a atenção de quem insistia em criar um ambiente adverso. A sua conduta dava-lhe autoridade para proceder dessa forma. Em relação às avaliações, ele defendia um mínimo necessário de compreensão e reflexão a serem desenvolvidos pelo estudante para poder ser aprovado. Caso contrário, o discente deveria refazer a disciplina. Ele considerava esse procedimento uma questão de justiça e relevante para a qualidade da formação, mesmo reconhecendo as inúmeras dificuldades enfrentadas por parte de alguns estudantes. O Paulo dizia que não era ele quem aprovava ou reprovava, e sim o resultado decorrente da atuação dos próprios discentes, mesmo sabendo que eles pensavam o contrário dizendo: "eu passei" ou "o professor me reprovou". A reprovação rendeu muitas discussões, propostas das mais variadas, ameaças, mas ele era irredutível quando os estudantes não o convenciam para rever as notas. A cultura do "jeitinho brasileiro" não tinha vez, e sim a sua contestação.

Havia um estudante que tinha uma chácara na qual produzia verduras, legumes e frutas. Quando estava próximo do encerramento do semestre, ele levava sacolas desses vegetais para a aula e as entregava ao Paulo. A feira estava garantida no último mês nos dois semestres em que ele cursava disciplinas ministradas pelo Paulo! Os seres humanos são muito criativos para alcançar o almejado, apelando para tudo o que é recurso disponível. Muitas dessas ações representam desvio de conduta, deixando-se corromper.

O Paulo agia da mesma forma em relação aos colegas. Essa postura nutria a simpatia de uma parte e a animosidade e conflitos abertos com outros. A forma franca e direta com que fazia as críticas argumentadas sobre aquilo que discordava ou achava errado e o questionamento sobre a falta de comprometimento com coisas elementares geravam atritos. A estabilidade no serviço público é necessária, mas também deve ter a avaliação periódica do desempenho dos servidores, considerando que essa garantia no trabalho pode gerar condutas de acomodação e corporativismo entre os colegas.

Certa vez, depois de dois anos na coordenação de ensino do curso no qual estava lotado, ao chegar o período da eleição para o próximo mandato, o Paulo resistia em concorrer. O colega que exercia a chefia só aceitava pleitear outro mandato caso o Paulo topasse repetir a parceria, formando a chapa com ele. No último momento do prazo final para a inscrição, sob a pressão de alguns colegas, ele foi convencido a concorrer para esse cargo por mais um biênio. Na eleição, a chapa ganhou por uma diferença mínima por causa do fato de vários colegas terem votado em branco, algo inusitado. Diante do ocorrido, o Paulo não aceitou a recondução ao cargo.

Esse comportamento de colegas se explica, em boa medida, por causa da conduta do Paulo, enquanto esteve na Coordenação de Ensino, de não tolerar certas práticas não condizentes com a profissão. Um dos casos foi um colega não ter entregado os Diários de Classe nos últimos três anos, considerando que existe um prazo para que se faça isso obrigatoriamente após o encerramento de cada semestre. Ao perceber isso, o Paulo deu vários prazos ao colega para providenciar os Diários, e esse sempre prometeu que faria, mas nunca cumpriu. Depois de ele ter se comprometido em reunião junto a todos os colegas, o próprio colega estabelecendo um prazo, e novamente não fez. Então, o Paulo solicitou o desconto de vários dias de trabalho. Foi a saída adotada, a qual deu resultado, porém esse procedimento implicou em crise de relacionamento, acusações de abuso de autoridade. O Paulo aprendeu uma máxima do seu pai: não deixe para amanhã o que precisa fazer e pode ser feito hoje! Quanto mais adia, mais difícil de ser realizado.

Outro caso, entre vários que poderiam ser registrados, foi a não aceitação pelo Paulo da forma costumeira com que um colega agia em relação ao preenchimento dos Diários de Classe. A prática desse era não fazer avaliações – ou não as lia – e, depois, dava as mesmas notas para todos os estudantes da turma (era obrigatório fazer no mínimo duas avaliações), ficando, consequente, todos com a mesma média. As duas notas e a média final eram iguais para todos os estudantes. Além disso, ele não adotava nem um tipo de registro das frequências, fazendo-o dar 100% de presença para todos.

Era comum, entre os estudantes, alguns desistirem temporária ou definitivamente do curso depois de terem efetuado a matrícula, motivados por inúmeras dificuldades. Porém, nas disciplinas ministradas pelo colega, todos os acadêmicos que constavam na relação do Diário de Classe, independente se cursaram a disciplina ou não, eram aprovados com a mesma nota dos demais colegas e com 100% de frequência. O Paulo, enquanto coordenador, não assinava os Diários de Classes desse colega por causa dessa forma de lançamento das notas, devolvendo-os para que fossem refeitos. Aí, como diz uma música gauchesca, "*o bochicho está feito*", e vinham os adjetivos depreciativos de toda ordem. O que se pedia era apenas a responsabilidade mínima na realização das atividades de ensino, e uma das funções da coordenação de ensino era zelar por isso.

O mesmo colega também tinha o costume de chegar bastante atrasado para as aulas, assim como nas outras atividades na Universidade. Numa ocasião, enquanto coordenador de ensino, o Paulo teve uma conversa franca e direta com o profissional e solicitou que revisse certas práticas, pois havia muitas reclamações por parte de estudantes. A conversa tomou o caminho de uma discussão acalorada. Quanto aos atrasos para o início das aulas, ele se saiu com essa: "você tem que saber que as minhas aulas de duas horas valem mais do que as aulas de quatro horas dadas por vocês!".

A arrogância, a tendência dominadora é um problema sério para os indivíduos que ascendem socialmente da classe trabalhadora ou pobre para a classe média, principalmente para quem exerce o trabalho com esse público, mais ainda quando se dirige a ele por meio da palavra, do discurso. O ego se infla, principalmente quando se está diante de um microfone. A tendência é a postura impositiva diante desse povo, colocando-se acima das pessoas para as quais dirige a palavra, estabelecendo uma relação de hierarquia com grau acentuado de mando, de dominação. É comum acontecer esse comportamento entre os pastores e padres diante dos fiéis, os políticos diante dos eleitores, os empresários diante dos trabalhadores, os cantores no palco diante do seu público e, claro, dos professores e das professoras na sala de aula e nas palestras.

A sala de aula constitui-se um território de dominação para boa parte dos docentes em todos os níveis de ensino. Entre os professores e as professoras com os egos inflados, não se aceitam críticas. É a adolescência, a necessidade de afirmação ainda buscando espaço nos indivíduos adultos. É o indivíduo se colocando acima de tudo e de todos. É a negação das origens pobres, situando-se num patamar mais elevado na estratificação social. Não é nada fácil colocar-se no devido lugar na relação com os seres humanos. O desafio é buscar relações de igualdade entre os diferentes, e não de desigualdade e domínio.

O Paulo tinha várias limitações no trabalho exercido na academia. Devido à timidez e à insegurança trazidas da infância, ele tinha dificuldades para desenvolver as ideias em público com naturalidade. Esse limite comprometia a qualidade dos argumentos na condução lógica do discurso, no aprofundamento e na abrangência da análise, na capacidade de síntese. Em parte, esse limite foi sendo superado com a experiência prática, mas ficou longe de colegas que tinham essa facilidade. Os cuidados que precisava ter com a saúde, evitando os esforços e desgaste mental, eram fatores que comprometiam a desejada e necessária leitura e escrita e, como consequência, o seu desempenho na abordagem de questões que requerem ampla fundamentação teórica.

Certa vez, num evento de extensão organizado por ele mesmo, Paulo compôs uma mesa com dois estudantes para falar sobre a ética na política. O tempo para a sua palestra era de 30 minutos. No início da sua fala, ele começou a se enrolar e, quanto mais queria esclarecer, pior ficava. Com isso, o tempo foi passando, levando-o a não poder desenvolver o que tinha planejado. Ele ficou tão tenso que, ao final, seu corpo estava duro, tendo enorme dificuldade para baixar os braços apoiados em cima da mesa, bem como soltar o microfone que usava durante a sua fala desastrada. Muitos falam: "você escreve muito melhor do que fala!". O Paulo concorda com essa percepção.

Na medida em que ele foi se envolvendo na Filosofia e nas ciências sociais, enfim, com o mundo acadêmico, a atuação pastoral na Igreja foi sendo gradativamente reduzida. Paulo sentiu sempre menos essa vontade, por isso foi se retirando aos poucos. Ele começou a dizer: "vou fazer o que me faz bem e dá prazer, e não de forma forçada ou o que os outros querem". Esse princípio continua sendo um desafio, mas, em relação ao envolvimento na Igreja, nosso protagonista conseguiu ser coerente. Ele não tem nada contra a Igreja em si, sente-se, inclusive, muito grato por tudo o que aprendeu e vivenciou na sua trajetória até ingressar na universidade. O Paulo tem consciência da importância da fé, da religião para o povo, especialmente os empobrecidos, do papel religioso e social que a Igreja Católica pode desempenhar para melhorar a vida deles.

O Paulo é crítico em relação a certas práticas na Igreja Católica, assim como se opõe às tendências conservadoras no seu interior. O mesmo vale para as outras Igrejas e religiões. Ele vê com muita preocupação, na atualidade, o desvio de finalidade cometido pelos agentes religiosos, a difusão e legitimação de práticas socioculturais contestáveis e deploráveis por meio da mercantilização da fé do povo, a desfiguração do Jesus histórico, a manipulação da Bíblia, o discurso moralista hipócrita e a militância político-partidária extremamente conservadora e reacionária no interior das instituições do Estado.

O Paulo nunca foi uma pessoa de convicções religiosas sólidas ou de fé profunda em Deus, em Jesus Cristo, no seguimento aos princípios cristãos e da doutrina da Igreja Católica. Ele tinha muito respeito pela fé religiosa das pessoas, desde que fosse autêntica. O que era essencial na espiritualidade do Paulo foram os fundamentos ou princípios de vida nutridos nesse universo religioso considerado relevante para a luta pela dignidade de todos os seres humanos. Daí a valorização da política como meio para garantir as condições materiais para tal, e para a qual as religiões têm muito a contribuir. Ele tinha convicção que a religiosidade verdadeira é revolucionária, não compactua com a desigualdade social, pobreza, fome, violência, discriminação, destruição da natureza.

Na atuação pastoral, ele buscava desenvolver, nele e nas pessoas, o que acreditava serem os verdadeiros fundamentos da fé religiosa, tornando-os meios de emancipação pessoal e social. Concomitante a isso, fazer a crítica da manipulação da fé para legitimar as discriminações étnico-sociais cometidas pelos ditos filhos de Deus. No fundo, toda a religiosidade, incluindo as religiões e Igrejas, não é um fim em si, e sim um meio para a humanização dos seres humanos entre si e com o universo. Nesse sentido, um ateu pode muito bem realizar esta missão civilizadora (evangelizadora), que é a finalidade das religiões (religar a humanidade a Deus), usando meios não-religiosos.

Inversamente, alguém que confessa ser uma pessoa com fé na divindade pode usar todo arcabouço religioso apenas como meio para alcançar determinados interesses pessoais ou privilégios para uma minoria em detrimento do conjunto da população, sendo, portanto, um deturpador da religião, um manipulador da fé alheia, um "criador" de deus para si e seu grupo social, contribuindo com a desumanização. Um filósofo uma vez se definiu como sendo um ateu cristão, o que faz sentido. É perfeitamente possível ser ateu e lutador pela vida humana, por uma sociedade igualitária, que é a base do cristianismo. É o fim que importa, sendo que os meios podem e devem ser relativizados.

No período de trabalho profissional, Paulo morou em várias casas diferentes na cidade de Plimápolis. Ele saiu da casa do seu amigo no ano de 1991, após este decidir se casar – antes, Paulo morou um ano na casa paroquial –, e foi viver numa pensão bem antiga, muito precária. Era chamada de hotel, mas era algo bem inferior. A proprietária dizia que esse "hotel" só tinha uma estrela, que era ela. Coincidentemente, o que ela dizia fazia sentido, pois o nome dela era a de uma estrela. Dada a provisoriedade vivida no trabalho nos primeiros anos, Paulo teve que se submeter a essa situação.

Anos depois, foi construído um conjunto de casas populares quase em frente à Universidade. Eram casas geminadas, e o Paulo conseguiu adquirir uma que ficava em uma esquina da quadra da rua principal. A casa era muito pequena, com apenas três divisórias internas: uma maior na frente e, ao fundo, uma minúscula cozinha e outra que era o banheiro. É o tratamento recebido pelos pobres por parte dos agentes públicos do Estado. Mesmo assim, sabendo que a moradia seria provisória, o Paulo considerava essa residência uma conquista, pois finalmente moraria sozinho, o que seria uma experiência inédita na vida dele. Nesse período, igualmente, adquiriu o seu primeiro carro, um Chevette azul bastante rodado, comprado de uma colega.

No entanto, considerando que, na Região Centro-Oeste brasileira, faz seca durante seis meses e chove o restante do ano e as ruas daquele bairro não eram asfaltadas, ficava quase impossível residir em condições mínimas de bem-estar naquela pequena casa. Na época da seca, formava-se uma camada grossa de pó na rua. Cada carro que passava, vinha aquela nuvem de poeira para dentro da residência. E, na época da chuva, era preciso conviver com a lama. O Paulo aguentou morar um ano naquele lugar. Depois, decidiu vender o "direito" de propriedade e foi morar numa casa alugada de um amigo.

Passado mais um tempo, após ter ajuntado um dinheiro, comprou uma casa no bairro localizado em frente à Universidade, tendo-a até hoje. No período em que foi fazer o curso de mestrado, ele morava nessa casa, deixando-a para um amigo morar, e, em troca, este cuidaria da moradia. Ao voltar da cidade em que cursava a pós-graduação, Paulo foi convencido a morar na casa de uma pessoa amiga para, dessa forma, ajudá-lo melhor na recuperação da sua saúde. Nesse período, ele comprou três lotes ao lado do bairro no qual tem essa casa. Mais tarde, iniciou a construção da residência, concluída em 2015, na qual mora atualmente. É uma história de moradia em oito casas diferentes na mesma cidade. Essa vida de itinerante parece confirmar um ditado popular: "o pobre não mora, ele para: para aqui, para ali, depois lá!".

O Paulo sente-se muito grato por ter sido um docente do ensino público federal de nível superior, principalmente por se tratar da área da Filosofia e das ciências humanas e sociais. A estabilidade no trabalho deu-lhe a segurança, a liberdade e a autonomia necessárias para poder ampliar e aprofundar os seus conhecimentos na perspectiva crítica e emancipadora. E, dessa forma, com muitos limites, tentou contribuir para a formação acadêmica de milhares de estudantes na dimensão pessoal, profissional e cidadã. E, ainda mais, buscou contribuir para que a Universidade Pública cumprisse com a sua finalidade: formação de sujeitos para a inserção social, capacitando-os para o exercício profissional e para a atuação política no rumo da justiça social.

É a trajetória do tempo de trabalho do Paulo. O tempo de depuração da cana para a extração do melado. O tempo de depuração da individualidade do Paulo, da sua afirmação definitiva. Ele, por um lado, sente-se agradecido pelo serviço prestado e, por outro, reconhecedor das suas limitações, entende o quanto poderia ter feito diferente e melhor. O trabalho oportunizou muita convivência com os colegas, estudantes e comunidade acadêmica em geral. Foi um tempo de luz (conquistas) produzido pelo sol do dia, assim como de sombras (dificuldades), com diferentes intensidades, criadas pela noite. Um jeito de ser, viver, de realização pessoal, de configurações sociopolíticas em permanente mutação perpassou esse tempo. Um tempo para o qual a formação familiar, comunitária e no seminário foram essenciais.

# 5

No quinto dia...! No quinto tempo...!

No quinto dia, Deus criou todas as espécies de seres vivos do mar e as aves que voam acima da terra, ordenando que fossem fecundos, que se multiplicassem e que enchessem as águas e o espaço acima da terra (Gênesis 1, 20-23). É o tempo do surgimento de parte dos animais, os seres vivos que habitam as águas e os que povoam e voam no ar. É o reconhecimento e a valorização desses seres vivos. O tempo seguinte (sexto dia) foi dedicado à criação dos animais que habitam a superfície da terra, com especial louvor aos seres humanos.

Na concepção cósmica, visão de totalidade e de interdependência e interação entre tudo o que existe, é a hora de compreender e homenagear o processo de surgimento dos seres vivos animais! Cria-se ou surgem os animais capazes de viver nas profundezas da água e os de voarem na altura do ar acima da superfície da terra. São os dois reinos entre os animais que mais se diferenciam dos seres humanos. Quantas pessoas já morreram afogadas por não poderem viver no fundo da água? Quantas tragédias de Titanic já houve na história da humanidade? Quanta inveja os humanos já manifestaram por causa dos pássaros que voam nas alturas com desenvoltura e leveza? O avião é uma criação mecânica rudimentar para tentar imitar os pássaros!

A humanidade, somente a partir de meados do século XX, começou a despertar e expandir a compreensão de que o planeta terra é um ser vivo, pois está habitado por uma infinidade de espécies de seres vivos. Essa consciência ecológica ganha magnitude a partir do período da Guerra Fria (capitalismo versus comunismo) devido à possibilidade real de o planeta ser totalmente destruído pelas armas atômicas. É o acordar para a consciência cósmica e ecológica, a visão de que tudo está integrado e interdependente, e, destruindo uma parte, destrói-se a totalidade do que existe.

Por outro lado, a acumulação de capital a todo custo continua devastando esse ser vivo gigante (planeta) e dificultando a adoção de formas alternativas de produção econômica e de convívio no planeta para garantir a preservação do que ainda resta do mundo vivo. São duas forças em tensão, uma formada pelo sistema produtivo que continua poluindo o meio ambiente, destruindo a vida, causando a morte, e a outra constituída pelos grupos em expansão que despertaram para a urgência de salvar a vida do planeta, o que significa salvar a própria condição de existência dos seres humanos.

Os camponeses têm muito a ensinar sobre como valorizar e viver em harmonia com tudo o que existe, em especial com os seres vivos. Eles sabem valorizar a planta que nasce, desenvolve-se, floresce e produz frutas e cereais. Eles sabem da importância da polinização feita pelas abelhas. Eles aprenderam a admirar as flores. Eles têm a sensibilidade para ouvir o cantar dos pássaros. Eles conseguem conversar com os animais. Eles sabem apreciar o cair da chuva. Eles têm o espírito aprimorado para contemplar a lua, as estrelas. Eles têm a experiência para compreender o ritmo lento da natureza. Eles vivem o tempo da natureza, e não o tempo frenético de ganhar dinheiro!

**\*\*\*\*\*\*\*\*\*\***

A garapa da cana, após várias horas no fogo, com a água evaporada, cede a sua essência, doa a sua alma. É a hora de fazer o rescaldo do melado e, depois, derramá-lo em latas e levar à despensa. Após um longo processo desde a preparação da terra para o plantio da cana, uma composição de vários tempos, alcançou-se a essência, a doçura que só a cana tem. São etapas que requerem muito trabalho, esforço e sacrifício para a conquista do tempo no seu ápice: saborear o doce, deliciar-se das boas sensações que proporciona. É impossível não se lembrar de uma música sem a vontade de cantá-la: *"Decepar a cana; recolher a garapa da cana; roubar da cana a doçura do mel; se lambuzar de mel"*. Nesse trecho da belíssima canção de Milton Nascimento e Chico Buarque (1977), são destacados vários momentos ou tempos dessa dinâmica na relação entre a cana e o trabalho humano até chegar a hora de *"se lambuzar de mel"*.

Certos tachos de melado já ganham um destino diferente antes do rescaldo. Na época do trabalho na roça vivido pelo Paulo, era sagrado fazer uma tachada de rapadura com amendoim torrado! Depois de pronta e cortada em pedaços, para guardá-los, estes eram separados com palha seca de espiga de milho, o que deixava essa delícia sequinha e conservada. Após o chimarrão, para contrapor o seu amargo, um pedaço de rapadura é coisa dos deuses! A rapadura é algo precioso, inclusive para oferecer às visitas.

Nesse tempo, também era bastante comum fazer um tacho de melado com laranja espremida. As laranjas eram descascadas, cortadas ao meio, espremidas, e o seu bagaço despejado no melado um pouco antes de este ficar pronto. Era irresistível deixar de ir, às vezes, na lata de 20 litros para pegar um pedaço desse doce de laranja e se deliciar! Ele era muito saboroso como sobremesa depois do almoço. A chimia era outro doce que a família sempre fazia! Ela era feita de produtos da roça, tais como abóbora, batata doce, mamão verde, melancia dura (porco), bananas, cujos mantimentos eram despejados em pedaços dentro do tacho enquanto a garapa estava no fogo. Quanto mais ela cozinhava, desmanchava, derretia no tacho, melhor, pois essa qualidade de doce, assim como o melado puro, era feita para passar no pão caseiro e na rosca de polvilho. No café da manhã e na janta, não podia faltar o pão caseiro, o melado e a chimia acompanhados ou de salame, ou torresmo, ou charque, ou ovos, estes fritos ou cozidos ou na forma de omelete.

Seguidamente, quando se tinha vontade de saborear um doce e não tinha mais a rapadura com amendoim feita direto no tacho, fazia-se em porção menor. Fervia-se o melado numa panela o tempo necessário, depois acrescentava-se o amendoim torrado e se derramava numa forma ou em montinhos direto na mesa de madeira para esfriar. Mais tarde, era a hora de se "lambuzar"! Se há coisa melhor, os deuses guardaram para si! O que sobrava ficava para os dias seguintes. No tempo de chuva, também se estourava pipocas e se adoçava com melado! Eram baciadas de pipoca com melado.

O melado também servia para fazer doces com frutas. Não se fazia doces em conserva porque tinha frutas durante o ano inteiro. A mãe fazia paneladas de doce de pêssego, de figo ou de mamão verde com melado. E era saudável! Não tinha nenhum conservante químico. Era tudo feito de forma natural. Com menos frequência, também se fazia açúcar mascavo. O doce não é prejudicial, é necessário para o organismo. O que faz mal é o excesso, como tudo na vida. Tudo o que faz bem e é na medida, o corpo agradece!

Outro doce muito apreciado e que não pode faltar nas casas devido às suas diversas qualidades é o mel produzido pelas abelhas chamadas africanas. O Sr. Silmar colocava caixas de madeira em lugares estratégicos nos quais esses insetos entravam e construíam os favos. Além disso, eles gostavam de morar em árvores ocas. A extração do mel era feito à noite quando todas as abelhas estavam no seu recinto e eram surpreendidas com a fumaça que se soprava nelas para deixá-las tontas e inofensivas. Mesmo assim, quantos ferrões se levavam!!! Essas picadas eram possibilitadas pelo fato de que não se usava nenhum equipamento de proteção. Extraíam-se várias latas de 20 litros de mel por ano. Além desse mel, ficava-se igualmente atento às abelhas jataí que existiam na região, porém em menor quantidade, as quais produzem um mel muito recomendado para o uso medicinal.

O açúcar branco cristalizado, industrializado, era um ingrediente alimentar que também não faltava na casa, mas era comprado, convivendo com o melado e seus derivados. Dependendo da finalidade do uso, era melhor o açúcar cristalizado. Nessa época, não se conhecia os derivados do açúcar na forma de adoçantes! É sabido que o açúcar e os adoçantes contêm produtos químicos para adquirem o formato e a cor que possuem. A educação alimentar deve despertar os consumidores para o consumo mínimo desses produtos, assim como os doces de frutas e derivados do leite industrializados, bem como os refrigerantes, priorizando os doces mais naturais. É uma batalha árdua despertar para o hábito de se alimentar ao máximo de produtos naturais, pois as indústrias têm um poder enorme de persuasão.

O trabalho de produzir o melado a partir da garapa lembra o trabalho dos garimpeiros. Há todo um processo de trabalho árduo, paciencioso e persistente até que se chega à eliminação das impurezas e se obtém a pedra preciosa que fica no fundo da bateia, assim como o melado no tacho. A conquista dessas preciosidades recompensa o esforço do trabalho. É a interação entre a natureza e o ser humano, este, por meio do trabalho, extrai e transforma o que é dado pelo mudo físico e orgânico.

É a cana com as suas múltiplas utilidades graças ao seu doce. É uma essência cobiçada, obtida com muito trabalho, muitas vezes árduo, em interação com a natureza. Os próprios animais, sabedores do sabor delicioso contido em seu interior, são amantes dessa planta. É a cana e o seu poder de adoçar a vida!

**********

Tempo da criação ou surgimento dos animais para povoar as águas do mar e encher de pássaros as alturas do ar! Tempo para deliciar o doce do melado e as diferentes formas derivadas do seu sabor! Tempo dos sentimentos, da vida afetiva, da vida amorosa, de intimidade vivida pelo Paulo com mulheres após desistir do projeto de ser padre!

Afetividade, a dimensão da vida de afetar as outras e os outros e se deixar afetar por meio dos sentimentos. Deixar aflorar o afeto, a aproximação, o desejo da companhia, a troca de sentimentos, de apreço, carinho, solidariedade, amor, paixão. É sentir o prazer do abraço, do beijo! É confiar, espelhar-se nas outras e nos outros e ser espelho! É ser e fazer parte da vida das pessoas próximas! É sentir euforia na presença! É sentir saudades na ausência! O tempo da dimensão da afetividade e sexualidade!

Paulo, com o seu jeito tímido de ser – e até certo ponto isso parece contraditório, ou por causa disso –, tem facilidade de se relacionar com as pessoas, de fazer amizades. Ele é visto como uma sujeito com carisma, o que facilita a aproximação. Seus pais também são assim, têm muitos amigos, contam com muitas visitas em casa, as pessoas gostam de estar próximas deles, sentem-se valorizadas. Ambos são lideranças na comunidade. O Paulo foi afetado por esse modo de viver deles. Ele teve facilidade de relacionamento com os colegas no seminário, adotando vários recursos que permitissem a aproximação, o estabelecimento de vínculos de bem-querer. Mesmo aos que o alfinetavam, ele não reagia da mesma forma.

Há mais de 30 anos em que vive na cidade de Plimápolis, Paulo, em várias oportunidades, recebe a visita de familiares. São momentos muito gratificantes, pois, além do vínculo que mantém com os familiares, a saudade por causa da distância sempre fez e faz parte dos seus sentimentos. Durante o quinto tempo, ele não teve conhecimento de algum parente residindo no mesmo estado – visão mudada recentemente ao descobrir que tem uma prima morando no outro extremo do estado de Mato Grosso.

Certa vez, em meados da década de 1990, a sua irmã mais nova o visitou. Num domingo cedo, ele, duas amigas e a irmã foram passear nas lindas cachoeiras distantes de 100 km. Levaram carne para assar, outros alimentos e bebidas para acampar naquele dia em meio à natureza. Ao chegarem ao local, as três mulheres logo animaram-se para dar uma volta nas cachoeiras e se banhar. O Paulo alertou para que cuidassem das pedras muito lisas, evitando, assim, que caíssem e se machucassem. Enquanto elas foram curtir a bela queda água, ele começou a encaminhar o almoço, principalmente assar a carne.

Quando a carne estava assando, começando a soltar aquele aroma delicioso, apareceram as três com a sua irmã chorando. Ela tinha deslizado numa pedra, caído e quebrado um braço! Diante desse fato, a solução foi juntar tudo e voltar o quanto antes à cidade para alguém colocar o osso no lugar. Deu tudo certo. Mesmo assim, ela encurtou o tempo da viagem junto ao seu irmão, voltando mais cedo para a sua casa, no sul. São os imprevistos que podem acontecer, fazendo mudar os planos iniciais.

Outra visita recebida pelo Paulo, esta com o final feliz, foi a do seu irmão que moro no Paraguai. Foi na mesma época e, também, de ônibus. Ele, na sua ingenuidade, resolveu fazer uma surpresa, não avisando nada. Porém, não levou o endereço do Paulo, e este não tinha telefone. O irmão dele pensou que chegaria na cidade, perguntaria para qualquer pessoa onde morava o seu irmão e todos e todas saberiam indicar a casa. Porém, ao chegar perto e vislumbrar a cidade, já começou a se assustar ao perceber o seu tamanho. Ao descer na rodoviária, ele ficou sem rumo! A única coisa que sabia era o lugar de trabalho de Paulo, porém não sabia o número do telefone. Pior, ele nem sabia ligar, pois, naquela época, usavam-se fichas para fazer a ligação do telefone público, chamado de orelhão. Ele pediu ajuda a um funcionário de limpeza da rodoviária, o qual gentilmente procurou o número do telefone da central da Universidade e faz a ligação após o irmão comprar umas fichas.

Deu certo! A atendente de telefone na Universidade conhecia o Paulo e encaminhou a ligação para o ramal do curso ao qual ele estava lotado. O colega que atendeu era o chefe do curso e muito amigo do Paulo. Ele foi à rodoviário buscar o visitante. O problema era como localizá-lo se um nunca viu o outro. O colega professor não teve dúvidas, ficou andando na rodoviária e gritando repetidas vezes e bem alto: "quem é o irmão do Paulo?". Nisso, o perdido e assustado irmão dele se manifestou e foi possível chegar na casa do seu irmão. Ele conseguiu fazer a surpresa, mas também foi surpreendido, passando por um considerável susto. São aventuras como essa que dão um colorido especial para a vida, quebrando a rotina, o ritmo mecanizado do dia a dia.

Ele conta que levou muito dinheiro em espécie, pois não tinha noção do custo de uma viagem longa. Ele só usava calças de tecido tergal, camisas de tecidos não confortáveis, tipo de roupa que esquentava muito o corpo. O Paulo teria sugerido para ele comprar calças jeans e camisas modernas, estampadas, confortáveis. Na volta, ao chegar na entrada do Paraguai, na Cidade do Leste, distante 100 km do local da sua casa e ao perceber que ainda estava com muito dinheiro, ele não teve dúvidas em renovar o seu guarda roupa. Entrou em lojas e comprou várias calças e camisas das qualidades sugeridas. Ele, recém-casado, a sua companheira, ao ver as novidades na mala, desconfiada, perguntou: "em qual lugar foi essa viagem?". Ele respondeu: "foi meu irmão que mandou comprar essas roupas!". Não foi bem um mando, mas uma sugestão que ele e, igualmente, ela gostaram muito. Aquela visita foi um divisor de águas na sua forma de se vestir.

Certa vez, numa visita dos pais à casa do Paulo, este estava incomodado com as calças compridas de tergal usadas pelo Sr. Silmar, considerando o calor de mais de 40° naquela região. Ele sempre usava calças compridas, mesmo na roça e na casa dele, e ninguém conseguia mudá-lo de ideia. Ele era bem magro, de pernas finas, e tinha o seguinte argumento para não usar calças curtas: "os quero-queros vão fugir quando me enxergarem desta forma!". Na casa do Paulo, numa tarde muito quente, na hora de sair para fazer um passeio, esse pegou uma de suas bermudas, deu-lhe e disse: "vai usar isso aí! Nós só vamos passear se usar essa bermuda!". Ele não teve dúvidas, pegou, foi no quarto e, logo em seguida, saiu com ela vestida, para a admiração dos que viram a cena. Ele criou coragem porque nenhum outro conhecia-o naquela cidade. A partir daquele dia, inclusive na casa dele, só queria usar bermudas! A dona Marli teve que cortar as pernas das calças para atender o seu novo desejo. Aquela visita também foi um divisor de águas na forma do pai de Paulo se vestir. São as mudanças possíveis para melhor, mas, para isso, contando com rupturas do tempo anterior.

Todos os finais de ano acontece o encontro dos familiares do Paulo. Dois encontros já aconteceram na casa da Rosa e do Paulo, contando com a presença dos pais, várias famílias de irmãos e irmãs dele. Nas duas oportunidades, o encontro durou em torno de 10 dias, começando antes do Natal e terminando após o início do ano novo. A casa virou um acampamento de sem terra, no qual todos se acomodaram e tudo foi feito com a participação de todas e todos, a começar pela definição do cardápio do dia e a distribuição e execução dos serviços. É um tempo de muita confraternização, alegria. Claro, sempre tem aqueles que não valorizam esses encontros. O Paulo defende que é preciso oportunizar os encontros, a confraternização para quem desejar.

O irmão do Paulo que esteve três anos no seminário chegou a morar um mês, no ano de 1991, na cidade de Plimápolis, a convite do seu irmão, para trabalhar e estudar. Durante esse tempo, ele procurou emprego, sendo que os lugares em que seria aceito, o salário era muito baixo, pois ele não tinha nenhuma experiência na indústria e no comércio. Diante dessa situação, ele resolveu voltar e arrumou um emprego numa loja na qual trabalha até hoje, estando, inclusive, já aposentado. Com essa decisão, o projeto dele de fazer um curso de graduação numa universidade pública, que era o principal motivo do convite feito pelo Paulo, não foi concretizado. São tentativas que, às vezes, não dão certo, mas que têm o seu valor pela simples iniciativa de a pessoa tentar, buscar, alimentar sonhos, não se acomodar.

Fora da Universidade, por causa da sua atuação na Igreja nos primeiros anos, além de sua militância político-social, muitas relações de afeto foram construídas. No tempo em que morava sozinho, havia famílias nas quais Paulo se sentia em casa, podendo chegar a qualquer hora, inclusive para participar das refeições e repousar. Ele não tinha nenhum parente, muito menos um familiar morando no estado em que residia, o que aumentava essa necessidade da criação desses vínculos de afeto.

As relações com as mulheres para além da amizade começaram, aos poucos, a partir de meados de 1990, após o seu retorno do curso realizado para os coordenadores da pastoral da juventude. O Paulo tinha muita consciência, pelo menos nessa questão, sobre o que queria nas relações de intimidade e deixava isso muito claro para as mulheres. Ele dizia que não estava preparado para namorar e não tinha como projeto casar e constituir família. O que ele queria era curtir, curtir muito, relações de intimidade com mulheres. Ele buscava fazer isso com muito respeito, condicionando as relações ao desejo de ambos, sem insistência, nunca forçando nada. Da mesma forma, nessas relações, que nem sempre eram ou precisavam ser sexuais, procurava criar uma interação que possibilitasse aos dois a realização com essa aproximação de intimidade.

O que o Paulo buscava realizar nessas relações com as mulheres era aquilo que desejava, porém reprimido e impedido, durante todo esse tempo anterior na sua trajetória de vida. Finalmente ele se sentia desimpedido, livre, liberto e com coragem – e ainda com muito desejo – para criar essas relações de afeto mesmo em meio à timidez – marca do seu jeito de ser –, uma vez que isso não era mais empecilho para buscar algo tão desejado, tão humano. Este universo da afetividade e sexualidade faz o Paulo lembrar-se de uma afirmação do filósofo e teólogo Leonardo Boff referindo-se a outra situação: *"de tão humano que é só pode ser algo divino"*! Numa das primeiras relações sexuais, considerando que nenhum dos dois estava casado, uma mulher disse: "se é pecado, é um pecado gostoso!". É o prazer que busca o seu fluxo nos corpos, aflorando os sentimentos, contraditoriamente nunca satisfeito.

A facilidade de fazer amizades era um atributo muito favorável, ainda mais quando vivia em vários ambientes sociais diferentes. Dois colegas do Paulo que também eram solteiros foram muito parceiros, saíam muito juntos, promoviam festinhas nas casas e convidavam as amigas. Um encorajava o outro. O Paulo também saía com frequência sozinho nos finais de semana para jantar, curtir bailões. Em certas ocasiões, a solidão era a sua parceira da noite.

O Paulo desenvolveu relações de intimidade com dezenas de mulheres na primeira metade da década de 1990. Ele era, além de respeitoso, com certa elegância, muito discreto! Além do mais, muitas dessas mulheres tinham certos tabus sobre essa forma de relacionamento, embora fosse de muito desejo por parte delas. Essa situação contribuía para curtir a aproximação de forma muito reservada. O Paulo tinha, muitas vezes, esse contato afetivo-sexual com várias ao mesmo período. Isso criava, às vezes, embaraços!

Certa vez, no dia do seu aniversário, num sábado de manhã, foram três mulheres na sua casa em horários de chegada diferentes para parabenizá-lo e lhe entregar um presente. O problema foi que, depois de se encontrarem, nenhuma queria tomar a iniciativa para ir embora, pois cada uma queria ser a última a sair. Próximo ao meio dia, o Paulo, querendo sair para almoçar – e provavelmente as moças também–, achou uma saída. Ele tomou a liberdade de fazer esta sugestão: "deixem os presentes em cima da mesa, e agradeço imensamente por terem se lembrado do meu aniversário. Em seguida, vamos sair todos juntos da casa, e lá fora cada um pega o seu caminho para onde quiser ir!". Deu certo! A diplomacia evitou um potencial problema naquela manhã.

Algumas dessas relações afloraram os sentimentos na direção de um ensaio de namoro. Porém, o Paulo não se sentia contente com essa situação, pois não era o que queria para o momento. O namoro era visto como uma relação limitadora e impeditiva por causa da exclusividade exigida, o que, de alguma forma, seria a volta à realidade da falta de liberdade que ele viveu nos tempos anteriores. Era o que ele queria evitar naquele momento. Houve, também, várias situações em que o rompimento foi difícil, sofrido, mesmo com todo o diálogo estabelecido, as explicações dadas. Nesse tipo de relação de afetividade, são duas pessoas envolvidas, muitas vezes com intenções, projetos e sentimentos diferentes. Algumas rupturas foram dramáticas! Os sentimentos têm dinamismo próprio, fogem, em boa medida, do controle da razão. Como dizia filósofo Pascal: *"o coração tem razões que a própria razão desconhece"*!

A partir de meados da década de 1990, com o surgimento da Síndrome da Imunodeficiência Adquirida (Aids), uma doença, causada pelo vírus HIV, que danifica o sistema imunológico e para a qual não tinha − e ainda não tem − cura, Paulo reduziu drasticamente as suas relações afetivo-sexuais com mulheres. O aparecimento dessa doença assustou a população em geral, proporcionando mudanças no comportamento sexual, mesmo com o uso de preservativos. A natureza tem esses caprichos, cria a força contrária para certos movimentos e parece quer conter certas condutas. As forças afirmativas e as negativas sempre estão interagindo, o ser e o não-ser estão em constante tensão, um movimento que preserva, conserva a realidade existente assim como potencializa as mudanças, as transformações, o surgimento da nova realidade.

Ao mesmo tempo, por mais que essa experiência de intimidade fosse desejada e finalmente praticada e realizada, ainda deixava muitos vazios no âmbito dos sentimentos na vida do Paulo. Muitas descobertas feitas, mas também muito por ser alimentado em termos afetivos. Vida amorosa intensa de um lado e muita solidão de outro. Um sentimento forte de incompletude persistia. Sempre há muito que buscar para dar luz, calor, sabor, colorido, sentido à vida!

Muito provavelmente nos tempos anteriores de sua vida, o Paulo idealizou uma forma de relação com uma ou mais mulheres que não existe na realidade, impossível de ser alcançada. Foram fantasias alimentadas. O poder da imaginação, dos impulsos, os desejos e os prazeres sempre estão muito além ou à frente da vida concreta, da sua possibilidade de realização, o que tem uma significação que pode ser considerada vital: é preciso estar permanentemente em busca, em luta, esperançoso na conquista dos objetivos, dos projetos, dos sonhos, das utopias. A vida poética expressa e alimenta a alma, assim como dinamiza o corpo! A vida é um constante caminhar sem nunca chegar ao lugar desejado!

Essa mulher e a relação idealizadas nos tempos passados provocaram o sentimento de que ele não poderia namorar nenhuma delas, muito menos casar. Isso somente poderia acontecer quando tivesse uma relação amorosa da forma imaginada, criada na cabeça, por isso somente existente enquanto ideia, e não real. Como não teve essa experiência na profundidade e amplitude desejada, e que nunca alguém terá, o Paulo ficava com um pé no freio. Os próprios bloqueios criados desde a infância também são forças inibidoras, produtoras de medos quando o assunto é a sua entrega incondicional a uma mulher, tornando-a companheira nos diferentes momentos da vida.

No ano de 1996, ano anterior de seu afastamento do trabalho para cursar o mestrado, o Paulo iniciou um relacionamento com uma mulher que mudaria substancialmente a sua vida! A Rosa. Ele a conhecia há muito tempo, pois também trabalhava na mesma Universidade, porém na área técnico-administrativa. Naquele ano, houve um processo gradual de aproximação. No dia do aniversário do Paulo, ela foi junto à festa na casa dele com amigos que eles tiveram em comum na Universidade. Como sempre, ela estava vestida de maneira elegante, com roupa feita de tecido de linho. Todos estavam bebendo cerveja quando ela pediu uma caipirinha. O Paulo, primeiro achou que era brincadeira, mas ao perceber que ela realmente desejava essa bebida, foi preparar uma caipirinha com cachaça bem caprichada. Ela gostou tanto que pediu várias durante aquele encontro animado. Na hora da despedida, no portão, o Paulo queria dar-lhe um abraço demorado, mas o gesto foi curto, pois ela deu um pequeno empurrão.

É muito provável que ela tenha, posteriormente, refletido sobre aquele abraço, pois, no mês seguinte, no aniversário dela, o Paulo foi convidado para participar da festa na casa dela. Ele foi. Alguns familiares, sempre têm alguns que são assim, naquele encontro festivo, começaram a cochichar entre si e dar risadinhas, comentando sobre qual era a pretensão da Rosa com esse convidado especial.

A Rosa é a filha mais velha de um casal, tendo nascido três anos antes do Paulo. Ela tem dois irmãos. No início da vida dela, a família morou numa casa que era deles num bairro na cidade de Plimápolis.

Depois, quando os seus pais se separaram, ela, sua mãe e irmãos foram morar na casa dos avós maternos no centro da cidade. Na idade de 8 a quase 15 anos, a Rosa foi interna em um convento de freiras, estudando para ser religiosa. Quando desistiu, aos 25 anos, já começou a trabalhar, atuando em um cartório no Fórum da Justiça da cidade. Nesse período, com frequência, ainda trabalhava à noite em um restaurante e em uma *boite* na função de atendente de caixa. Ao mesmo tempo, na casa dos avós, sua função era limpar a casa duas vezes por dia. Dado o fato de trabalhar fora, ela contratava e pagava alguém para fazer esse serviço. Ao mesmo tempo, Rosa nunca interrompeu os estudos. Depois de concluído o ensino médio, cursou Ciências Curtas na Universidade Federal, tratando-se de um curso de formação de professores para o ensino fundamental.

A Rosa saiu do cartório em junho de 1981 para trabalhar na função de técnica-administrativa na Universidade Federal da mesma cidade, onde permaneceu até a sua aposentadoria, no ano de 2008. Ela foi convidada para esse novo trabalho por um advogado e professor dessa Universidade que a conhecia no cartório, reconhecendo a sua competência. Naquela época, ainda não tinha concursos públicos para essa função. Enquanto trabalhava, ela fez, também, o curso de Ciências Contábeis na mesma instituição. Após a conclusão desse, de dia, continuava trabalhando nessa instituição superior e, à noite, ministrava aulas em escolas públicas do ensino fundamental, função para a qual fez concurso público. A Rosa é uma mulher trabalhadora, determinada, guerreira, muito ativa e de resistência, enfrenta as dificuldades de cabeça erguida!

Certa vez, alguns dias depois de ter participado da festa do aniversário de Rosa, o Paulo estava na sala da coordenação de ensino de graduação – naquele ano, ele era o coordenador do curso em que estava lotado – quando, de repente, a porta se abriu, e era ela. Rosa pôs um molho de chaves na mesa e disse: "você sabe que à noite sempre estou em casa"! E saiu da sala. Eram as chaves de todas as portas de sua casa, incluindo as do portão da garagem e do portão menor ao lado. Nessa época, ela não ministrava mais aulas à noite.

Passados mais alguns dias, o Paulo criou coragem e, numa noite, foi à casa da Rosa, sendo muito bem recebido. Foram os primeiros longos abraços e beijos. A partir de então, os encontros eram frequentes, ora na casa dele, ora na casa dela. Porém, o Paulo ainda continuava com a intenção de não namorar, muito menos tinha o projeto de se casar, seja com ela, seja com qualquer outra mulher. Essa possibilidade não existia.

No final daquele ano, o Paulo estava de carro novo e queria companhia para visitar os seus familiares e parentes no Rio Grande do Sul, convidando-a para ir junto. Ela aceitou na hora, pois gostava de viajar. Os dois combinaram que se apresentariam como amigos e dormiriam em quartos separados na casa dos pais do rapaz. Porém, todos desconfiaram que a relação dos dois fosse mais do que amizade, deixando transparecer isso constantemente. Até que um dia, a Rosa disse para a mãe do Paulo: "nós já dormimos juntos e, a partir de hoje, vamos fazer isso também aqui". Ela pegou as coisas dela e as levou para o quarto no qual dormia o Paulo. Neste, ainda pairava a conduta de agradá-los ou contrariá-los o mínimo possível, preocupação que a Rosa não tinha. O quase padre agora estava com uma mulher e já dormiam juntos. Essa realidade era, para os pais, uma ruptura profunda: o filho iniciando um novo estilo de vida. Era a ruptura para o começo de um novo tempo no seu caminho de busca pela realização pessoal.

Na volta, eles levaram a Sr.ª Marli junto para visitar as famílias da filha e do filho (irmã e irmão do Paulo) que mora no Paraguai, passando pela Argentina, e, depois, foram visitar a madrinha dele, a qual mora na Região Oeste do Paraná, onde a deixaram. Dali, ela retornaria de ônibus, trajeto que já fez muitas vezes na companhia do Sr. Silmar para visitar os tios. Essa conduta quebrou toda uma imagem construída sobre o Paulo, por isso a estratégia de que se comportariam como amigos. As visitas anteriores, quando o rapaz era seminarista, agora, deram lugar a um Paulo acompanhado de uma mulher.

Chegou o dia de ele partir para cursar o mestrado. A Rosa ajudou a arrumar as coisas e pô-las no carro. Na despedida, ela chorou! Era uma distância considerável e não havia a intenção de ele voltar naquele ano para passear. Afinal, ele queria dedicar-se ao máximo nos estudos, sabendo que não seria fácil. Algumas coisas que não tinha levado, tais como o aparelho de TV, ele pediu a um colega que também estudava lá para que levasse. Assim como a música não é uma nota só, a vida não é só estudo!

A Rosa o visitou várias vezes naquele ano e no seguinte, mesmo com certas resistências dele em determinadas oportunidades, porque achava que a relação estava indo longe demais, fugindo do controle. A senhora proprietária do pequeno puxado no qual o Paulo morava (esconderijo) gostava dela, incentivando as visitas da moça. Diante da situação preocupante da saúde do Paulo, a Rosa e outros amigos que eles tinham em comum articularam-se e sugeriram para que ela fosse buscá-lo e cuidasse da sua recuperação. Ao ouvir a proposta de Rosa por telefone, Paulo não aceitou naquele momento, pedindo um tempo para pensar. Uns dias depois, quando ligou novamente, ele aceitou. O retorno era possível, pois ele não precisava mais participar de aulas na Universidade.

Durante o trajeto de retorno, os dois discordavam quanto à casa na qual o Paulo ficaria. Ela queria que ele fosse morar em um período na casa dela, e ele queria ir direto à residência dele. No caminho, eles visitaram e pernoitaram na casa de um tio e tia dela. No outro dia, seguiram a viagem. Ao chegar perto da cidade destino, o Paulo aceitou morar na casa da Rosa por um mês. E assim fizeram. Foi no dia 21 de novembro de 1998. Naquela época, a Rosa e a mãe dela já moravam em casas separadas na mesma cidade. A mãe ainda morava naquela casa que era dos seus pais (avós da Rosa), a qual recebeu de herança. Ela possui aquela casa até hoje, porém mora em outra junto a um filho, nora e neta.

O Paulo ficava constrangido diante dos familiares dela e dos amigos com a situação de estarem morando juntos, sendo que ele tem a sua casa. Além disso, a relação de intimidade que eles tinham não era pública. Aliás, este é um incômodo que acompanha toda a trajetória do Paulo: a preocupação sobre o que os outros pensam em relação ao comportamento dele. É a insegurança, a falta de solidez da sua individualidade nutrida desde a infância. O Paulo não queria uma relação de namoro, pelo menos por ora, mas, para os olhares de fora, as explicações não convenciam de que ele e Rosa eram "apenas" amigos. E mais, o problema de saúde nunca foi mencionado (outro fato não público), a não ser para algumas pessoas bem próximas – que era o real motivo de ele ter voltado de forma repentina e não morar na casa dele –, o que dificultava mais ainda a compreensão sobre o fato de morarem juntos se não tivesse a intenção de formar um casal.

Tudo foi muito rápido, os dois não se conheciam direito. E numa situação de saúde com depressão profunda, tudo fica mais difícil, tudo à sua frente parece trevas, e não se consegue vislumbrar uma luz no fim do túnel, ficando sem forças para lutar. E tinha a dissertação do mestrado a ser escrita, inclusive as pesquisas de campo a serem feitas. Foi um conjunto de fatores que contribuíram para o desejo dele de querer, ao máximo, ficar em casa. Essa realidade levou-o a se distanciar dos seus amigos, não os visitando mais, algo que ele tanto valorizava. Foi uma mudança muito grande no seu jeito de ser. Paulo virou um homem caseiro! A prioridade passou a ser a recuperação da saúde e a produção do texto do mestrado na companhia da Rosa.

Foi ainda nesse final de ano que um médico conseguiu interromper o uso diário do comprimido antidepressivo (tarja preta) que o Paulo ingeria durante quase uma década, substituindo-o por outro menos prejudicial. Ele foi, com esse novo tratamento, gradualmente melhorando o seu ânimo – claro que com recaídas frequentes, o que é normal. Para tanto, a indicação dos médicos feitos pela Rosa, o acompanhamento no tratamento e a presença companheira dela foram cruciais para essa recuperação. Antes do retorno da cidade em que cursava o mestrado, o Paulo já estava pensando na possibilidade da solução extrema para o seu problema, tamanha era gravidade da situação vivida.

Nessa dinâmica intensa, chega-se ao fim do ano, e já tinham passado os 30 dias previstos de moradia naquela casa. Começa o novo ano. O Paulo foi ficando, e a Rosa ignorou o acordado. Ela tomou a iniciativa de fazer uma minirreforma na parte dos fundos da casa, ampliando a cozinha e a área de serviço. Depois, vieram mais reformas com o objetivo de aumentar o conforto para o novo hóspede. O tempo foi passando, e eles foram ajustando-se para o convívio a dois. A certa altura, a mãe da Rosa já queria que eles se casassem na Igreja, algo que estava fora de cogitação. Ela disse: "minha filha precisa casar na Igreja". No entanto, ela não tinha muitos argumentos, pois os seus dois outros filhos homens estavam casados há muito tempo, e nenhum casou no religioso. Aos poucos, a Rosa e o Paulo foram assumindo-se como casal, uma história que já tem 22 anos.

Certa vez, numa das pequenas reformas na casa, para dar maior luminosidade e ventilação numa sala em que ficava a TV, ela mandou deslocar a porta de entrada que ficava para a entrada na sala ao lado. Porém, depois, percebeu que esses problemas foram deslocados para essa sala, justamente o espaço mais frequentado por causa dos sofás. Diante dessa situação, ela não teve dúvidas, mandou recolocar a porta no lugar em que estava inicialmente. Com isso, todos os transtornos se repetiram. Na vida, às vezes, voltar atrás é a melhor solução.

A Rosa é chamada pelo Paulo de companheira, e não de esposa. O termo esposa tem, para ele, uma conotação de vínculo fechado, restritivo, limitado ao marido. Trata-se de uma convivência em que um vive em função do outro como sendo quase duas propriedades particulares. É uma concepção de casal alicerçada e alimentadora das relações hierárquicas, dominadoras, geralmente machistas, tendo o homem como figura central nas relações. Além disso, nessa concepção, a esposa tem como função primordial gerar filhos (procriação), e, como extensão dessa, a atribuição das atividades domésticas é dada às mulheres. Nessa visão, o homem deve trabalhar fora para sustentar a família, considerado a atividade mais importante, por isso ele tem o direito de mandar no grupo familiar, inclusive na mulher. É uma visão burguesa de casal e de família, espaço de domínio, tendo a propriedade privada como base de tudo, inclusive para manter esta concentrada, via herança, entre os seus membros.

Ser companheira é ser aquela que acompanha lado a lado a outra pessoa, é o indivíduo que está sempre presente, que está junto e é solidário nos diferentes momentos da vida. É a pessoa que senta diariamente contigo à mesa para comer o pão, como diria o filósofo Rubem Alves. É o sujeito de confiança com o qual se compartilha tudo, inclusive os corpos, quando é o caso, entrelaçando-os nos sentimentos mais profundos do amor. É a concepção de duas pessoas que querem viver convivendo, realizarem-se no compartilhamento autônomo de suas vidas, respeitando-se nas suas diferenças. Aqui, a questão de fundo é a vida de duas pessoas (não a propriedade privada), a busca da realização mútua entre ambas – podendo ser, obviamente, as duas do mesmo sexo –, ajudando-se, criando o seu próprio modo de viver. Nessa concepção, nada está previamente definido, a não ser o respeito mútuo, principalmente à individualidade de cada um. Paulo compartilha dessa visão.

Da mesma forma, Paulo chama a dona Florida – mãe da Rosa – pelo seu nome ou de "mãe da Rosa", e não sogra, assim como os irmãos dela de "irmãos da Rosa", ou pelo nome, e não cunhados. Por trás de todas as palavras, existe um significado, uma determinada visão de mundo, e muitas vezes esta não é a mais apropriada pelo fato de ter, como fundamento, a defesa de valores e de interesses de certos grupos sociais em detrimento de outros. Numa sociedade tão desigual como a brasileira, há disputa por diferentes interesses, e, entre estes, existem os de manutenção dos privilégios para uma minoria, daí a necessidade do controle das pessoas, da imposição de um conjunto de ideias, de certa visão de mundo. Por outro lado, numa outra perspectiva, existem visões de mundo embasadas em valores e intencionalidades com o intuito de beneficiar a todos e todas nas diferentes sociedades, e não apenas uma parte delas. Essas questões estão na essência da disputa entre as diferentes visões de família que se deseja na sociedade.

A Rosa foi crucial na trajetória de vida do Paulo desde que iniciaram uma relação de afeto (um afetando o outro na convivência). Ela teve outra formação na infância e na adolescência, construiu outra visão de mundo, teve outra história. A sua forma de compreender a vida e de viver contribuiu significativamente para as mudanças na vida do Paulo. Uma é no que se refere à visão que possui sobre o tratamento da saúde. Ele se limitava a apenas ingerir os comprimidos antidepressivos. A Rosa tinha uma compreensão muito mais ampla para o tratamento, buscando muitos outros recursos, inclusive alternativos, que pudessem contribuir para o processo de recuperação. Aliás, ela gosta dessa área, o que faz com que tenha muito conhecimento sobre questões de saúde.

A compreensão que ela teve sobre a profissão de docente no ensino superior, pois trabalhou numa universidade, foi relevante para o Paulo poder sempre contar com o seu apoio na trajetória acadêmica. Ela percebia claramente que a pós-graduação era fundamental para o trabalho do Paulo, por isso foi muito companheira no processo de conclusão do mestrado e, depois, no curso de doutorado. Ao desenvolver este curso, o Paulo não tinha mais o problema da solidão. Ela fez questão de continuar junto a ele, por isso foi morar com ele na cidade do estado de São Paulo, na qual cursaria o doutorado, o que foi também um desejo do Paulo. Ela providenciou todas as questões formais para conseguir a transferência e trabalhar numa instituição federal naquele centro urbano. No mês de setembro de 2008, ao completar 51 anos, ela conseguiu se aposentar, embora tenha contribuído para a Previdência e Seguridade Social desde os 15 anos.

Para que conseguisse a transferência, o recurso legal foi usar o direito de acompanhamento de cônjuge. Porém, eles não tinham nada formalmente documentado, embora já morassem juntos há vários anos. A saída encontrada foi arrumar duas testemunhas e ir ao cartório fazer o registro de que, de fato e de direito, constituíam um casal. No documento, beirando à ironia, consta que Rosa e Paulo moravam a sete anos juntos "como se casados fossem"! Foi o suficiente para que ela conseguisse comprovar o motivo e o êxito da transferência almejada. Ela adorou essa nova experiência. A Rosa fez muitos cursos na área das artes, área que ela gosta, e os dois fizeram inúmeras pequenas viagens aos domingos para conhecer aquela região, uma das mais desenvolvidas do país. Ela já disse várias vezes: "foi uma das melhores experiências que tive na vida. Sou muito agradecida ao Paulo pela experiência proporcionada".

Essa vida a dois com a Rosa ensinou o Paulo a viver melhor, a desfrutar mais das coisas boas proporcionadas pela vida. O Paulo aprendeu dos pais a economizar, capitalizar, ajuntar recursos materiais para a família ter um futuro melhor, mais conforto e, assim, poder ajudar os filhos quando resolvessem se casar. A Rosa defendia que se trabalha para viver, e não o inverso. Deve-se comer e beber o que acha gostoso, vestir da forma como se sente bem, divertir-se, assim como fazer as atividades que dão prazer. Em relação à saúde, deve-se investir em prevenção com exames periódicos, assim como combater as dores físicas, sem medo de gastar. Aos poucos ele foi mudando, percebendo que os rendimentos financeiros de ambos davam para ter uma vida sem certas privações, que o gasto racional para aumentar o prazer de viver não é desperdício, e sim um meio de realização pessoal.

Fazer viagens é uma das ações preferidas da dupla, a qual o Paulo aprendeu da Rosa. Ela gosta muito de viajar, e ele acabou também gostando desse desfrutar da vida. Eles têm, em casa, um quadro com uma frase do escritor Mário Quintana, que diz: *"viajar é mudar a roupa da alma"*. Eles já fizeram muitas viagens para conhecer lugares novos, sem nunca se esquecerem de visitar, ao menos uma vez por ano, os familiares dele no Rio Grande do Sul. Uma das viagens feitas recentemente foi refazer o trajeto pelo litoral entre o rio São Francisco e Maceió, aquela que o Paulo comprometeu-se a realizar novamente de carro pelo fato de não ter curtido as belezas da região por causa da sonolência na oportunidade em que foi com amigos. Agora, os dois curtiram muito o passeio, encantando-se com os lugares belíssimos daquela região, a começar pela cidade histórica de Penedo e a foz do Velho Chico! Existem coqueirais e praias maravilhosas muito pouco divulgadas. Em Alagoas, vive-se uma grande contradição: possui tanta beleza natural e tem tanta pobreza social.

Uma viagem inesquecível e emocionante foi a que eles fizeram com uma turma por meio de um ônibus de excursão que tinha como lugares principais Cusco e Machu Picchu, no Peru. Esses dois locais são incríveis para rememorar a história da civilização Inca, assim como para captar e vivenciar a energia dessa gente que ainda paira naquelas construções espetaculares que restaram. Além da visitação desses lugares mágicos, todo o percurso feito de ônibus foi fenomenal, passando pela Bolívia, a subida na Cordilheira dos Andes, observar a imensidão da região do altiplano boliviano e peruano, a visita ao Lago Titicaca, o conhecimento do deserto de Atacama, a visita à cidade de Iquique-Chile situada entre duas realidades da natureza absolutamente contraditórias: Oceano Pacífico e o deserto em que nunca chove. O retorno foi pela Argentina, com imagens de tirar o fôlego durante a longa descida da Cordilheira dos Andes. O contato com essas realidades totalmente diferentes e únicas em termos naturais e humanas – rememoração do passado do povo Inca e as formas de vida e de resistência dessa população na contemporaneidade – impacta fortemente a vida dos turistas, transformando-a.

Uma experiência afetiva maravilhosa, esplêndida, parecendo o melhor dos sonhos vivida pela Rosa e o Paulo foi a participação do encontro dos ex-seminaristas que eram colegas dele desde o segundo ano no seminário do ensino médio (1978). Esse encontro aconteceu recentemente numa pequena cidade no oeste do estado de Santa Catarina, sendo realizado a cada dois anos. O Paulo resistiu muito em participar, pois temia que fossem revividas experiências que ele deseja apagar da memória. Ele e a Rosa foram muitíssimo bem recebidos. Tinha em torno de 40 ex-seminaristas acompanhados de suas companheiras, e ninguém reconheceu o Paulo, que chegou de surpresa. Nosso protagonista, por sua vez, reconheceu quase todos, chamando-os pelo nome. Essa situação provocou um ambiente de muita emoção. Depois de um tempo, ao dar umas pistas, um ex-colega disse baixinho, desconfiado, em meio a dúvidas: "é o Paulo". Após mais um tempo de suspense, o Paulo disse a ele: "você acertou o meu nome". Foi um momento de muita emoção, alegria imensa, e logo começaram a surgir histórias relacionadas àquele tempo. Fazia 41 anos que o Paulo não os via! Foi um encontro de dois dias muito divertido, respeitoso, fraterno, divino. Está estabelecido que, nesses encontros, ninguém deve tocar em fatos negativos, nem chamar pelo apelido. As mulheres presentes também foram fantásticas para proporcionar esse ambiente de dar inveja aos deuses!

A Rosa e o Paulo oportunizaram, também, viagens ao Sr. Silmar e à Sr.ª Marli, as quais significaram a realização de sonhos ou de fatos vividos muito distintos quando comparados à vida interiorana numa comunidade rural camponesa. Em duas oportunidades, juntos, eles foram às praias. A primeira foi no litoral norte do Rio Grande do Sul, e a outra, no litoral norte do estado de São Paulo. Na primeira viagem com os pais à praia, antes de chegarem à cidade de destino – um trecho da rodovia passa ao lado do mar –, o Paulo resolveu parar um momento para que já tivessem o primeiro contato com as águas salgadas. Parados em frente ao mar que formava, nessa área, uma baia sem ondas, o pai dele, olhando para aquela imensidão apontando para o infinito, totalmente confuso, perdido, numa hora, perguntou em alemão, atônito: "onde está o mar?". Nisso, o Paulo disso: "vai uns passos para frente!". Ao ter contato com a água, ele se deu conta que aquilo era o mar! Um novo mundo se descortinou diante dele naquele tempo.

Outra experiência inusitada vivida pelos seus pais foi andar de avião. Mesmo com certo medo, eles se desafiaram a fazer uma viagem diferente. Foi no retorno de uma visita que fizeram no tempo em que o Paulo esteve no doutoramento, fazendo o percurso de avião até Porto Alegre, com duas escalas no caminho para aumentar a emoção. Eles foram sozinhos, sendo que uma prima recepcionou-os no aeroporto de destino. Foi uma experiência incrível vivida, contada e recontada por eles.

A terceira viagem dos sonhos deles foi visitar a basílica de Nossa Senhora Aparecida, no norte do estado de São Paulo. A fé deles se renovou com essa experiência religiosa, quando puderam conhecer o local e participar de uma missa com muita emoção. Além disso, ao verem tanta gente de lugares e rostos dos mais variados fazendo a visitação com a mesma devoção e finalidade, a alegria foi imensa. No entanto, as adversidades também podem acontecer nesses espaços. Ao final da missa, alguém do altar da Igreja avisou para todos e todas cuidarem das bolsas e das carteiras no bolso. Nisso, o Sr. Silmar bateu a mão no seu bolso e, com o semblante muito assustado, disse: "minha carteira se foi!". Diante do ocorrido, a Rosa, o Paulo e eles foram buscar ajuda, e, no posto da polícia militar, foram informados que geralmente esses que fazem esse "trabalho" tiram o dinheiro e deixam a carteira cair, aí outros ajuntam e entregam para algum funcionário que a leva no centro de informações. Quando eles chegaram neste local, a carteira já estava lá com os documentos dentro, porém sem o dinheiro!

A convivência entre a Rosa e o Paulo oportunizou o projeto de construção de uma casa com o "rosto" deles. Eles compraram uma área de três lotes com o projeto de construção da casa. No início, o Paulo ficou meio reticente, pois se tratava de uma região ainda bastante desabitada, embora muito bem localizada, ficando ao lado do bairro que fica em frente à Universidade. A Rosa gosta de mexer com construção e tem conhecimento na área, pois assinava revistas sobre construção e paisagismo. Ela tomou a iniciativa de elaboração da planta, sendo que esta foi a única parte em que o Paulo contribuiu significativamente. No mais, ela foi providenciando tudo, acompanhando a obra, a qual foi concluída em outubro de 2016.

Hoje, eles moram nessa casa, que se caracteriza pela simplicidade, contudo foi muito bem pensada, planejada, é funcional, espaçosa, diferenciada, feita de acordo com o desejo dos dois. Ela é muito elogiada devido ao seu estilo, criando um ambiente muito aconchegante. Além disso, há uma jardinagem na frente e atrás da casa muito bem concebida e cuidada, assim como um pomar vasto. A área de terra é favorável para cultivar as plantas que proporcionam o verde, as flores, as frutas por causa da extensão e da qualidade. Por meio desse cultivo, inclusive com adubação orgânica e irrigação da água coletada da chuva, o Paulo preserva raízes de sua infância vivida na roça. Existem, também, muitos passarinhos, que são muito bem-vindos e cuidados, tendo a liberdade de ir ao quintal comer os cereais que são colocados em vários pontos e tomar banho na pequena piscina construída especialmente para eles. Recentemente, instalaram a energia solar, que consiste no uso de um recurso energético natural que não danifica a natureza.

Ao mesmo tempo, como tudo na natureza e na vida, há as tensões, os conflitos, os desentendimentos, as diferenças, as dificuldades de toda ordem no relacionamento conjugal. Além dos condicionamentos e interferências do meio sociocultural em que se vive no presente, existem as influências vividas na infância e na adolescência que marcam profundamente as condutas dos indivíduos, mesmo não se tendo consciência da maioria delas. As trajetórias de vida da Rosa e do Paulo foram muito peculiares, distintas, além de estarem compreendendo e assimilando de forma diferenciada as diversas influências recebidas até o momento presente.

Paulo, ao querer livrar-se de certas situações vividas no passado, quando elas se manifestam de alguma forma nas relações no presente, reage de maneira incisiva, energicamente. Ele tem muitas dificuldades para aceitar a interferência naquilo que faz ou no jeito que faz. Ao ser questionado por outras pessoas, Paulo sofre com essa ação, reagindo como se estivesse ainda na adolescência, lutando pela afirmação de sua identidade, gritando pelo desejo de querer ser ele mesmo, e não mais querer ser para os outros, questão que marcou o seu passado. Os favores que lhe são solicitados soam no seu íntimo como poder, ordem, mando, fazendo-o se sentir criança ou inferiorizado. São reações e situações vividas no presente vinculadas às relações estabelecidas na família e no seminário, as quais ainda não foram superadas.

A mulher idealizada que o Paulo construiu e desejou no tempo de seminário é uma questão do passado que ainda pulsa na sua vida afetiva no presente. Parece que ele ainda está à procura dela, porém, como se sabe, essa mulher não existe na realidade, e sim apenas nas ideias, na imaginação. Ele criou muitas fantasias e romantismo no que se refere ao tipo de relação almejada com as mulheres. Esse fato ajuda a entender a dificuldade de apostar de maneira mais determinada no projeto de vida a dois com a Rosa, mulher companheira de duas décadas. A Rosa sabe dessa dificuldade do Paulo e gostaria que essa mudança ocorresse. O tempo provavelmente se encarregará disso.

A Rosa tem inúmeras qualidades que a tornam uma mulher especial, diferenciada. Ela é hiperativa, não para quieta, é trabalhadora, tem muita iniciativa. É destemida, ousada, algo muito diferente do Paulo. Gosta de conversar, fazer amizades, de conhecer as pessoas, saber o que se passa com os vizinhos e todos os moradores da rua. Adora falar ao telefone, ao contrário do Paulo. Ela tem o costume de encerrar a fala com os amigos no telefone, dizendo: "um *bejo* e um *quejo*!". Às vezes, ainda acrescenta: "e uma rapadura". Ela, geralmente, "engole" a letra "i" quando aparece depois de outra vogal. Pelo fato de gostar de construção, quando é necessário, Rosa arruma pedreiro, trabalhadores entendidos na parte hidráulica e elétrica. Da mesma forma em relação à jardinagem, arruma gente para auxiliá-la, assim como para a limpeza da piscina. O Paulo é responsável pelo pomar. Ela diz com frequência: "gosto de ver movimento de pessoas na minha casa". E não passa uma semana em que isso não aconteça!

Ela sente prazer em fazer compras, especular os preços, pechinchar, prática da qual o Paulo quer distância. Ela gosta de cozinhar, assim como o Paulo. Ambos cozinham muito bem! A Rosa gosta de cuidar da limpeza da roupa, porém não de passá-la. Ela é artesã − atualmente se assume dessa forma −, tem seu ateliê e produz as mais variadas obras de arte na linha de enfeite para o uso próprio e para a venda. É muito perfeccionista, faz tudo beirando à perfeição. O Paulo é igualzinho, qualquer tapete que está um pouquinho enviesado, ele fica ajeitando com os pés! Ela quer ver tudo na casa sempre bem limpo, o que faz a empregada doméstica ficar bem atenta em tudo o que faz. O Paulo tem a sua sala de estudo em frente ao ateliê. Ele não gosta de mexer com água, de lavar roupa, lavar louça, limpar a casa, lavar os carros. O serviço dele é banhar os cachorros. Quem levanta por último arruma a cama. Há vários gostos e vontades que são comuns aos dois, e outros bem diferentes ou exclusivos dela ou dele, o que faz com que haja a interação e a complementação.

A Rosa é muito amorosa, gosta do beijo e do abraço. Com frequência, o Paulo a ouve dizer e pedir: "eu preciso de um colo" e sente que ela tem um carinho muito grande por ele. Após uma discussão, ela não guarda rancores e, com facilidade, esquece o ocorrido, dando a volta por cima. O Paulo é bem diferente nesse ponto: fica dias emburrado, digerindo o que o magoou, mesmo quando as causas são questiúnculas. A ordem é evitar ficar dias sofrendo, pois torna a pessoa muito mais propensa às doenças.

A principal dificuldade dela é não aceitar ser contrariada, de receber uma objeção ou crítica. Ela faz de tudo para se justificar, querendo mostrar que está ou agiu certa. Há muita resistência para admitir um erro. O Paulo é muito parecido nesse comportamento. Além disso, a Rosa está em constante luta com ela mesma, alternando bom humor e contrariedade. Para aumentar a sua segurança, ela busca estar bem informada sobre tudo ao seu entorno, quer ter o controle de tudo. Muitas vezes o casal já comentou que a conduta deles entre si parece a de dois adolescentes briguentos, dois indivíduos em fase de afirmação, de busca de uma identidade autônoma que parece ainda não existir. Isso tem tudo a ver com a experiência vivida por ambos na infância.

Certa vez, no segundo dia em que estavam morando juntos, bem cedinho, o Paulo ouviu, no fundo da casa, uma discussão travada pela Rosa. Ele achou isso muito estranho, pensando sobre quem poderia ser essa pessoa que chegou tão cedo e qual o motivo dessa discussão entre as duas. Quando foi ver, era ela discutindo com ela mesma! Diariamente ela faz isso. Muitas vezes, o Paulo não sabe se ela está falando com alguém pelo telefone ou com ela mesma, sendo que as duas conversas ocorrem várias vezes ao dia. Essa luta dela com ela mesma tem a ver com a história dramática passada na infância. Esta foi uma saga semelhante à história de ficção!

A Rosa é a filha mais velha de um casal, sendo ele o Sr. Jonas, nascido no interior da Bahia, e ela a Sr.ª Florida, nascida no interior de Minas Gerais. Depois da primeira filha, eles tiveram mais dois filhos homens. Ele era mascate, comprava vários tipos de mercadorias na cidade de São Paulo e as revendia em certas regiões nos estados de Mato Grosso do Sul, Mato Grosso e Goiás. Passava nos povoados dessa vasta região montado num cavalo. Além de produtos, principalmente roupas, medicamentos e perfumes, ele tirava fotos e exercia atividades de enfermeiro, realizando até partos. Nessas andanças, Sr. Jonas conheceu a dona Florida. Depois de um tempo, casaram-se. Ele era bem moreno e vaidoso, andava sempre bem vestido, usando uma calça branca de tecido de linho, mesmo contrastando para quem andava a cavalo ou de bicicleta.

A dona Florida mudou-se de Minas Gerais, no ano de 1940, aos 5 anos de idade, com os seus familiares, para a região do estado na qual reside até hoje, fazendo esse longo trajeto durante três meses no lombo de um burro. Ainda nova, ela esteve, durante vários anos, no internato estudando para freira.

Os burros e os cavalos eram os animais mais apropriados para fazer a viagem com a mudança. Quanto mais para o interior, mais precária era a infraestrutura, sendo poucos os locais habitados por brancos, o que acontecia principalmente nos lugares de garimpos para a extração de ouro e diamante. No mais, os espaços eram ou habitados por povos indígenas ou desabitados. Era um período de intensa migração das regiões do Nordeste e Sudeste para a do Centro-Oeste. As estradas eram problemáticas para o trânsito de carro, sem pontes, por isso a importância do uso de animais, pois eles nadavam para o outro lado do rio carregando, nas costas, as pessoas e as coisas básicas levadas em bruacas.

A terra era abundante, com vastas áreas ainda não apropriadas por indivíduos particulares (propriedades privadas), continuando sob o poder do Estado (terras públicas). O desafio dos pretendentes particulares era a obtenção do registro ou da escritura da área de terra desejada. Para os pobres, isso era dificultado, ao contrário dos poderosos que tinham poder de influência junto aos agentes públicos do Estado. Os pais da dona Florida conseguiram apropriar-se de um bom pedaço de terra fértil próximo à cidade de Plimápolis, local em que ela mora até hoje.

A relação entre os pais da Rosa era extremamente conturbada, conflitiva. Ele ficava pouco tempo em casa, pois levava uma vida itinerante vendendo mercadorias na região, inclusive adentrando a área pantaneira. As desavenças entre eles eram frequentes e ásperas, uma relação que afetou profundamente a vida da Rosa e dos seus dois irmãos.

Certa vez, o Sr. Jonas pegou a sua filha Rosa de aproximadamente 8 meses de idade na época e fugiu com ela para a cidade de São de Paulo, escondendo-a na chácara de uma família conhecida dele. A mãe dela, dona Florida, desesperada, e com a ajuda do poder público, conseguiu descolar-se para aquela cidade, pois desconfiava que a menina fosse levada para lá, e a encontrou no local do esconderijo. Na ocasião, eles chegaram a um acordo de reaproximação e se mudaram para o município de origem dele no interior do estado da Bahia. Lá, nasceu o segundo filho. Porém, as dificuldades de convivência persistiram.

Enquanto ela estava grávida do terceiro filho, ele se separou dela e foi embora com outra mulher. Nessa oportunidade, o Sr. Jonas tentou novamente levar a Rosa consigo, não conseguindo êxito por causa do choro e gritos dela, fazendo-o desistir em levá-la. Diante dessa situação problemática, a Sr.ª Florida voltou com a sua filha Rosa para a casa na fazenda dos seus pais (avós da Rosa), deixando o filho pequeno (segundo) com um irmão do Jonas na Bahia. Depois do nascimento do terceiro filho, após o tempo de resguardo do parto, ela voltou para aquele estado buscar o filho que nascera lá.

Pouco tempo depois, os avós da Rosa compraram uma casa na cidade. A dona Florida morou com os seus três filhos nessa casa junto aos pais, local em que trabalhou e lutou com muitas dificuldades para criar a trinca de filhos. A profissão da dona Florida era a de costureira de roupa masculina. Ela costurava muito bem, assim como, agora, a Rosa. Os seus dois filhos homens, quando ainda eram crianças, já eram obrigados a trabalhar, fazendo o serviço de engraxate no centro da cidade.

Certa vez, o Sr. Jonas voltou à casa em que morava a dona Florida e manifestou que ainda mantinha o desejo de querer ficar com a filha. Diante da negativa, ele prometeu que retornaria para buscá-la quando ela tivesse 7 anos. A dona Florida queria que sua filha Rosa ficasse freira. Então, aos 8 anos, esta foi para o internato das irmãs, ficando quase sete anos. Na verdade, a Rosa nunca tinha como projeto esse modo de vida, sendo algo desejado pela sua mãe. Além disso, dessa forma, ela estaria mais protegida de uma possível captura por parte do seu pai. Talvez, pela própria experiência negativa, dona Florida tinha tanta aversão ao casamento que não desejava isso para a filha.

A Sr.ª Florida nunca voltou sequer a namorar publicamente com outro homem. Ela foi bastante rigorosa e agressiva com a filha e os filhos. A Rosa já contou várias vezes: "minha mãe me batia muito!". Uma vez uma tia, recentemente, teria contado que ficava com pena dela, pois apanhava muito da sua mãe. A vida dramática passada com o marido e os filhos quando eram pequenos ajuda a entender a agressividade. Além disso, sem terem mais a presença do pai, ela era a única responsável pela sustentação financeira e educação dos seus filhos. E, acrescentando, eles viviam na casa dos avós da Rosa, o que interferiu na vivência no dia a dia. Vários tios dela não enxergaram com bons olhos a presença naquela casa da irmã com três filhos. A Rosa tem vários relatos sobre experiências de humilhação sofridas por causa dos seus tios (irmãos da sua mãe). São traumas vividos na infância que ainda pulsam no tempo presente.

O aspecto mais relevante nessa história turbulenta da Rosa é a imagem criada pela mãe a respeito do seu pai. Dona Florida falava muito mal do Sr. Jonas, dando-lhe muitos adjetivos negativos para dizer que ele que não prestava. Os filhos foram jogados contra o seu pai sem o terem conhecido, sem terem sequer lembranças dele. Era uma atmosfera ou clima criado pela Sr.ª Florida para justificar a ausência da figura do pai naquela família, além dos próprios ressentimentos mantidos sobre esse fato. O avô fazia, dentro dos limites, esse papel paterno. A Rosa fala muito bem dele, gostava muito do carinho recebido dele. Ela já disse várias vezes que o pai do Paulo a fazia lembrar o seu avô, percebendo muitas semelhanças nas atitudes entre os dois.

A própria relação entre a Rosa e a sua mãe carrega essa história conturbada vivenciada no passado. O convívio entre as duas tem uma duplicidade ou alternância de afetos marcante: elas se querem bem e se amam muito, assim como, no momento seguinte, discutem por coisas bem banais, quase que procurando se confrontar. São as duas realidades vividas no passado que duelam no tempo presente. Bem antes de o Paulo conhecer a Rosa, esta e sua mãe já moravam em casas separadas na mesma cidade, cada uma sozinha. Foi a solução encontrada para terem mais serenidade entre elas. Mesmo morando separadas, todos os dias, a Rosa ia almoçar na casa da sua mãe e ligava várias vezes, o que revela o amor e o carinho existentes entre elas.

O Paulo, ao perguntar à companheira Rosa sobre o período da sua infância, tomou conhecimento que ela não chegou a conhecer seu pai, nem sabia se ele ainda estava vivo, e, caso sim, onde e com quem morava. O que sabia dele era o que a sua mãe e avôs contaram. O Paulo sugeriu para ela tentar localizar ele e visitá-lo. Com a ajuda de amigos, localizaram-no. Lamentavelmente, ele tinha falecido poucos anos antes. A vida dele foi interrompida de forma trágica: ele foi atropelado por um carro ao atravessar de bicicleta a rodovia movimentada no bairro em que residia. Foi possível ter acesso a várias informações sobre ele, tais como a residência da sua família, a data do falecimento e a identificação do túmulo no qual foi enterrado.

Certo dia, no ano de 1999, a Rosa e o Paulo foram até aquela cidade para conhecer a família do seu pai. Ao chegarem na localidade, eles, primeiro, foram no cemitério e conseguiram localizar o túmulo no qual o Sr. Jonas está enterrado. Ao verem o nome completo dele na lápide, foi a primeira grande emoção! Em seguida, já no final da tarde, foram até a casa da família. Os dois, ao se identificarem, a viúva ficou bastante desconfiada, temendo, inclusive, que era gente reivindicando a paternidade por motivo de herança. Ao darem algumas informações dele e explicarem porque estavam ali, ela reconheceu que realmente se tratava da mesma pessoa e os acolheu com ressalvas. Foi um encontro com intensas emoções, agora das duas partes. O Sr. Jonas teve sete filhos com ela. A grande surpresa foi que a viúva e os filhos não souberam que antes ele tinha outra família. Ele nunca contou esse fato! Faleceu levando junto esse segredo!

Após todos e todas se tranquilizarem, foi o momento de contar casos, de mostrar fotos. As reações foram intercaladas com risos e choro! O Sr. Jonas deve ter se mexido várias vezes no túmulo! A Rosa levou uma ou outra foto que tinha do seu pai, e a viúva também mostrou várias fotos, estando umas inclusive penduradas na parede da casa. Entre os filhos e as filhas, tinha umas parecidas com a Rosa e filhos muito semelhantes aos dois irmãos dela. São traços físicos herdados do pai que tiveram em comum. Ainda naquela noite, eles foram jantar e pernoitar numa cidade maior que fica próxima. Ao ouvir falar sobre a vida dele, a Rosa saiu de lá tendo outra imagem do seu pai, uma nova visão acerca dele. É a vida permeada de beleza e alegria, bem como de sofrimento.

Essa história vivida com fatos dramáticos influencia profundamente o jeito de ser da Rosa no convívio com a sua mãe, com seus irmãos e, claro, com o Paulo. Ao não querer ser contrariada, ela ainda procura afirmar-se como indivíduo em meio a tanta insegurança vivida na sua infância. Ao lutar com ela mesma, parece que está revivendo as lutas entre os seus pais pela guarda dela, sendo ela um personagem desse drama. Ao mesmo tempo, é uma história de determinação, de luta, de resistência, de perseverança, de superação, de conquistas! É a história de alguém que está em constante processo de construção de sua personalidade, de sua individualidade, formando-se, tornando-se uma pessoa vibrante com a vida que possui, manifestando o prazer e a vontade de viver! É o passado, o velho manifestando-se na vida presente, sendo superado aos poucos em um processo tenso de luta e persistência, sempre tendo, no horizonte, a luz, o sol, o novo, a realização pessoal disposta a "se lambuzar de mel" doado pela cana.

A Rosa e o Paulo não têm filhos, e também não está nos planos fazer a adoção. A Rosa engravidou uma vez na relação que já mantinha com o Paulo, mas perdeu a criança em gestação no primeiro mês da gravidez. Ter um filho ou filha, dependendo, pode contribuir para um maior estreitamento dos laços entre o casal. No entanto, considerando que eles não têm filhos, a máxima que defendem é: quem tem filhos, aproveite tudo de bom que essa companhia proporciona, e quem não tem, faça o mesmo, ou seja, curta a realidade auferida com a ausência de filhos.

Certa vez, sabendo do interesse do Paulo em adquirir um cachorro, apareceu o irmão da Rosa residente na capital do estado com um casal de cachorrinhos dentro de um galão de material sintético amarrado na traseira de sua moto. Depois de grandes, o macho foi vendido para um colega do Paulo. A fêmea, muito linda, cruzou com o cachorro de um funcionário de uma clínica veterinária, pois ele queria um filhote dela. Nasceu um casal, ficando ele com o macho e a Rosa e o Paulo com a fêmea. Com isso tiveram duas cachorras – Meg (mãe) e Malu (filha) –, as quais conviveram com eles, cada uma, durante 17 anos. Eram muito meigas, apegadas. Na ausência de filhos, esses dois animaizinhos tiveram uma atenção e carinho especial, contribuindo para imprimir mais vida na casa, embora também dessem muito trabalho.

É a trajetória da vida da Rosa percorrida até o tempo presente junto ao percurso trilhado pelo Paulo, são duas histórias que agora se entrelaçam, porém sem perder a identidade de vida própria, sua individualidade. É a vida a dois, com sabores e desafios, com colorido e momentos de pouco brilho. No caso do convívio da Rosa e do Paulo, com muitos sabores e poucos dissabores, sendo estes um desafio a serem superados. Não tem roseira que produz rosas sem espinhos! Qual o grupo humano ou o convívio entre duas pessoas em que não existem dificuldades no relacionamento? O indivíduo singular luta com ele mesmo, que dirá entre dois ou mais indivíduos! Que sabor teria a vida sem limitações a serem encaradas e superadas?

É da condição humana a fragilidade, os limites e o perigo constante do "eu" sobrepor-se às outras pessoas, aos outros "eus"! O problema de o indivíduo assumir-se como um *"eudivíduo"*! É a ameaça permanente e muito comum dos indivíduos se tornarem individualistas, o desejo de querer estar acima de todos os demais. É um gigantesco desafio viver convivendo, cada indivíduo ser, ao máximo, ele mesmo e ela mesma (indivíduo autônomo: criar as suas próprias regras de vida) e, ao mesmo tempo, desejando o mesmo para todas as outras pessoas, buscando, nessa teia de relações, a realização pessoal. É o desafio contínuo da procura pelo respeito às diferenças étnico-raciais e subjetividades nas relações sociais pautadas na igualdade.

A trajetória afetivo-sexual do Paulo, após o tempo de seminário, constitui-se em experiências maravilhosas, conquistas, incompletude e desafios. A dimensão dos sentimentos, dos desejos, dos prazeres é sabor e carência ou falta. É justamente nisso que reside o colorido e a beleza da vida! Os sentimentos não possibilitam a acumulação como se fosse uma riqueza material para ser ostentada. No universo dos sentimentos, não há espaço para a acumulação, e sim vivência, não há tempo para a acomodação, pois sempre há muito a ser buscado, a ser saboreado, a ser vivido.

# 6

No sexto dia...! No sexto tempo...!

No sexto dia, Deus criou as diversas espécies de animais que habitam a superfície da terra (Gênesis 1, 24-25). Finalizando sua obra, Ele criou "o homem à sua imagem, à imagem de Deus ele o criou, homem e mulher ele os criou" (Gênesis 1, 27). Deus os abençoou dizendo: "Sede fecundos, multiplicai-vos, enchei a terra e submetei-a" (Gênesis 1, 28).

Outra tradição bíblica, na sequência, estabelece uma vinculação ainda mais explícita, direta e intrínseca dos seres humanos com a terra. Depois de, pela primeira vez, Deus ter feito chover sobre a terra, "modelou o homem com a argila do solo, insuflou em suas narinas um hálito de vida e o homem se tornou um ser vivente" (Gênesis 2, 7). Somente após essa ação criadora, invertendo a ordem, Deus criou as plantas e os animais. Finalmente, de uma costela do homem, deu vida à mulher para lhe corresponder, fazendo-o exclamar: "Esta sim, é osso de meus ossos e carne de minha carne!" (Gênesis 2, 23). A partir de então, estão dadas as condições biológicas para o início e a multiplicação da espécie humana.

São duas narrativas bíblicas diferentes sobre a criação dos seres humanos, duas comunidades de pessoas vivenciando realidades distintas que registram a sua profissão de fé na origem dos homens e das mulheres por iniciativa e obra divina e, dessa forma, procurando responder acerca da origem e do sentido da vida. A segunda tradição, segundo os biblistas, é claramente a experiência de camponeses que vivem em um ambiente natural de pouca chuva, em um contexto de escassez de água.

É a continuação da narrativa do surgimento dos animais. No dia ou tempo da criação anterior, destaca-se a criação dos animais que vivem na água e acima da superfície da terra. Agora, no último dia ou tempo de criação, antes do descanso, é a vez do surgimento dos animais que vivem na superfície da terra, com acento aos seres humanos. Dadas todas as condições para a vida florir, é a vez de os seres humanos darem início à sua existência e fazer história. Esta, no entanto, de longe, foi, nesses milhares de anos até aqui, uma história, em grande medida, digna de seres humanos. Logo depois da criação do mundo – a partir do capítulo três desse primeiro livro da Bíblia –, o povo bíblico já narra a queda dos humanos, a conduta não correspondente à vontade do Criador. Caim, um dos dois filhos desse primeiro homem (Adão) e da primeira mulher (Eva), matou o seu irmão Abel. E assim continua a história humana até hoje, uma relação de convivência contraditória entre seres humanos amando-se e se matando.

Os animais que coabitam o mesmo espaço com os humanos são sempre mais vistos na história recente como parceiros de convivência. A consciência ecológica crescente leva a esse reconhecimento, aumentando a valorização e o cuidado com as diferentes espécies de animais. Até meados do século passado, predominava o domínio dos seres humanos sobre os demais seres vivos (não humanos), realizando a orientação bíblica de "submeter" a terra a uma prática de dominação, exploração, destruição. Agora, sempre mais pessoas despertam para a concepção da necessidade da convivência com a natureza, e não o domínio destruidor. A ameaça da extinção da vida no planeta está provocando essa reviravolta apesar da resistência dos agentes econômicos gananciosos, que querem o lucro a qualquer custo. Com as pressões crescentes, o poder dos vorazes pela riqueza será derrotado. "Submeter a terra" sempre mais está sendo compreendido como se servir dela, o que inclui o cuidado, a preservação, e não a destruição. A destruição da fauna e da flora decreta o fim dos seres humanos.

É magnífica a narrativa da criação dos seres humanos, com Deus criando-os por último e os diferenciando do restante dos animais. O homem e a mulher são feitos "à imagem e semelhança de Deus". Ser parecido com o Criador é fantástico, evoca a compreensão e a sensibilidade sobre o respeito e cooperação mútua que deve existir na convivência entre os seres humanos. Essa narrativa interpela para a reflexão permanente sobre a relação entre as mulheres e os homens possuidores dos mesmos direitos. A Palavra de Deus (narração bíblica) tem a finalidade de impulsionar a busca contínua da humanização dos seres humanos, e não o seu uso instrumental pelos agentes religiosos para a legitimação da desigualdade, da guerra, da violência, do ódio, do sofrimento, da destruição, da morte.

Cada ser humano é um indivíduo, tem a sua individualidade, singularidade, podendo desenvolver ideias, desejos, sonhos próprios no intuito da sua realização pessoal. As diferentes formas de viver a individualidade devem ser respeitadas e valorizadas desde que não dificultem ou destruam as identidades das outras pessoas. Somos indivíduos e, ao mesmo tempo, seres sociais, sujeitos que vivem em coletividades. Essa pluralidade de formas de ser, de viver a humanidade traduz o significado de que todos os seres humanos são "imagem e semelhança de Deus". Enfim, o mesmo desejo de ser feliz de um indivíduo deve, igualmente, ser para todos os outros, para todos os seres humanos nas diferentes formas de sua manifestação. O desafio permanente é estabelecer uma convivência entre iguais de formas diferentes.

**\*\*\*\*\*\*\*\*\*\***

Ao tempo da cana-de-açúcar pode ser atribuída, além do doce, outra qualidade derivada dela, outra preciosidade: a cachaça. Esta bebida é obtida por meio do trabalho de fermentação e destilação da garapa ou do melaço. Trata-se de uma bebida tradicional e popular muito apreciada entre os brasileiros. Ela recebe vários nomes, além de cachaça, todos sugestivos, tais como aguardente, pinga, cana, caninha, "marvada". Devido ao preço acessível para as cachaças comuns, praticamente todos e todas tem como beber diariamente umas doses puras ou misturadas, dependendo do desejo.

Devido à alta concentração de álcool, a cachaça dá a sensação de ter um poder de "limpar" a garganta e provocar o aumento do apetite, daí ser muito apreciada antes das refeições, principalmente no almoço. Antes da feijoada, é quase obrigatório tomar uma dose ou uma caipira, fazendo com que a comida gordurosa desça prazerosamente. A cachaça é muito saboreada pura ou por meio de um coquetel chamado mundialmente de caipirinha. A caipira ou caipirinha é uma composição feita de cachaça, limão e açúcar (dois derivados da cana-de-açúcar acrescidos de limão espremido ou em rodelas). O Paulo prefere adicionar mel de abelha no lugar do açúcar, ficando mais delicioso e saudável. A Rosa e ele são amantes da caipira.

A sensação do poder de limpeza proporcionado pela cachaça, assim como qualquer outra bebida alcoólica, consiste, também, em amenizar ou expulsar as tensões, os conflitos, os problemas em geral, soltando o corpo por intermédio dos seus pensamentos e sentimentos, aumentando a alegria, o prazer de viver. A cachaça tem esse poder libertador, mesmo que seja momentâneo. Ela é capaz de fazer os seus apreciadores desligarem-se por um tempo da dureza e da amargura que integra a vida. Uma festa não combina sem bebida alcoólica, pois, caso contrário, deixa o corpo inibido, os sentimentos contidos, o sorriso preso, o ambiente sério, menos alegre, menos festivo.

A cachaça, nessa função emancipadora, consegue ser um anestésico com o poder de amenizar os sentimentos de tristeza, mágoa, decepção, frustração, ressentimentos vividos pelas pessoas. Por isso se atribui a ela o poder de "afogar as mágoas". Claro, o efeito é passageiro, sem o poder de resolver o problema, pois as causas não estão sendo enfrentadas. Ela provoca uma fuga momentânea da realidade "nua e crua" vivida no dia a dia. Mas o simples sentimento de alívio já torna a cachaça e as outras bebidas fermentadas ou destiladas um atrativo, um apelo para tomar uma "dose" ou "tomar uma", como se diz popularmente. Nessa função de aliviar a dor e aumentar o prazer, os próprios amigos se sentem chamados ou convidados para o encontro, juntar-se para conversar animadamente e beber "socialmente".

O problema da cachaça, assim como de todas as bebidas alcoólicas, é o vício provocado pelo álcool. A criação dessa dependência e a sensação emancipadora enganosa que propicia para os amantes da bebida produzem uma junção de dois fatores que levam muitas pessoas a perderem a noção correta do viver. O excesso em tudo é prejudicial. O problema é muito maior quando se trata de substâncias químicas que geram o vício. Diante dessa realidade, muitos indivíduos não têm a força de controle para se limitar ao consumo moderado. Dados os problemas vividos pela população pobre, é muito compreensível que cometam exageros na bebida para terem momentos de alívio ou de êxtase que a realidade social totalmente adversa não proporciona.

Na casa da família do Paulo, nunca se produziu cachaça. Havia um ou mais alambiques em todas as comunidades, ao qual se tinha acesso fácil por meio da troca por melado ou pela compra. Naquela região são produzidas cachaças artesanais deliciosas. Na comunidade de Linha Formosa, tinha um alambique tradicional. Um filho dessa família, depois do falecimento do pai, levou o alambique para a comunidade vizinha, na qual reside e continua produzindo essa bebida com excelente qualidade. Outro filho dessa família adquiriu os aparelhos necessários e produz cachaça e vinho no norte de Linha Formosa. Ambos produzem para a venda. Curiosamente, o primeiro não põe uma gota de cachaça na boca, e o outro produtor adora umas caipirinhas diárias!

O Sr. Silmar, junto a um primo e um amigo, posteriormente, formou uma associação e montou um alambique. Os três produziram cachaça por muito tempo e venderam facilmente tudo o que produziram. Depois, com a idade avançada do Sr. Silmar, essa cachaçaria ficou apenas com o primo do Paulo, que continua produzindo essa bebida até hoje, além de licores e vinho. Não falta cachaça naquela comunidade e região! Nas visitas feitas a esse recanto, Rosa e o Paulo nunca deixam de comprar várias garrafas ou litros dessa preciosidade, assim como vinho, o doce de melado e mel.

O Sr. Silmar, até onde alcança a memória do Paulo, teve sempre um parreiral e, todos os anos, produzia vinho. Ele, assim como a Sr.ª Marli e todos os seus filhos e filhas, adora beber vinho e caipirinha. O vinho nunca falta na hora do almoço. A caipirinha não sai diariamente, sendo que a sua preparação fica na dependência da vontade de alguém que queira saborear uma, principalmente antes do almoço ou da janta, após o chimarrão. A Rosa e o Paulo mantêm até hoje esse costume e ritual.

É o poder oportunizado pela cana e o trabalho das pessoas, o poder do melado de adoçar e da cachaça de alegrar a vida das pessoas. "Se lambuzar" do sabor e se "embriagar" de alegria, contribuindo para o prazer de viver e deixar viver. É o poder de celebrar, de brindar a vida!

**\*\*\*\*\*\*\*\*\*\***

Sexto dia da criação: o tempo do surgimento do primeiro homem e da primeira mulher na terra. É o início da história da humanidade e o percurso milenar e tortuoso de sua existência, de sua multiplicação e ocupação do planeta terra, de integração ao universo. O principal propósito da vida humana é a vida feliz, viver em festa, embriagar-se com a cachaça produzida do doce da cana de açúcar. O trabalho, para dignificar, deve proporcionar as condições para a felicidade de todos os seres humanos, a finalidade suprema da existência. É o tempo da vida em sociedade, da coletividade, da vida pública, da política.

A palavra política deveria soar aos ouvidos como uma música suave, romântica! Afinal, é uma atividade humana que tem como finalidade essencial garantir o bem comum, uma vida digna para todos os seres humanos deste planeta. As condições básicas para essa realização pessoal de todos os indivíduos devem ser criadas no âmbito das sociedades nacionais, mesmo em um contexto de crescente globalização dos diferentes setores sociais. Considerando que ainda prevalece o sistema de nações, cada povo tem ou deveria ter o seu território – espaço geográfico, país –, constituir-se como comunidade nacional e, nesse espaço, criar e produzir os meios materiais e imateriais necessários para fazer a vida humana florir e frutificar!

Nesse sentido, a política é o esforço humano de criar sociedades (coletividades organizadas) nas quais seja possível a vida individual aflorar em convivência com as demais pessoas. Portanto a política tem como objetivo último ou fundamental a organização da sociedade de uma forma que permita uma vida digna para todos os indivíduos da espécie humana. Pensando assim, é fácil concluir que a política é a atividade humana mais nobre que possa existir: cuidar do bem-estar social de todas as pessoas daquela sociedade e em harmonia e cooperação com as demais sociedades do mundo.

Política deriva da palavra originária da língua grega *polis*, que significa cidade. Naquela época, no auge da filosofia grega, cada cidade era um território autônomo, um país independente. Os filósofos defendiam que a felicidade dos indivíduos dependia da forma de organização da cidade. Eles sustentavam que todas as pessoas devem estar integradas nela, e, nessas relações de interdependência na convivência coletiva, cada indivíduo deve exercer uma determinada função para o bem de todo povo da cidade. A organização moderna ampliou a dimensão limitada às cidades para espaços geográficos maiores, tendo como referência a ocupação territorial feita por um determinado povo, tornando-se, assim, um país ou uma sociedade. Portanto, nos tempos modernos e atuais, a política tem como principal esfera de atuação a sociedade, ou seja, trata-se de um universo muito mais amplo do que a cidade. Mas a sua finalidade ou a razão de ser continua a mesma: a organização da sociedade em bases que possibilitem a dignificação da vida de todos e todas, indistintamente, o que não quer dizer necessariamente igualdade social, e sim bem-estar social.

Se a política tem essa finalidade, essa relevância coletiva, então ela deve ocupar um lugar central nos diferentes espaços e dimensões sociais ou coletivas, estando presente naquilo que se faz, pensa, sente, imagina, acredita e sonha. Ela requer a cidadania dos indivíduos, ou seja, o pertencimento efetivo à cidade e à sociedade, participantes ativos na construção do destino desejado para a sociedade. É crucial que haja interesse pela política, os indivíduos serem políticos, pessoas politizadas. Em tudo o que diz respeito aos seres humanos, existe a presença da política, decisões tomadas que normatizam as diferentes ações e relações coletivas por mais particulares que pareçam ser. Mesmo na família, que é tida como a unidade social privada por excelência, ninguém age de forma totalmente autônoma. A política é necessária para viabilizar o convívio familiar no meio social. Não tem como escapar dela.

Na vida real, obviamente, a política está muito distante desse ideal ou das funções que lhe são atribuídas. Mas, da mesma maneira, está-se muito distante do almejado no que se refere a qualquer outra instituição social, tais como as famílias, os meios de comunicação, as religiões, as escolas particulares e as empresas privadas. A própria política é fundamental para o bom funcionamento dessas diferentes instituições, pois são constitutivas da sociedade. Ela cria leis, normatiza como tudo deve funcionar numa sociedade e penaliza, ou deveria, quando as leis são desrespeitadas. A política deve zelar pelo bom funcionamento de todas as instituições, pois o bem-estar dos indivíduos numa sociedade depende delas, que, por sua vez, precisam estar a serviço dos interesses e anseios de todos os sujeitos e da coletividade em geral.

A própria política é, portanto, ela própria formada por um conjunto de instituições chamadas de Estado. Estas instituições políticas existem por causa das inúmeras ações a serem realizadas nas sociedades que se caracterizam pela sua complexidade. Existem três instâncias territoriais no sistema político brasileiro – municipal, estadual e federal –, sendo as duas primeiras investidas de certa autonomia, tendo em vista o melhor atendimento das necessidades e anseios dos diferentes grupos sociais, porém sem poder entrar em contradição com as leis federais. Os municípios estão vinculados aos estados, e estes ao poder federal ou central, daí este país se chamar de República Federativa do Brasil, ou seja, os estados são unidades federadas conectadas ao poder federal, tendo a capital ou o poder central na cidade de Brasília. O poder federal é a instância que representa a totalidade da nação ou do povo brasileiro.

A política, no que se refere às discussões e às tomadas de decisão, é dividida em três poderes: Executivo, Legislativo e Judiciário. Cada poder tem a esfera decisória específica e, além disso, os três são pesos e contrapesos entre si para evitar o abuso de poder de uma parte. E, em cada uma das três instâncias territoriais e dos três poderes, existe uma subdivisão, constituindo-se em um conjunto de instituições políticas com incumbências específicas para o atendimento das múltiplas demandas do povo.

Daí vem uma pergunta intrigante: se a política é tão relevante na sociedade, por que ela é a instituição mais criticada e rejeitada quando comparada com as outras instituições sociais, considerando que estas estão em posição subordinada, sendo de importância menor? Por que os estádios de futebol e os templos das igrejas evangélicas enchem de público, sabendo que, nessas instituições sociais, ocorre muito desvio de finalidade, malandragem, corrupção? Por que quase todos e todas querem casar, sabendo que a relação entre os casais e a destes com os filhos reservam muitos desvios de conduta? Enfim, por que a maioria é menos exigente, menos crítica, mais otimista quanto a essas e outras instituições sociais quando comparadas com a política?

Nesse dia da criação do primeiro homem e da primeira mulher, nesse tempo da origem da humanidade, é pertinente refletir sobre as coletividades que compõem a totalidade dos seres humanos. Todos e todas têm o direito de se "embriagarem" de felicidade! Esse é o sonho que deve alimentar os humanos em termos individuais e coletivos. Este é o desafio: a humanização dos seres vivos chamados de humanos.

Paulo tinha apreço à política desde a sua infância. Nos primeiros anos da escola, quando os professores só falavam coisas boas sobre o Brasil, ele se sentia incomodado com essa visão, pois não estava em sintonia com a realidade social. Ele percebia que essa forma de retratar o país não era condizente com o que sentia na própria carne, com as dificuldades pelas quais passava. Ele trabalhava muito e vivia, junto a seus familiares e todos e todas de sua comunidade, em condições precárias. A sensação passada desde a primeira série era a de que o Brasil era um país muito rico, o mais desenvolvido do mundo, uma realidade que deveria orgulhar a todos. A conquista do tricampeonato na Copa do Mundo de Futebol em 1970 veio sob medida para corroborar esse discurso ideológico ufanista. Paulo fez todo o percurso da educação – a primeira série primária até a conclusão do curso superior de Filosofia (1968-1982) – no regime da ditadura civil-militar. Todos os diretores e quase a totalidade dos professores e das professoras de sua escola defendiam esse regime autoritário. Não era permitido o pensamento crítico, a análise dos problemas sociais. Era um tempo da imposição do silêncio!

O Paulo gostava das discussões políticas acaloradas entre os seus tios na época das eleições. Até 1980, havia somente dois partidos políticos oficiais: o Movimento Democrático Brasileiro (MDB), este de oposição, e a Aliança Renovadora Nacional (Arena), esta da situação, defensora da ditadura. No entanto, havia muitos defensores do Partido Trabalhista Brasileiro (PTB), este criado pelo Getúlio Vargas, que estava abrigado no MDB pelo fato de não poder existir de maneira legal. Tinha tios apoiadores dos três partidos políticos, o que gerava belas discussões. Os pais do Paulo eram eleitores do MDB, mas evitaram expor-se para não criarem animosidades. O Paulo também era alinhado a esse partido político na sua infância e adolescência.

Em 1979, foi aprovada a Lei de Anistia, autorizando o retorno dos políticos que se encontravam no exílio. No Rio Grande do Sul, a figura política importante que voltou foi o Leonel de Moura Brizola, ligado ao trabalhismo varguista. Em 1980, foi aprovado o pluripartidarismo, quando os partidos clandestinos voltam à legalidade e são criadas novas agremiações políticas. O Brizola perde a disputa para refundar o PTB, assim como o controle deste partido, levando-o a criar outro partido do trabalhismo, o Partido Democrático Trabalhista (PDT). Nesse ano, também foi fundado o Partido dos Trabalhadores (PT). Trata-se de um processo intenso de fortalecimento dos movimentos e organizações políticas democráticas e a implosão do poder do Estado assentado na força, na violência, na tortura.

No seminário, além do gosto pela política, o Paulo foi descobrindo a sua relevância para que se possa pensar na desejada qualidade de vida para toda a população. No ano de 1978, por causa da diferença de um dia, ele não pode participar das eleições por meio da votação. Quem completasse 18 anos até o dia 15 de agosto era obrigado providenciar o título eleitor e votar no dia 15 de novembro. O Paulo completaria essa idade no dia seguinte, o que o impedia de votar naquele ano. Mesmo assim, ele acompanhou as eleições, inclusive participando das discussões com os seus colegas seminaristas já aptos para votar. Foi um tempo de efervescência política.

Certa vez, o Paulo atendeu ao telefone no seminário, e quem estava na outra ponta da linha era o Pedro Simon. Era o tempo da campanha eleitoral de 1978, e esse político era candidato ao Senado Federal pelo partido político do MDB. Naquele tempo, o Paulo era o responsável pelo atendimento da portaria e do telefone no seminário. Esse candidato estava fazendo campanha naquela cidade e pediu que pudesse ter uma conversa com os seminaristas ainda naquela manhã. O Paulo, de pronta, aceitou. Em seguida, ele foi avisar os colegas que uma hora antes do almoço o candidato estaria no seminário para essa conversa. O candidato apareceu, mesmo tendo atrasado bastante, e estava acompanhado por filiados locais daquele partido. Os seminaristas ficaram encantados com o discurso acelerado dele, assim como o destaque dado ao papel político da Igreja Católica para o retorno da democracia. Naquela oportunidade, ele foi eleito senador.

Na semana seguinte, um assessor do Nelson Marchezan, que era candidato a deputado federal pelo partido político da Arena, ligou para o seminário e foi atendido pelo Paulo. Ele queria agendar um horário para esse candidato fazer, também, uma conversa com os seminaristas. O Paulo rechaçou esse intento, arrumando uma desculpa esfarrapada! Afinal, tratava-se de um candidato conservador filiado ao partido do regime ditatorial. Assim como o Paulo, praticamente todos os seminaristas eram críticos, pertencentes à ideologia política de esquerda.

A década de 1980 foi riquíssima em termos de luta política protagonizada pelos setores progressistas e de esquerda. Os problemas sociais se avolumavam, ganhando sempre mais força a luta para derrotar o regime autoritário e restaurar as liberdades, a democracia. Agora existia o PT como alternativa política, a força dos sindicatos vinculados à Central Única dos Trabalhadores (CUT), a organização dos estudantes, a expansão da Teologia da Libertação, a efervescência dos movimentos populares nas cidades e no campo. Houve uma gigantesca mobilização pelas Diretas Já em todo o país (1984) quando a população reivindicava a eleição direta do presidente da República.

Em 1985, as elites privilegiadas – via Congresso Nacional – tiraram os militares do poder do Estado, assumindo-o por meio de um governo civil, elegendo o Tancredo Neves para presidente da República. Este acabou não assumindo o poder por causa da doença seguida de morte, cabendo ao José Sarney, eleito vice-presidente, ocupar o cargo, considerando que ambos eram políticos conservadores. Sarney era, durante a ditadura, uma liderança da Arena, rompendo com este partido junto aos outros filiados contrários ao candidato da Arena para a presidência da República – Paulo Maluf –, criando um novo partido e se aliando ao MDB naquela eleição indireta.

Certa vez, os seminaristas de Filosofia foram, de ônibus, para outra cidade participar da festa de casamento de uma irmã de um deles. Durante a viagem, o Paulo virou-se para o seu colega sentado ao lado e lhe disse: "agora precisamos largar o MDB. Foi criado um partido político novo, um partido que representa de fato os interesses da classe trabalhadora". Nisso, o colega respondeu: "eu também estava pensando nisso nos últimos dias". Tratava-se do PT, fundado em 1980. Naquela década, o Paulo era um entusiasta desse partido. Ele estava convicto de que, uma vez no poder, haveria o fim da pobreza, da corrupção, dos privilégios, haveria salários justos e uma substancial melhora na distribuição da riqueza e renda. Enfim, seria construída uma sociedade decente, com a política finalmente cumprindo com a sua razão de ser: garantir dignidade de vida para todas as pessoas.

No ano de 1986, na campanha para a eleição de deputados federais constituintes – estes fariam uma nova Constituição –, os seminaristas do curso de Teologia, incluindo o Paulo, envolveram-se de "corpo e alma" na campanha eleitoral. Afinal, no ano seguinte, o futuro do país estaria nas mãos desses constituintes. Eles fizeram um trabalho de formação política nas comunidades da periferia da cidade, de conscientização da população sobre a importância do voto, da votação em candidatos comprometidos com a formulação de leis que beneficiassem toda a população, e não apenas uma elite capitalista. Foi um período político muito tenso, pois os setores conservadores também estavam muito empenhados nessa eleição. Muitos católicos conservadores, mesmo pobres, discutiram, ofendiam os seminaristas, chamando-os de ateus, de infiltrados comunistas. É a contradição, sendo que todos os católicos professam a fé em Jesus Cristo, mas este parece ser dois Deuses completamente distintos: um verdadeiro e ou outro inventado para legitimar a riqueza e a pobreza.

No dia 4 de outubro de 1988, foi promulgada na nova Constituição Brasileira. Houve significativos avanços nos direitos individuais e sociais, porém não aconteceu nada de novo na infraestrutura econômica na perspectiva de uma desconcentração do capital, algo que seria fundamental para a redução das desigualdades sociais. A reforma agrária, que foi uma grande bandeira de luta da Igreja Progressista, foi rejeitada, preservando a obscena concentração das terras. Os setores elitistas conseguiram manter os seus privilégios, impedindo o desenvolvimento econômico e social na direção do bem-estar de toda população, ignorando, com isso, a finalidade essencial da política.

Certa vez, o Paulo e mais dois colegas seminaristas da Teologia foram, de manhã cedo, visitar a ocupação de uma fazenda protagonizada pelo MST na noite anterior em um município relativamente próximo. Era um acampamento de várias dezenas de famílias de trabalhadores rurais sem terra da região. O caminhão que levava a alimentação foi interceptado pela polícia e retido. Só havia uns sacos de farinha de milho levado por um grupo de famílias. Diante desse problema, a decisão tomada foi a de que somente as crianças e as mães que amamentavam teriam acesso ao mingau feito com aquela farinha torrada e misturada com água. Para os demais, restava apenas água.

No segundo dia, na parte da tarde, chegou à ocupação o secretário da agricultura do estado para negociar a desocupação da fazenda. Como não se chegou a um acordo, na hora em que ele queria ir embora, as lideranças falaram: "nesta noite, o senhor vai dormir conosco debaixo de uma lona preta". E assim fizeram, pedindo que os assessores dele fossem embora enquanto levavam o secretário para os fundos e o escondiam numa barraca. Ele teve uma noite diferente e deve ter jantado um mingau de farinha de milho! As manchetes dos jornais no outro dia eram: "secretário da agricultura foi sequestrado pelos sem terra". Essa estratégia deu resultado. No dia seguinte, o secretário concedeu uma área pública ao lado da cidade para o acampamento provisório enquanto o governo providenciava terra para o assentamento definitivo. No início da tarde, fez-se esse longo trajeto a pé pela estrada até esse local, algo semelhante feito pelo povo hebreu na sua luta contra a escravidão e pela conquista da terra prometida na qual "mana leite e mel".

Somente no terceiro dia, à noite, o Paulo e os seus colegas, ao chegarem em casa, puderam se alimentar outra vez. Foram três dias ingerindo apenas água de um córrego que passava ao lado, e de qualidade duvidosa. No primeiro dia foi difícil, depois foi mais tranquilo, pois o organismo "vira a chave" e passa a se alimentar do próprio corpo. No tempo de seminarista, o Paulo visitou vários acampamentos, ficando um ou mais dias para dar apoio aos lutadores pelo acesso a um pedaço de terra e pela reforma agrária. São experiências que permanecem muito vivas na memória e que dão sentido à vida.

O ano de 1989 foi um marco histórico para o mundo e o Brasil. Para o mundo por causa da queda do Muro de Berlin (fim da divisão da Alemanha entre capitalista e comunista), o que deu início à derrocada da experiência revolucionária anticapitalista protagonizada pela União Soviética. Com o inimigo indo a nocaute, os capitalistas assanharam-se quanto à acumulação de capital por meio do projeto neoliberal. Na verdade, os países centrais do capitalismo já estavam informados antes sobre a crise da União Soviética, levando-os a adotar esse modelo capitalista desde o início da década de 1980.

O modelo neoliberal visa, basicamente, dar todas as facilidades ao mercado (aos negócios dos capitalistas), especialmente ao setor financeiro, abrindo os países para o livro fluxo dos capitais (desnacionalização da economia), a redução do Estado (estado mínimo), entregando, com isso, os serviços sociais básicos à iniciativa privada, tais como a educação, a saúde e a segurança. A partir de então, a população, para ter acesso a esses serviços essenciais, precisaria pagar além dos impostos. A Constituição Brasileira promulgada no ano anterior foi na contramão dessa tendência neoliberal, tornando essas demandas sociais responsabilidades do Estado e direitos de acesso por todos os cidadãos, universalizando-os.

O ano de 1989 também marcou a história política brasileira, pois foi a primeira eleição direta para a presidência da República após a longa noite tenebrosa do regime ditatorial. A disputa eleitoral foi para o segundo turno entre os candidatos Fernando Collor de Mello, do Partido da Renovação Nacional (PRN), e Luís Inácio Lula da Silva (PT), sendo o primeiro o vitorioso do pleito por uma pequena margem de votos. Foi o auge de um processo iniciado na segunda metade da década anterior de organização e luta política popular por uma sociedade democrática, mais igualitária, mais digna, de erradicação da pobreza. Foi o primeiro ano de moradia do Paulo na cidade de Plimápolis, local em que se enraizou. Devido aos seus problemas de saúde, ele se limitou, basicamente, a acompanhar a intensa participação popular na política eleitoral.

Fernando Collor é de uma família conservadora tradicional na política, e seu governo iniciou o processo de implantação do modelo político e econômico neoliberal. A economia brasileira era uma das mais estatizadas (menos liberal) de toda a América. A política de abertura comercial para a atração de novas empresas capitalistas estrangeiras, da forma como aconteceu, pegou grande parte das empresas nacionais ou estrangeiras já instaladas no país e com pouca concorrência interna desprevenida em termos de inovação tecnológica, estando em desvantagem na concorrência, comprometendo os seus lucros. Esses setores foram os principais responsáveis pelo impeachment do presidente em 1992, e não a juventude estudantil chamada de caras pintadas. Estes jovens eram a parte visível dos protestos contra o governo, estimulada por setores da elite.

Depois, durante os oito anos do governo sob a presidência de Fernando Henrique Cardoso, do Partido da Socialdemocracia Brasileira (PSDB), houve um aprofundamento da política neoliberal. Vários setores da economia se modernizaram, introduziram novas tecnologias na produção de mercadorias e na prestação de serviços, porém sob a permanência da concentração da riqueza e das desigualdades sociais, da pobreza. A década de 1990 foi o período do neoliberalismo no Brasil. É um modelo capitalista totalmente inviável em países com uma absurda desigualdade social como a brasileira. A classe trabalhadora explorada e a vasta camada da população empobrecida que trabalha na informalidade ou está desempregada precisa de muito Estado, muitas políticas públicas, e não de pouco Estado ou Estado mínimo. Na concepção da política no sentido de sua finalidade essencial, a população pobre deve ser a prioridade por excelência do Estado, e não entregue à iniciativa privada, à própria sorte ou à morte!

O fim da União Soviética no início da década de 1990 provocou uma crise nas organizações políticas de esquerda que propugnavam a construção de sociedades alternativas ao capitalismo. O PT foi fortemente afetado a partir dessa década. Com o deslocamento do partido PSDB para a centro-direita ou direita no governo do presidente Fernando Henrique Cardoso, o PT deslocou-se majoritariamente da esquerda para o centro, passando a defender um projeto reformista ou social-democrático (capitalismo com intervenção do Estado na economia em favor dos interesses de todo o povo). O PT foi abandonando o projeto socialista democrático: a estratégia de chegar e se manter no poder do Estado por meio das instituições legais, descartando a revolução armada e, assim, promover as transformações revolucionárias na direção da igualdade social.

O Lula continuou disputando as eleições presidenciais seguintes, e a estratégia política do PT era conquistar o poder do Estado por meio da eleição dele para presidente da República. Diante da crise social e da insatisfação popular proporcionada pelos governos neoliberais, na quarta disputa eleitoral para presidente, no ano de 2002, Lula finalmente foi o vencedor, conquistando a presidência do poder político central. No entanto, o PT não era mais o mesmo dos anos 1980: foi se descaracterizando durante a década de 1990, virando um partido político carreirista, centrado nas disputas eleitorais, abandonando a organização do povo no âmbito da sociedade como fizera na sua origem.

Nessa disputa pelos cargos eletivos, o PT foi envolvendo-se sempre mais na obtenção ilegal de recursos financeiros para custear suas campanhas eleitorais, assim como faziam os outros partidos políticos. E, além disso, esse partido foi alargando as suas alianças, incluindo partidos conservadores, uma estratégia adotada para ter êxito nas eleições municipais, estaduais, parlamento federal e para a presidência da República, bem como para viabilizar os governos. Resumo: o PT foi assemelhando-se aos outros partidos, distanciando-se de suas origens populares e do projeto socialista.

O governo federal sob a presidência da República do Lula, e depois da Dilma, era formado, além da esquerda, por vários grupos de direita. Talvez sem essas alianças, o PT não conquistasse a presidência e muito menos manter-se-ia no poder durante 14 anos. Porém, o custo foi muito alto. Não se teve força política para interferir na estrutura econômica, promovendo um projeto de desenvolvimento que reduzisse as desigualdades sociais e erradicasse a pobreza. O estilo de governo da Dilma foi mais inflexível, com menos "jogo de cintura", o que lhe custou o cargo por meio de um golpe parlamentar costurado entre os três poderes da República e dos setores conservadores da sociedade civil (empresários, latifundiários, mídias, igrejas, forças armadas, povo alienado).

É preciso ter muito claro que a elite privilegiada está no poder político desde que Pedro Álvares Cabral pisou nestas terras, e ela não largará facilmente esse poder que lhe dá todas essas facilidades, assim como é preciso reconhecer que ela mantém boa parte da população alinhada ao seu projeto conservador. Daí vem o grande dilema para as forças políticas organizadas em torno de um projeto alternativo na perspectiva da substancial igualdade social e na aposta da estratégia democrática de disputa pelo poder e de exercício do governo. Esse dilema consiste no seguinte: manter-se fiel aos princípios ideológicos do projeto da igualdade social e, com isso, garantir a possibilidade real de nunca conquistar o poder e, caso conquiste, não conseguir instaurar o seu projeto político; ou, contrariamente, aliar-se a certas forças conservadores e criar políticas pelas "beiradas" em favor da população mais empobrecida e, num futuro incerto, acumular poder por meio do apoio popular para introduzir as mudanças estruturais almejadas.

Desde 2019, o Brasil está sendo governado por um presidente da República extremamente autoritário e declaradamente contrário à população que não integra a elite branca masculina. Portanto se trata de um governo hiper conservador, ultra liberal, defensor da ditadura militar, com traços fascistas, perseguidor das chamadas minorias e das ideologias políticas reformistas e de esquerda. Trata-se de uma onda conservadora em expansão em todo o mundo. No Brasil, a sua ascensão ao poder do Estado foi possível graças a uma junção de forças nos diferentes setores políticos e sociais que se opuseram ao projeto reformista, democrático e emancipador em curso sob o comando do PT. É um cenário político assustador quando se pensa na finalidade de excelência da política.

No momento presente, além da gravíssima crise política brasileira, o mundo inteiro está enfrentando o problema não menos grave de uma pandemia chamada Covid-19. Esse cenário de consequências ainda imprevisíveis permite antever que a humanidade não será mais a mesma a partir desse fenômeno da saúde. Além do problema do elevado número de mortes, o sistema de produção econômica, as relações sociais e os comportamentos individuais serão profundamente afetados com essa epidemia. As situações catastróficas também produzem – ou acima de tudo produzem – transformações profundas, uma nova realidade. No Brasil, devido ao governo que está dando as costas aos interesses do povo, a preocupação central dele no tempo de expansão da pandemia é a salvação da economia, e não a preservação da vida da população, opondo-se ao isolamento social, que é a orientação da Organização Mundial da Saúde (OMS). O povo brasileiro mais lúcido encontra-se numa noite muito escura, espantado quanto ao futuro, sobre o rumo que a sociedade tomará sob esse governo.

O Paulo, de entusiasta pelo PT na década de 1980, tornou-se um crítico desse partido político no decorrer dos anos de 1990, postura que se estende até hoje. Porém, não há outros partidos políticos no momento com possibilidades maiores de fazer da política uma luta para conquistar o bem-estar de toda a população. Na verdade, o partido político é um meio, um instrumento para alcançar um determinado fim. Enquanto meio, esse instrumento político pode e deve ser constantemente revisado, reconstruído e, inclusive, se for o caso, trocado por outro partido ou outros meios políticos vistos como mais eficazes. O que não deve ser trocado ou abandono é o fim almejado (projeto de sociedade) que, no caso do Paulo, é o sonho da construção e da conquista de uma sociedade que seja realmente para todos e todas, e não apenas para uma minoria.

Entre esses meios políticos, além do partido político para a disputa pelo poder do Estado, os sindicatos, movimentos populares, entidades, associações, ONGs e as inúmeras outras formas de organização da população são fundamentais para o desenvolvimento de uma cultura política democrática e emancipadora. Por meio das organizações na esfera da sociedade civil, o povo saberá criar mecanicismos de exercício da cidadania, politizando-se e criando consciência dos seus direitos sociais, e, assim, interferir nas tomadas de decisão para que a política cumpra com a sua finalidade.

O Paulo cursou a pós-graduação na área de Ciência Política, concluindo o mestrado em 2001 e o doutorado em 2010. O seu objeto de estudo, de pesquisa nesses dois cursos foi sobre a luta política pela reforma agrária protagonizada pelo MST. Essa temática lhe é muito cara, pois está relacionada à realidade social da falta de terra e da exploração vividas pelos seus familiares e demais famílias da região de sua origem natal. Essa situação explica, em boa medida, o seu envolvimento político nessa luta, pois sempre considerava que a terra precisava ser mais bem repartida. Ele defendia que todos e todas que desejassem viver no campo deveriam ter acesso a um pedaço de terra, assim como contar com políticas do Estado para viabilizar a produção e a comercialização dos produtos. O mesmo motivo levou-o a estudar essa temática na pós-graduação, dando destaque ao principal movimento sociopolítico de luta pela reforma agrária.

Quando o povo da Bíblia narra a sua fé na criação do primeiro homem e da primeira mulher, recebendo de Deus a ordem para que fossem fecundos, multiplicassem-se, enchessem a terra e a submetessem, isso jamais estava em seus planos, assim como jamais era da vontade divina o seu confinamento em cidades e as terras serem apropriadas por um punhado de pessoas inescrupulosas. Encher e se submeter à terra é projeto estendido para todos e todas que quiserem habitá-la, ocupá-la e cultivá-la para extrair os alimentos necessários. Esse plano original continua tendo a mesma validade nos dias atuais: terra para quem desejar trabalhar nela e política agrícola para produzir alimentos saudáveis e acessíveis a todas as pessoas.

O início do MST no estado onde mora o Paulo aconteceu no mês de agosto de 1995 por meio da ocupação da primeira fazenda próxima à cidade de Plimápolis. A partir desse fato, a sua aproximação com as lideranças do MST foi aumentando, inclusive com a participação em alguns eventos de nível nacional, estabelecendo-se uma relação que foi ganhando contornos para além do apoio aos trabalhadores sem terra nas ocupações.

Certa vez, um assessor de um deputado estadual defensor dos trabalhadores rurais assentados e da agricultura familiar entrou em contato com o Paulo para pedir os seus dados pessoais. O motivo dessa solicitação era para homenageá-lo pela Assembleia Legislativa, por meio desse deputado, como cidadão desse estado. A razão para essa homenagem seria por causa dos estudos desenvolvidos sobre a questão agrária e do apoio dada à reforma agrária e à produção agrícola camponesa e familiar. O Paulo agradeceu o convite, mas declinou, não por causa desse deputado, a quem admira e apoia, e sim pela maioria dos deputados daquela Casa de Leis ser conservadora e comprovadamente corrupta. Entrar naquela casa e ser homenageado numa sessão diante desses deputados seria chancelar a sua conduta, deixando-se usar em termos políticos. Além disso, o Paulo não se vê como merecedor dessa homenagem. Tem muita gente, principalmente pessoas humildes, que deveriam ser homenageadas.

Voltando à pergunta intrigante: se a política é tão relevante, qual o motivo da rejeição manifestada pela maioria do povo? E mais, por que há menos contestação às outras instituições da sociedade mesmo estas sendo consideradas menos importantes?

Está inscrito na natureza de todos os seres vivos ou lhes é imanente o instinto pela sua sobrevivência individual. É inerente aos seres vivos a autodefesa, inclusive, caso for necessário, o uso da violência para permanecer vivo, para evitar a morte. É a luta tensa e dialética entre continuar vivo (ser) e afastar as forças adversas que levam à morte (não-ser, deixar de ser). Embora todos os seres vivos pertençam a uma determinada espécie animal, dependeu desta para surgir e a defende para que se multiplique, via procriação, no limite da preservação individual são capazes de lutar e matar os próprios pares da mesma espécie. O indivíduo está acima de tudo e de todos. A individualidade é a base de tudo. É nesse movimento tenso que acontece a vida!

Os seres vivos em geral lutam pela sua preservação individual (particular) movidos pelas forças instintivas e no uso muito menor e diferenciado da razão e da sensibilidade quando comparados aos seres humanos. Estes também são animais, sendo movidos pelos instintos, irracionalidade e sensibilidade, porém tem a capacidade racional muito maior, pois a sua razão é muito mais complexa em termos de estrutura biológica. Com isso, eles são muito mais eficientes na luta pela sua preservação individual – e da sua espécie –, conseguindo planejar muito melhor as suas ações, sendo capaz de elaborar estratégias criativas, imaginativas, inclusive a criação de instrumentos de auxílio na luta pela sobrevivência e pela qualidade de vida. Além disso, conseguem justificar muito melhor e dar variados sentidos às suas ações, inclusive de ordem subjetiva e simbólica. Por isso, o ser humano é possuidor, segundo a narração bíblica do sexto dia da criação, do poder de submeter o restante da terra, colocando-a a seu favor para viver em sintonia com a variedade de dimensões que compõem a sua humanidade.

O filósofo grego Aristóteles, de forma muito sábia, definiu o ser humano como sendo um "animal político". É um ser que é, em grande medida, aquilo que os animais em geral são, porém tem algo adicional decisivo que o diferencia profundamente: ele produz as condições para a sua existência, ele cria a organização social para possibilitar a vida individual e a convivência coletiva. Esse é o papel da política. Por isso ele é um animal como os outros, mas com essa diferença essencial, ele é político, sabe se organizar criativa e imaginativamente como nenhum outro animal de acordo com as múltiplas dimensões que o constituem como ser humano.

Os seres humanos, portanto, têm uma capacidade fantástica para criar as condições necessárias para garantir ou sustentar a sua permanência individual. Além disso, eles são possuidores de uma potencialidade gigantesca para criar e recriar as condições materiais e simbólicas para alimentar, satisfazer e justificar os seus interesses, apetites, desejos, prazeres, sonhos que parecem ser infinitos. Nessa capacidade instintiva, irracional, sensitiva, emotiva, imaginativa, racional dos indivíduos da espécie humana residem as possibilidades peculiares e superiores de sua afirmação e prosperidade no mundo, assim como, lamentavelmente, a produção do sofrimento e da morte por meio da violência, da exploração, da discriminação, da pobreza e da fome!

A vida do indivíduo (singular, particular) acima de tudo e de todos, em termos de preservação biológica, é da natureza, está inscrito nos seres vivos. Não tem como se contrapor. O problema reside quando o indivíduo se torna individualista, egoísta, egocêntrico. Em outras palavras, a questão é quando o indivíduo vê-se como centro do universo, quando acha que tudo deve girar em torno dele, quando atribui valor ou sentido somente ao que é do seu interesse. Com esse sentimento e pensamento, esse tipo de indivíduo não vê problema em subordinar, dominar, explorar, submeter a sofrimentos e até à morte os outros seres humanos para alcançar os seus interesses individuais, particulares. Os outros seres humanos são vistos e tratados como meio, instrumento, coisa que deve estar a seu dispor, atender às suas vontades e aos seus desejos.

Portanto o problema não está no indivíduo em si, mas no seu desvio doentio de conduta, na perda do senso de humanidade ao se colocar como o centro de tudo para além da sua preservação física, e em detrimento ou as custas dos demais seres humanos. Para tanto, os indivíduos com esse comportamento desviante criam e recriam uma estrutura de organização da sociedade que proporciona o que for do seu interesse. Além disso, o que talvez é pior, esses sujeitos egocêntricos justificam esse comportamento pela criação de mecanismos sociais, de instituições, inclusive religiosas, para a difusão de uma visão de mundo que lhe é favorável, que lhe garanta privilégios, e não limitada às condições básicas para a preservação da vida e realização pessoal. Por meio desses mecanismos sociais, são veiculadas estratégias de convencimento ou de persuasão, e, quando julgam necessário, estas utilizam a força coercitiva (armas, polícia, forças armadas, a violência) para quem se opor às suas vontades. Quando a polícia age com truculência para preservar a "ordem pública", essa ordem social serve para quem?

Dessa forma, essa minoria de indivíduos da espécie humana dona do mundo, naturaliza ou normaliza aquilo que deveria escandalizar, revoltar, provocar a indignação dos demais seres humanos. Afinal, quem se escandaliza com a riqueza de poucos e a pobreza de muitos no Brasil? Quem se descabela com o um por cento dos seres humanos sendo proprietários da metade da riqueza do mundo e mais da metade da humanidade passando fome ou não se alimentando adequadamente? Os egocêntricos (eu como centro, "eudivíduo") conseguem "normalizar" tamanha crueldade graças aos instrumentos que criam e utilizam para justificar os seus interesses individuais que parecem ilimitados.

O sistema capitalista é fomentador do individualismo, pois está alicerçado no indivíduo e os seus interesses, sendo estes não exclusivamente econômicos, mas a base para possibilitar o acesso a outros desejos e vontades. Na formação social anterior – sistema feudal –, um dos pilares era a comunidade (feudos rurais de autossubsistência), e, mesmo assim, o individualismo imperava, também, nela, de forma predominante. Se já era assim, no período subsequente, com o processo secular de formação das sociedades modernas em bases capitalistas, o individualismo ganha um combustível muito maior para se impor e prevalecer. A livre iniciativa individual na produção econômica ou material – daí a origem da ideia de liberalismo – é a principal base da sociedade capitalista, a geradora das demais liberdades individuais. Porém, essas liberdades requerem as condições materiais ou financeiras para poderem ser usufruídas, o que as limita, em boa medida, aos agentes econômicos ou detentores das riquezas em detrimento do direito de liberdade e da própria individualidade das demais pessoas, do conjunto dos indivíduos que compõem a sociedade. Afinal, o que adianta todos e todas terem o direito e a liberdade individual de fazer uma viagem para curtir as belezas históricas da Europa se as condições financeiras inviabilizam essa vontade! É a "sociedade dos indivíduos" de Norbert Elias, a sociedade dos indivíduos capitalistas.

No sistema capitalista, o que importa e justifica tudo são os negócios privados, a acumulação de capital de uma minoria detentora dos meios de produção, e não a vida digna para a totalidade das pessoas. Estas possuem valor enquanto são úteis, enquanto trabalham, enquanto geram riqueza, dão lucro, e os demais seres humanos desnecessários são descartáveis. Essa relação na produção econômica ajuda a compreender porque um dos elementos centrais no trabalho assalariado é a exploração, sendo a mesma lógica e tratamento válido para o trabalho dos camponeses. Trabalha-se muito para receber pouco. A vida resume-se ao trabalho e ao descanso para retornar ao trabalho no outro dia, e mesmo assim os trabalhadores vivem de forma precária, sem as condições básicas de vida atendidas. O correto deveria ser a vida fluir no tempo livre, e o trabalho ocorrer de maneira esporádica, limitado à produção do necessário para todos e todas. Portanto o sistema capitalista está estruturado nos interesses individuais, privados, que são alcançados por poucos por meio da subjugação da grande maioria.

A política, ao contrário, tem como finalidade cuidar da coletividade, do povo, do público, garantindo o bem-estar social e individual de todos e todas. A política é coisa do público, daí se origina a palavra latina *república* (*res* = coisa + *pública* = público, povo). Os agentes políticos ou públicos que atuam nas instituições do Estado devem zelar pela vida digna da totalidade dos indivíduos, e não para apenas uma parte. Isso não quer dizer que a política deve impedir a iniciativa privada na economia ou os interesses privados, individuais, ainda mais se tratando de sociedades capitalistas. O papel da política é equacionar ou harmonizar os interesses individuais ou privados com os interesses ou necessidades do público. Nada deve se sobrepor aos interesses públicos, nem mesmo a propriedade privada. Nada pode estar acima das pessoas, de todas elas!

A política deve ser um freio aos exageros individuais, ao comportamento individualista, egoísta, egocêntrico. Alexis de Tocqueville, filósofo iluminista defensor dos interesses burgueses no século XVIII, denominava essa harmonização de "interesse bem compreendido", ou seja, estabelecer uma conjugação entre os interesses privados (acumulação de capital, enriquecer) e públicos. Esse é o desafio da política. Os indivíduos cuidam dos seus interesses particulares e a política dos interesses públicos. Daí essa conjugação na perspectiva na humanização implicar a interação nada fácil: indivíduo (particular) + público (coletividade)!

É óbvio que a política não está, em grande medida, cumprindo com a sua finalidade, a sua razão de ser. A maioria dos agentes políticos atende, acima de tudo, interesses privados (de alguns), e não os interesses do público. Os interesses individuais, privados dominam na política, ou seja, os capitalistas e seus apoiadores têm o controle da política, estão no poder do Estado e sempre farão de tudo para se perpetuar no poder. Quando necessário, farão isso a "ferro e fogo". O espaço da política é decisivo para esses indivíduos obcecados pela acumulação de riquezas.

Na visão do Paulo, o que é preciso perceber e compreender, é que esses mesmos indivíduos apegados à riqueza e cegos para as necessidades da população são, também, os donos ou controladores de todas as outras instituições sociais. Tudo na sociedade é importante para que os interesses e desejos dessa minoria sejam mantidos. Além de todas as instituições políticas do Estado (nos três poderes), eles procuram controlar os meios de comunicação, as religiões, os esportes, a cultura, a visão de família, a Educação... Todos esses meios são usados para propagar uma determinada visão de mundo que lhes seja favorável. Eles propagam determinadas ideias, determinados valores e se opõem a outras formas de pensar, a outros valores válidos e princípios fundamentados na busca da felicidade de toda a humanidade.

Qual o significado que esses setores dominantes atribuem a certos valores, tais como bondade, obediência, trabalho, cidadania...? Qual a concepção que possuem de família, Pátria, política, sindicato, protesto, greve, esquerda, mercado, Deus? O que eles desejam alcançar com a significação dada a esses valores? Nada é neutro, nada é por acaso! Eles sempre estão preocupados em controlar a população, em domesticá-la, torná-la passiva e conformista diante das dificuldades sociais, evitando que desponte no povo insatisfeito a potencial rebeldia, contestação, crítica, luta, utopia, revolução.

Na política há corrupção? Sim, há muita! Mas onde não há corrupção? Tem pessoas que se corrompem em todas as instituições. Na economia privada é onde isso mais ocorre. Aliás, na corrupção política, sempre tem, também, empresas privadas envolvidas. Os empresários são gigantes na corrupção: sonegam impostos, pagam propina, cometem a evasão de divisas, operam a lavagem de dinheiro, contam com a impunidade para os seus crimes, todas práticas facilitadas pelo fato de terem o controle do sistema político (governos, parlamentares e Judiciário). Será que existe um rico honesto? Por que não se tem tanta aversão aos latifundiários, aos banqueiros, aos empresários, aos pilantras da fé religiosa alheia, aos jornalistas que selecionam e distorcem as notícias, aos pais de famílias que não educam os seus filhos? Por outro lado, porque tanta gente é tão exigente e radical em relação aos pobres – estes que não recebem quase nada da sociedade, e da qual se é cúmplice quando não se luta por mudanças sociais – quando eles cometem crimes, querendo que haja uma punição exemplar, tortura, cadeia ou a morte?

Existem muitas práticas de corrupção (desvios de conduta) em todas as instituições e relações sociais. Isso ocorre no futebol, no Carnaval, nas empresas, nas religiões, nas famílias, nas forças armadas, na corporação policial, nas mídias... O estudante que "cola" na avaliação, o motorista que avança o sinal vermelho, a pessoa que "fura" a fila, aquele que paga propina, a liderança religiosa que manipula a crença popular, o policial que forja provas ou altera o local do crime para se livrar de punições, o eleitor que vende o seu voto, o médico que receita medicação para favor determinada indústria farmacêutica... todas essas são práticas de corrupção. Quem comete pequenas corrupções, quando surge a oportunidade, pratica as de maior vulto. Vivemos numa cultura da corrupção. Aliás, os agentes políticos corruptos foram eleitos pela população.

O acento dado à corrupção na política é uma ação estratégica da elite privilegiada formada pelo grupo de indivíduos egocêntricos para que a população não se interesse pela política, rejeite-a, tenha repulsa ou nojo a respeito dela. Com isso, a população não compreende a política, nem acompanha quais os projetos e leis que são aprovados e a quem interessam. Esse comportamento leva a população a ignorar a relevância da política para resolver os seus problemas sociais. Como consequência, ela não se organiza para lutar pelos seus direitos, não exerce a cidadania. O máximo que faz é votar, e isso de qualquer jeito e em qualquer um, sendo este geralmente alguém contrário aos seus próprios interesses. A elite faz de tudo para tornar a população analfabeta, apática e descrente na política. As mídias, elas mesmas corruptas e nas mãos dos setores conservadores, desempenham muito bem esse papel de oferecer circo ao povo, mantendo-o ignorante e distante da política. A população é manipulada igual marionete.

Contraditoriamente, essa mesma elite capitalista que joga a população contra a política, aposta tudo nesta. Ela sabe que é por meio da política que se alcança o que se deseja − no caso dela, a manutenção da riqueza, dos privilégios. Jamais um rico vende ou anula o seu voto! Muito pelo contrário, muitos empresários gastam dinheiro nas campanhas eleitorais para eleger os seus candidatos. Da mesma forma, essa classe social jamais vota em candidatos que representam os interesses de outras classes sociais. E, inversamente, deseja e faz o povo não confiar e votar em representantes de sua própria classe. O povo, ao votar, age como quem pega a espingarda com o cano virado no sentido contrário, dando um tiro em si mesmo!

Pode-se não ter esperanças na política ou forças e ânimo para lutar de forma organizada no âmbito da sociedade civil e nas instituições do Estado. Mas, nessa situação, é preciso ter lucidez e consciência dessa postura, saber as consequências dessa atitude, ter noção clara do preço que está sendo pago e não justificar a omissão e a passividade com falsas ideias. Dizer que não vale a pena interessar-se e participar da política, que nada vai mudar, é exatamente o que a elite espera da população. Ser inteligente é ter a noção das consequências do comportamento adotado, é não cair nessa arapuca, nessa armadilha armada pelos setores sociais privilegiados.

O que fazer? Cada um fazer a sua parte! Isso consiste em conhecer e atuar como sujeitos comprometidos com as transformações na direção de uma sociedade sempre mais estruturada em bases que propiciem bem-estar de todos e todas. O princípio básico deve ser: todos os indivíduos têm os mesmos direitos à vida e à felicidade ou à realização pessoal que se deseja a si mesmo, inclusive o direito à pluralidade nas formas de ser. A realização individual consiste no acesso às condições materiais e imateriais (liberdade de pensamento, valores, crenças, sentimentos) que criam ou elevam a satisfação pessoal, a sua pertença à humanidade, sem se pautar em privilégios ou discriminações, reconhecendo-se como alguém "à imagem e semelhança de Deus"! E, necessariamente, para evitar o individualismo, tudo o que se deseja para a realização pessoal deve estar conectado com o querer e a luta para que todos os seres humanos também tenham essas condições, estabelecendo relações de convívio em bases de igualdade e de cidadania.

O Paulo pode ser caracterizado como um humanista, e, para tanto, é preciso ser sonhador, utópico! Ser humanista é atender ao apelo bíblico: que todas as criaturas humanas, sem distinção, sejam "imagem e semelhança de Deus". É desejar que a humanidade manifeste-se com todo esplendor nos e entre os seres humanos. Para tanto, o mundo precisa ser de todos os seres humanos, não de uma minoria! Daí a política ser tão relevante!

Sexto dia da criação: faça-se o homem e a mulher à imagem de Deus, e que se multipliquem, ocupem a terra e se sirvam dela para viver e conviver. É o tempo dos seres humanos, da humanidade! É o tempo da vida digna, da felicidade, da festa, do se embriagar! É o tempo da política para criar as condições sociais para que a vida desponte em alegria e dignidade para todos os seres humanos, sempre em harmonia com os demais seres vivos.

# 7

No sétimo dia...! No sétimo tempo...!

No sétimo dia, Deus "descansou, depois de toda a obra que fizera" (Gênesis 2, 2). Antes disso, no final do dia anterior, após ter concluído a sua obra criadora, afirma-se: "Deus viu tudo o que tinha feito: e era muito bom" (Gênesis 1, 31). Na sequência, após todo esse trabalho, Deus descansou. É o descanso seguido da criação.

O curioso é que o próprio Deus, após seis dias de trabalho intenso e realizado com perfeição, tais como a obra de um artista – "era muito bom" –, reservou um dia para descansar. E, o que também é relevante, com o descanso, acaba o trabalho de criação, ou seja, Deus efetivamente parou de trabalhar. Parece que o descanso eterniza-se depois da existência originária do mundo, do universo. Agora, tudo o que fora criado passará a funcionar por si mesmo, pois contém a força imanente para imprimir o movimento necessário de sua recriação.

E, o que também é espetacular nessa parte da narração bíblica, depois de terminada a criação e antes de descansar, Deus viu tudo o que tinha feito, criado, estava aprovado, considerando a sua obra muito boa. É a análise, avaliação, contemplação, reflexão, ver-se na ação, reconhecer-se no trabalho realizado. Sentir-se bem depois do trabalho. Este, para gerar esse sentimento, para fazer bem, não deve ser um sacrifício, e sim produzir prazer, dignidade, realização pessoal.

Muitos biblistas argumentam que o povo bíblico, ao destacar um dia reservado por Deus para o descanso dele mesmo, defendia o direito ao descanso após a jornada de um período de trabalho. Foi uma manifestação clara contra o trabalho exaustivo, contra a exploração, a favor da dignidade no trabalho. Se Deus descansou, que se dirá dos limitados seres humanos trabalhadores!

O sétimo dia é dedicado ao Senhor da Criação. O trabalho somente é admitido ou válido no que for estritamente necessário. É dia de celebração, de agradecimento pelo trabalho realizado, pelo produto obtido com o suor para garantir a continuidade da vida. Depois, na era cristã, por causa da Ressurreição de Jesus Cristo, que ocorreu no primeiro dia da semana (domingo), este passará a ser o dia da celebração, do descanso.

Os familiares do Paulo, assim como as demais famílias de Linha Formosa, respeitam o domingo até hoje, evitando trabalhar nesse dia. É o momento consagrado para o descanso, a diversão, a visita aos parentes e aos amigos. Dia de intensa confraternização na família e entre os amigos. Na época da colheita da soja, não se podia perder tempo, pois alguns dias seguidos de chuva provocava o apodrecimento desses grãos. Nessa situação excepcional, trabalhava-se nos domingos, colhendo soja. Porém, antes disso, os pais do Paulo procuravam o padre para pedir a autorização, o que sempre foi concedido.

O descanso é essencial na nossa vida, devendo ocupar o lugar central. Não o é por causa da centralidade dada ao acúmulo de capital, à concentração de riqueza por parte de uma minoria. Esta depende dos trabalhadores e da exploração destes, daí o trabalho, e não o descanso, constituir-se o centro da vida dos seres humanos. A centralidade deve estar no tempo livre, no ócio, no descanso, na diversão, no "lambuzar-se de mel", e o trabalho sendo uma ação a ser feita esporadicamente por iniciativa própria para prover as condições básicas demandas pela vida. O trabalho para a subsistência deve ser concebido e organizado nessa perspectiva social, coletiva. Descansar à noite para trabalhar no outro dia, ou descansar num dia (domingo) para trabalhar outros seis na sequência, é uma inversão de valores. É uma desumanização!

Além disso, e para a qual a narração bíblica é explícita, o descanso é contínuo depois de um longo tempo de trabalho. É parar de trabalhar! É a aposentadoria. São as férias permanentes! O sétimo dia é a aposentadoria de Deus em relação ao seu trabalho desenvolvido nos seis dias anteriores. Deus parou de criar. Além disso, ele apreciou o trabalho realizado e ficou muito satisfeito. A aposentadoria, tempo continuado de descanso, também deve ser para fazer um balanço da vida vivida nesses longos anos. O ideal é cada pessoa chegar no tempo da aposentadoria, da terceira idade, olhar par trás e, ao contemplar a vida curtida e compartilhada, incluindo o trabalho realizado, sentir-se satisfeita, realizada, podendo dizer com convicção que "era muito bom".

Maravilhar-se com a longa vida de trabalho, quando aposentado, somente é possível caso tenha sido feito com dignidade, sem exploração, sem ganância de enriquecer a custa dos outros, sem produzir sofrimento, pobreza, fome. A satisfação com a vida de trabalho desenvolvida está relacionada à humanização. Avaliar o trabalho feito a partir da riqueza produzida para si mesmo e para a família é um desvio de conduta individualista, egoísta, egocêntrico (eucentrismo). Na perspectiva social emancipadora, todo trabalho deve dignificar todos os seres humanos.

Aposentadoria é pensar e refletir sobre a vida na condição de idoso, idosa. É pensar como viveu e como continuar vivendo intensamente mesmo com as condições físicas, psíquicas e sentimentais em processo de fragilização. É revolucionar a concepção economicista ou produtivista de que a pessoa vale enquanto trabalho, enquanto produz. Deveria ser o contrário, as pessoas idosas deveriam ser reconhecidas como criaturas especiais, pois elas já fizeram muito – a começar deixando novas gerações –, e agora não podem mais. Dom Hélder Câmara – arcebispo católico de Olinda e Recife e um dos fundadores da Conferência Nacional dos Bispos do Brasil e defensor dos direitos humanos durante a ditadura civil-militar no Brasil – certa vez afirmou que o melhor critério para avaliar a qualidade de vida dos seres humanos numa sociedade é observar como são tratadas as crianças e as pessoas idosas. As crianças não podem ser responsabilizadas por nada (ainda não devem fazer), e as pessoas idosas não podem mais ser exigidas para nada, pois não podem mais trabalhar.

E, ao mesmo tempo, durante a vida de aposentado, caminha-se para o fim do ciclo, para fim individual. É o fim, ao menos no sentido da existência individual, enquanto corpo tomado de ideias e sentimentos na busca da fruição da vida. Tanto para os crentes na salvação quanto para os ateus materialistas, uma coisa é certa: o corpo material vai direto ou em forma de cinza para a terra, sendo absorvido por esta, pelo mundo, pelo universo. E aos próximos que conviveram com quem partiu desta vida, para eles ficam as lembranças, os sentimentos, a saudade de alguém que foi significativo e continua sendo por meio da vida das pessoas que ainda têm um caminho a percorrer.

Sétimo dia, sétimo tempo. Fecha-se o ciclo enquanto indivíduo. É o espetáculo da vida: início, desenvolvimento e fim! Todos os indivíduos passarão por isso! E, mesmo assim, parte dos seres humanos vive como se fosse eterna neste mundo, não parando de juntar riquezas e querendo que os filhos deem continuidade a essa ganância. Somos temporários, passageiros. A vida é um sopro! A compreensão e a vivência prática dessa perenidade dá outro sentido à vida, possibilita viver em harmonia com os outros seres humanos, com todos os seres vivos e o mundo inteiro.

**\*\*\*\*\*\*\*\*\*\***

Fim do ciclo da cana-de-açúcar: a garapa – parte líquida – transformada em doce e cachaça, agora consumidos, servindo de alimento saboroso para nutrir o corpo e de bebida para festejar a vida, animar o encontro com as pessoas próximas, embriagar-se de alegria e de prazer. O bagaço – parte sólida – retornou para a terra para servir de adubo às outras plantas. Ao mesmo tempo, os tocos da cana cortada voltaram a brotar ou parte da cana que foi replantada, agora se desenvolvendo, maturando, e logo mais o processo se reinicia. É a vida em uma dinâmica contínua no tempo, contendo tempos, tudo surgindo por meio das coisas já existentes – Deus, *physis* (substância originária) – crescendo, amadurecendo, produzindo frutos e perecendo, diluindo-se em outras vidas.

Da maneira como pode ser pensado o princípio como algo não totalmente surgido do nada, genuíno, igualmente se pode admitir o fim como algo não absoluto. As coisas, ao deixarem de existir na sua forma singular, diluem-se nas próprias coisas. A narração da criação do mundo, como contada na Bíblia, teve um fim! Porém, este não foi uma interrupção de tudo, e sim a possibilidade da contínua recriação de tudo agora existente. Além disso, o descanso é ato contínuo da própria criação, não dando um fim absoluto à obra criada. A matéria, de que são feitas as coisas, não desaparece com o fim. Essa ideia nos faz lembrar do cientista Antoine Lavoisier em contexto científico racional moderno: nada se cria, nada se perde, tudo se transforma. O fim não é desaparecer totalmente, é ganhar outras formas e dimensões.

Novamente, voltando aos filósofos gregos, a *physis*, da qual tudo principia, sendo algo eterno, faz com que as coisas, ao chegarem ao fim, não percam a *physis* de que é constituída ou originária. As coisas são temporárias, finitas, mortais, mas não é o fim absoluto, pois o essencial permanece. Demócrito, que era filósofo grego pré-socrático, já dizia que as coisas são uma junção de diferentes átomos. Ao morrerem, os átomos dessas coisas pairam no espaço e voltam a se juntar, formando novas coisas materiais, diversas, dependendo da qualidade dos átomos que se entrelaçam.

As coisas originárias da *physis* são temporárias, mortais, sujeitas às intervenções, ao movimento, às transformações. Daí que tudo, mesmo morrendo em termos de substância individual, não morre, pois é originário por algo eterno, contém imortalidade. Essa concepção sobre o fim vale para o próprio mundo e de tudo o que o comporta, e, consequentemente, para a cana-de-açúcar e o Paulo enquanto indivíduo integrante dos seres humanos.

Entre uma colheita de cana e outra existe um longo tempo de parada, de descanso por parte dos trabalhadores camponeses. É o respeito dado ao ritmo da natureza, ao tempo que a cana-de-açúcar necessita para crescer, madurar, produzir o delicioso doce e a saborosa cachaça. O descanso é uma parada somente em termos de redução da intensidade do movimento, pois ele também contém dinamismo.

**\*\*\*\*\*\*\*\*\*\***

O Paulo, após um tempo de intenso trabalho na roça durante a infância e a adolescência, interrompido, em boa medida, com o tempo de formação no seminário, retornou ao trabalho, agora como profissional, durante 30 anos no ensino superior público federal, aposentando-se ao completar seus 60 anos de idade. Inicia-se o sétimo dia ou sétimo tempo, o período longo, espera-se, das férias permanentes ou do descanso continuado em relação ao trabalho. É o último tempo do seu ciclo de vida.

Viver o tempo da aposentadoria é um período diferenciado: não é preciso mais se dedicar ao esforço diário do trabalho, tendo pela frente o desafio de continuar a viver com intensidade. Mas esta vida acontece numa sociedade capitalista que tem, no trabalho, o critério central para a valorização dos seres humanos. Os indivíduos são considerados a partir da sua capacidade de produção, sendo úteis enquanto trabalham e inúteis quando estão aposentados. Eles têm, portanto, além do desafio da crescente fragilidade física e doenças, a difícil missão de enfrentar o tratamento de rejeição social.

Até pouco tempo atrás, predominava a ideia e o comportamento social de que a fase da velhice consistia em ficar sentado em casa esperando a morte chegar. Muitos aposentados estão tomando a consciência de que é preciso romper com essa visão, combater as discriminações e os preconceitos praticados contra eles pelos jovens e adultos que ainda não chegaram nessa fase da vida e viver intensamente. Para tanto, um dos problemas mais agudos consiste nas condições financeiras necessárias para propiciar uma vida de qualidade nesse tempo pós-trabalho. A exploração no trabalho, à qual é submetida a grande maioria dos trabalhadores, incide, logicamente, nas condições materiais disponíveis no tempo da aposentadoria, a falta dos recursos mínimos necessários para uma vida e fechamento do ciclo existência de forma digna.

Depois da criação, "Deus viu tudo o que tinha feito" (Gênesis 1, 31). A aposentadoria é um tempo apropriado para fazer um balanço da vida no tempo de trabalho, refletir sobre o que fez, como agiu, como viveu e conviveu. A idade, na medida em que vai avançando, necessariamente leva a pessoa a olhar sempre mais para o espelho retrovisor, para o passado, e menos para frente, para o futuro. Ao fazer essa reflexão avaliativa de maneira mais ou menos consciente, o jeito de viver ainda pode ser mudado, pois o tempo livre permitirá priorizar ações e relações antes dificultadas. Essa avaliação da vida é desafiadora, requer coragem, pois mexe com os sentimentos, evoca arrependimentos, traz à memória ressentimentos. Parte das pessoas entra crise ao se olhar no espelho para rever o passado, não consegue dar o passo para frente, começa a exagerar na bebida, entra em depressão – e alguns chegam ao extremo do suicídio. São muitos os casos em Linha Formosa nos quais pessoas de mais idade, geralmente homens, tomam essa atitude extrema. É a tensão da vida, o passado misturando-se ao presente. O maravilhoso é chegar nessa fase da vida e, ao fazer a síntese, poder dizer como Deus fez após contemplar a sua criação: "era muito bom" (Gênesis 1, 31).

O Paulo avalia seus 30 anos de trabalho no ensino superior, por um lado, agradecido, pois foi a melhor instituição e tipo de trabalho que ele poderia executar, e, por outro, vêm à sua memória os limites enfrentados e em parte superados. Esse trabalho acadêmico numa Universidade Pública Federal deu ao Paulo a oportunidade de desempenhar atividades para as quais, de alguma forma, formou-se nos dois cursos de graduação (Filosofia e Teologia). Muito da educação recebida na família, na comunidade e no seminário engendrou um modo de ser e de agir no trabalho acadêmico que pode ser considerado valioso. O esforço, a seriedade, a humildade, a honestidade, a responsabilidade, a eficiência, a conduta ética, a abertura para o diálogo estiveram presentes em todas as aulas, palestras, gestão, comissões de trabalho, orientações, bancas de defesa, reuniões com os colegas e as outras inúmeras atividades exercidas.

Os cursos de pós-graduação (mestrado e doutorado) foram decisivos para a qualificação do trabalho acadêmico tanto em termos cognitivos (aprofundamento e ampliação dos conhecimentos) como psicoafetivos, o aumento da confiança e da capacidade de convivência com pluralidade de pessoas e públicos na instituição e fora dela. Além disso, essa qualificação e a devida titulação ampliam os campos de trabalho acadêmico, assim como é a única forma de obtenção de um incremento remuneratório, aspecto importante para se aposentar em condições financeiras melhores.

Quanto aos limites encontrados no trabalho, o Paulo reconhece dois que se destacam. Um é o fato de ter cursado Filosofia sem ter sido o curso escolhido ou de sua preferência. Esse curso fazia parte do pacote obrigatório para quem almejasse ser padre. Essa situação fez com que ele não mergulhasse a fundo no pensamento filosófico. Ele leu o mínimo de textos, estudou o suficiente para alcançar notas satisfatórias nas avaliações e, dessa forma, ser aprovado nas disciplinas e concluir o curso. Passar nas disciplinas, esse era o grande objetivo, e não compreender as principais tendências filosóficas nos diferentes lugares e períodos da história e, com esses pensamentos, compreender os seres humanos em suas diferentes circunstâncias de vida. Por isso o Paulo se declara graduado em Filosofia, e não filósofo.

Outro limite que admite é a quantidade de leituras feitas aquém do almejado, a realização do devido aprofundamento teórico-filosófico no período da docência, situação criada pelos problemas de saúde. As duas crises de depressão e o longo período de medicação impossibilitaram o contato suficiente com as obras necessárias para uma boa formação. A depressão é, em boa medida, administrada, e não curada, e o esforço mental provocado pelas leituras agravava a situação da saúde já muito precária. O desejo de leitura e o reconhecimento dessa limitação incomodava muito o Paulo. Aliado a isso, a formação universitária até meados da década de 1990, na área das ciências humanas e sociais, não tinha entre as suas prioridades a pesquisa e a produção do conhecimento – atividade fundamental para o professor universitário –, e sim a formação para o mundo do trabalho. O Paulo bebeu dessa fonte!

Um problema crescente que o Paulo foi vivenciando na sua atuação enquanto docente foi a mudança de comportamento dos estudantes de graduação. Comparado com as primeiras turmas em 1990 e as últimas turmas em 2020, a diferença é gritante. O perfil social dos estudantes na atualidade é substancialmente outro. Uma das mudanças diz respeito ao comportamento ético. Os estudantes de graduação de hoje são mais individualistas e mais maleáveis em relação aos princípios no que se refere à conduta. A centralização em si mesmo leva os estudantes a perderem significativamente a consideração pelos outros, incluindo os professores. Os interesses individuais sobrepõem-se nos espaços e eventos públicos, tais como a sala de aula e as conferências, e, quando lhes é chamado a atenção, a reação é uma risadinha sarcástica e a continuação do mesmo comportamento. Perdeu-se muito da dimensão do público!

Da mesma forma, esse individualismo (centralização na sua pessoa) leva muitos a serem indiferentes em relação aos problemas sociais, ao que acontece na sociedade e no mundo. Para eles, tendo o celular e um punhado de amigos, em grande medida, basta! Ao mesmo tempo, esses amigos facilmente são abandonados, bastando uma pequena desavença. Perdeu-se muito da dimensão social da vida, o que implicaria sintonizar-se na realidade vivida pela coletividade, pelo público. Consequentemente, o interesse pela política, a cidadania evapora. Esse comportamento social lembra o que o sociólogo Zygmunt Bauman chama de "modernidade líquida" e de "amor líquido", que são os nomes de dois livros dele. As relações não são sólidas, consistentes, e sim fluidas, líquidas, levando a abandonar ou entrar em crise diante da primeira contrariedade vivida. Claro, é o contexto social que propicia esse tipo de comportamento, essa crise ética, da qual os jovens são resultado. Os jovens são seres sociais inseridos neste mundo do egoísmo consumista, hedonista, da indiferença social e da apatia política. Uma parte minoritária se dá conta desse cenário e consegue reagir de forma crítica e propositiva.

Outro problema vivido pelos estudantes, relacionado ao anterior, é quanto à qualidade do conhecimento desenvolvido na atualidade. Na verdade, a grande maioria busca assimilar e acumular inúmeras informações fragmentadas, e não o que pode ser chamado de conhecimento. Este é resultado da sistematização, reflexão, teorização, levando em consideração a complexidade e a totalidade da realidade. Boa parte dos jovens não quer mais ler, contenta-se com informações isoladas, acríticas e descontextualizadas, com a extração de partes de textos publicados na internet e as transfere, sem a devida compreensão e análise, para o texto que dirá ser de sua autoria. Os recursos de comunicação e de informação, as novas tecnologias, acrescido do espírito acrítico e da despolitização produzida pelo pensamento neoliberal, produz esse comportamento nas novas gerações na contemporaneidade. Os colegas professores da geração posterior também revelam certas condutas diferenciadas quando comparadas aos mais antigos, manifestando menos coerência ética e uma visão mais fragmentada e despolitizada do mundo.

Certa vez, numa aula no segundo semestre letivo de 2019, quanto o Paulo insistiu sobre a necessidade de os estudantes fazerem as leituras mínimas, um discente, sem pudor e com um sorrisinho maroto, disse: "professor, os estudantes de hoje não querem mais ler". Na ideia dele, o professor, ao insistir na leitura básica de obras clássicas, é alguém do tempo passado, docente tradicional, superado, que atualmente não é mais assim. São novos tempos, com inovações que transformam o jeito de viver, mas também é um comportamento ético preocupante, pois se perde muito da dimensão coletiva ou social da vida e do comprometimento com os destinos da sociedade.

Viver intensamente dentro das condições financeiras e de saúde é a palavra de ordem para essas pessoas que já fizeram muito e por muito tempo para a sociedade, em especial para a sua família. Dentro das possibilidades, realizar atividades que dão prazer é o caminho, principalmente atividades físicas, lúdicas e coisas que não tiveram o tempo suficiente para fazer acontecer enquanto se dedicavam a longas jornadas de trabalho. Viver o ócio ocupado em atividades prazerosas é o que deve nortear esse tempo.

Os pais do Paulo, ao se aposentarem, mudaram muito o jeito de viver. Embora ainda continuassem com certas atividades, o que é salutar, eles começaram a dar sempre mais tempo para outras coisas, permitindo uma vida tomada pela leveza. Para tanto, a melhora nas condições financeiras também foi fundamental. O recebimento de um salário mínimo mensal para quem mora na roça é algo valioso, possibilitando reduzir o trabalho e desfrutar a vida e condições e ações outrora dificultadas. A qualidade de vida foi significativamente revolucionada em termos materiais e subjetivos. Há mais tempo para conversar com os filhos, para curtir os netos e bisnetos. Acima de tudo, o espírito, o ânimo, a tranquilidade, a alegria aumentam graças ao tempo da negação ao trabalho. A Sr.ª Marli e o Sr. Silmar vivem esse novo jeito de viver, o tempo do descanso.

O Paulo tem como projetos de vida, nesse tempo de aposentadoria, de descanso permanente, refletir sobre o seu passado, assim como intensificar certas ações não priorizadas, tais como melhorar a sua relação com a companheira Rosa, fazer leituras na área filosófica e política, aumentar as leituras de romances e assistir filmes para aprimorar a dimensão dos sentimentos, realizar atividades físicas, cuidar da saúde, viajar para lugares desconhecidos, visitar mais e por mais tempo os familiares e amigos.

Outra questão elementar e desafiante no tempo da aposentadoria, aliada ao viver da melhor forma possível, é preparar-se para o fim do ciclo de vida. A partida, a morte é uma realidade inexorável que acontecerá no futuro, porém que seja distante! Antes disso, o próprio processo de fragilização física e o crescente aumento de problemas de saúde são situações que precisam ser assimiladas, aceitas. Sim, é preciso preparar-se para o dia "D"! Falar sobre a morte era, e ainda é, um tabu em muitos ambientes sociais. Ultimamente, aos poucos, ela é integrada à vida, inclusive na discussão acadêmica. Na perspectiva da complexidade da realidade, não tem como omitir esse fato. A vida é temporária, terá um fim. Quanto melhor for a preparação sentimental e psicológica para esse momento, melhor será a despedida da vida tida neste mundo.

Pensar, refletir serena e seriamente sobre a certeza da morte, trazer essa realidade para a vida, faz com que a própria seja mais bem compreendida, assumida, conduzida. A temporalidade da existência precisa estar fortemente integrada à forma de viver, assumindo a finitude, o que possibilita elevar a qualidade de vida. Encarar a certeza do fim da existência revoluciona a vida! As pessoas perdidamente egoístas, apegadas loucamente à riqueza e futilmente às aparências, vivem como se a sua existência fosse eterna. Vivem, portanto, na ilusão! Somente a dimensão da temporalidade da vida acentua nesta o que de fato é mais valioso: viver e deixar viver as diferentes dimensões que a compõe, tendo todos os seres humanos como o centro do mundo, pois são "imagem e semelhança de Deus".

"Tu és pó e ao pó tornarás" (Gênesis 3, 19). Essas palavras bíblicas são ditas enquanto o sacerdote joga um pouco de cinzas na cabeça dos fiéis na quarta-feira de cinzas, que é o primeiro dia do período da quaresma. É o período de reflexão sobre a finitude humana, tempo de avaliação da vida, o reconhecimento dos desvios de conduta, a necessidade da conversão e o comprometimento com a vida nova a ser celebrada na Páscoa da Ressurreição, que acontece após os 40 dias da quaresma acrescida da Semana Santa. Cada ser humano é pó, veio da terra e retornará a ela! Essa é uma crença e concepção de vida genial, pois professa que todos e todas fazem parte da terra. O fim do ciclo é retornar à terra, ser absorvido por ela, diluir-se nela.

Outra passagem bíblica, uma segunda tradição sobre a criação ou origem dos seres humanos, reforça essa concepção do nosso pertencimento à terra: "Deus modelou o homem com a argila do solo, insuflou em suas narinas um hálito de vida e o homem se tornou um ser vivente" (Gênesis 2, 7). A matéria-prima usada para a criação do primeiro ser humano foi a argila do solo, o pó da terra. Viemos da terra e retornaremos a ela. O fim derradeiro é diluir-se nela, assim como o doce e a cachaça da cana, ao serem consumidos, são absorvidos, diluem-se no corpo humano e, por meio deste, retornam à terra. A ganância, a cobiça, a vaidade, a arrogância, a prepotência, o coração voltado à riqueza, ao poder e às aparências é falta dessa reflexão sobre a condição humana, sua finitude.

Paulo teve, recentemente, a primeira experiência dolorida de alguém de sua família que já partiu desta vida. O Sr. Silmar – seu pai – vinha lutando contra o câncer, e depois que este atacou vários órgãos, o processo foi fulminante. Em poucos dias, foi para o descanso definitivo e eterno. Esse fato aconteceu no dia 13 de junho de 2017, no início da tarde, no hospital em que ele estava internado há cinco dias.

Ele partiu muito sereno, sem ter sofrido muitas dores no período que antecedeu essa data. A fé profunda em Deus e a força dada pela dona Marli – sua companheira por quase 60 anos, a que chamava de mãe – foram fundamentais para a preparação consciente e serena dessa partida. Muitos outros fatos anteriores contribuíram para essa despedida com leveza. No dia 16 de dezembro de 2014, o Sr. Silmar completou 80 anos de idade. Ele ainda estava com muita saúde e fez questão de que esse feito fosse festejado. A festa comunitária, muito linda, animada, bem organizada, aconteceu uns dias depois (20/12), no sábado, para facilitar a presença dos convidados mais distantes.

O dia desse aniversário (terça-feira) não "passou em branco". Os familiares fizeram uma festa surpresa, inclusive convidaram os dois irmãos dele que moram perto: um em frente e o outro na comunidade vizinha. Todos se organizaram para esse evento e chegaram juntos à casa no final da tarde, soltando fogos, buzinando, levando a carne, outras iguarias e a bebida gelada. O Sr. Silmar ficou muito feliz com a iniciativa e a presença dos seus familiares. Entre um copo de cerveja e outro, muitos causos foram contados por ele e seus dois irmãos sobre a época da sua juventude, as "artes" aprontadas naquele tempo longínquo. Muitas risadas, muita descontração, muita comemoração! No ano seguinte, um desses irmãos do pai do Paulo partiu desta vida. A sua companheira viúva, dias depois do falecimento, disse: "uma das melhores coisas acontecidas na vida do meu marido foi ter participado daquele encontro animado!".

Naquele encontro inesquecível, uma tia não queria que seu companheiro, irmão do Sr. Silmar que mora em frente, bebesse, ou que, ao menos, fizesse-o de forma bem moderada. Ele, no entanto, adora beber cerveja, assim como é da tradição dos familiares. Ela ficava controlando ele, e a cada momento em que ela se distraía, olhando para outras direções, o Paulo enchia rapidamente o copo dele de cerveja, e ele gostava, e todos riam. Algumas vezes, uns colaboravam para que ela desviasse o olhar, chamando-a para conversar com alguém que exigia que virasse o rosto para o sentido contrário da direção em que ele estava sentado.

Esse mesmo tio, muito mais por causa dela, praticamente não sai de casa, a não ser para ir ao banco sacar o dinheiro das aposentadorias e fazer compras no mercado. O outro tio presente no encontro festivo já estava morando em torno de 15 anos na comunidade vizinha, distante de dois quilômetros. Numa certa altura da conversa animada, entre um e outro gole de cerveja, entre um e outro causo, esse tio perguntou com voz firme para o seu irmão: "onde você mora?". E isso considerando que os dois eram muito amigos.

Os familiares do Paulo, ao saberem que os tumores do Sr. Silmar tinham avançado para órgãos vitais, sendo no início um câncer de pele, começaram a se preparar, pois sabiam que a situação era irreversível. Em maio daquele ano (2017), o Paulo teve 15 dias de férias, o que foi um período ideal para ele e a Rosa fazerem uma nova visita. No trajeto, primeiro visitaram as famílias da irmã e do irmão dele que moram no Paraguai. A irmã tinha visitado seus pais recentemente com seu companheiro e a filha mais velha. O irmão paraguaio trabalhou literalmente dia e noite, inclusive no fim de semana, para poder deixar as lavouras por uma semana e ir junto visitar o pai. Na verdade, a família dele fazia visitas frequentes, mas o Paulo desejava, devido à situação da saúde, que todos os filhos visitassem-no naqueles dias de maio.

O Paulo visitou seus pais cinco vezes em pouco mais de um ano, sendo quatro vezes na companhia da Rosa. Uma vez (mês de outubro), ele foi sozinho de ônibus, fazendo-lhes uma surpresa. Ao chegar numa cidade próxima, para evitar fazer uma longa volta, avisou uma irmã para que o buscasse e levassem até o destino. Ao chegar, ele ficou deitado no banco traseiro, e a irmã, com a sua família, falou para os pais irem olhar no carro o que trouxeram. Eles ficaram muito surpresos e felizes com essa visita inesperada. O Paulo e a Rosa fizeram várias visitas surpresa e, em várias oportunidades, chegaram no dia do seu aniversário, que é próximo do Natal, quando iam para as férias do final do ano.

Não existe ser humano perfeito, ainda mais numa família grande que, além das filhas e filhos, tem as noras e os genros. O Paulo sempre brinca chamando estas e estes de "penetras" da família, e a Rosa diz que são "ingeridos". Elas e eles são de formação diferente, o que cria certos atritos, principalmente entre eles próprios. Esse fator, aliado ao pertencimento de uma religião muito fechada da qual um irmão participa, inclusive não comemoram datas de nascimento (nem o Natal), fez com que ele e sua família não fossem à festa dos 80 anos do seu pai, assim como não lhe tivesse feito uma visita há bastante tempo. O Sr. Silmar sentiu muito a ausência deles na festa de aniversário, principalmente porque os motivos não tinham nada a ver com ele.

O Paulo e o irmão dele do Paraguai não tiveram dúvidas, foram na loja da cidade em que ele trabalha, e, no final da tarde, na hora em que ele saída para ir embora, na frente do local de trabalho, tiveram uma conversa séria com ele. Refutaram todos os argumentos e justificativas usadas por ele, insistiram que era a hora de ele visitar seu pai, inclusive pedir desculpas por não ter ido àquela festa. Ele resistia, dizendo que ele e sua família não tinham nada contra ele. Foi uma conversa franca, direta, serena, sem faltar com o respeito. No final da longa conversa, ele falou: "amanhã não posso ir, mas depois de amanhã eu irei visitar o meu pai!". Ele cumpriu a palavra e foi além: naquele dia, foram ele e toda sua família, e o encontro, muito alegre. Foi um ato muito generoso por parte dele e de sua companheira, uma revelação de que é possível rever atitudes, admitir falhas e mudar, bastando humildade e sensibilidade.

No outro dia, o Sr. Silmar falou para o seu filho Paulo, muito sensibilizado: "que bom... todos os filhos e filhas me visitaram nos últimos dias!". O Paulo respondeu: "pai, todos da sua família gostam muito do senhor, são muito agradecidos por tudo o que o senhor já fez e faz para eles". A dona Marli também ficou muito eufórica com essas visitas naqueles dias, sabendo da importância da manifestação desse carinho.

Naqueles mesmos dias, as duas irmãs do Sr. Silmar ainda vivas que moram no Paraná, sabendo da situação da saúde do seu irmão, também foram visitá-lo. Ao chegarem, o Paulo logo foi chamar o outro irmão delas que mora em frente, e, com isso, todos os quatro irmãos ainda vivos estavam juntos. Foi mais um momento de grande satisfação e alegria para o pai do Paulo. A dona Marli também estava muito feliz com esse ambiente de irmandade criado: a visita feita por todas as filhas e filhos, genros e noras, assim como as irmãs e o irmão do pai. Os dois devem ter conversado muito entre eles sobre esses encontros fraternos. A mãe do Paulo usava todos esses fatos para tranquilizar o pai, preparando-o para que sentisse o seu coração leve e agradecido.

Uns dias depois, o Sr. Silmar convidou o Paulo para dar uma volta na roça, ir até o fundo da propriedade na qual tem um lindo açude e umas árvores de eucaliptos enormes, que eram um dos orgulhos dele. O Paulo, assim como ele, adora árvores. Ele abraçava umas delas, olhava para cima, admirando-as. O Paulo tirou fotos dessas cenas. Já está definido que essa parte da terra será herdada pelo Paulo e a Rosa. No que depender dele, essas belíssimas árvores nunca serão cortadas. O Paulo já sabia que ele tinha algo a dizer de forma mais reservada, como já fizera outra vezes quando chamava apenas ele para dar uma volta na roça.

A certa altura na andança pela terra, esta adquirida por ele quando ainda estava solteiro, o Sr. Silmar disse: "eu estou preparado...!". Depois de um pequeno silêncio, ele voltou a dizer: "eu estou preparado...!" E emendou: "a minha única preocupação é com a mãe!". Nisso, o Paulo procurou tranquilizá-lo, afirmando: "sim, o senhor está muito bem preparado! Pode e deve ir tranquilo, Deus já reservou um lindo lugar! O senhor pode ter certeza que nós vamos cuidar muito bem da mãe! Já estamos fazendo isso agora, imagina depois, quando teremos só ela para cuidar! Ela também está muito bem preparada!". Foi o suficiente para ele ficar muito aliviado, confortado!

Chegou a hora da Rosa e do Paulo voltarem para Plimápolis. Na despedida, abraços emocionados na mãe e no pai. Eles agradeceram muito pela visita. Retornaram novamente pelo Paraguai para deixar o irmão em casa. Este falou que nunca ficou tanto tempo na casa dos seus pais desde que está casado. Ele também ficou agradecido e reconheceu que foi fundamental ter feito esse esforço de visitá-lo num período de muito serviço na lavoura, sendo que era o tempo do plantio.

O médico decidiu, como último recurso, que o Sr. Silmar submetesse-se a sessões de quimioterapia. Ele fez uma, porém provocou, nele, uma reação muito desagradável. Essa situação levou-o a se render, a não queria mais se alimentar. Ficando muito fraco, queria partir. As idas ao hospital, contra a vontade dele, ajudaram pouco. A última internação foi no dia 9 de junho. Ele se sentia preparado, queria partir!

No final de semana dos dias 10 e 11 de junho, a Rosa e o Paulo fizeram uma viagem para uma cidade distante 300 km – na direção ao sul do país – para comemorar o dia dos namorados. Era um desejo antigo conhecer aquela cidade pela qual sempre passavam para visitar os familiares dele. No domingo à noite do segundo dia, eles receberam a informação de uma irmã que o Sr. Silmar estava bastante mal no hospital. Eles voltaram no outro dia cedinho, ficando de sobreaviso. Ao meio dia do dia seguinte, chegou a notícia de que ele estava partindo desta vida, o que aconteceu logo em seguida. Um amigo, que já estava avisado para acompanhá-los e ajudar a dirigir o carro, foi alertado do fato e que partiriam logo mais. O trajeto é de 1850 km, o que exigia pressa para chegar a tempo ao enterro. O melhor meio era a ida de carro.

Eles andaram esse percurso direto, sem descanso, apenas fizeram pequenas paradas necessárias, não respeitando nem os sinais de redução de velocidade. Foram próximas de 20 multas recebidas. O Paulo recorreu dessas multas, que demorou mais de um ano para obter a resposta, por isso os pontos não foram registrados na carteira de habilitação. Os argumentos não foram aceitos, exigindo que as multas fossem pagas. O importante foi que a viagem transcorreu de forma satisfatória, e eles conseguiram chegar uma hora antes do horário marcado para a missa de corpo presente e o enterro. Chegaram exaustos, sendo que o Paulo dirigiu o carro em boa parte do tempo.

Durante a viagem, muitos filmes da vida do seu pai passaram na memória do Paulo. Sentia-se muito agradecido pelo pai que teve, pela educação recebida. Não sentia vontade de reclamar de nada. Além disso, ele estava muito preocupado com a sua mãe, como ela se sentia com a partida de alguém com quem construiu uma belíssima e longa história. Ao chegar com a Rosa no local do velório – foi na escola em que o Paulo cursou as primeiras séries –, ele ficou surpreso com a grande quantidade de gente. Ao ir se aproximando, vários queriam cumprimentá-lo e lamentar pelo ocorrido, e ele não via a hora de chegar ao lado do caixão e abraçar a sua mãe. Foi um abraço longo e emocionado. A mãe estava muito tranquila. Nesse abraço afetuoso, o Paulo agradeceu muito por tudo o que ela fez por ele, pela admirável história de amor vivida entre ela e o pai, a qual passaram para os filhos e filhas.

O Paulo tinha preparado para o velório uma série de fotos em momentos diferentes da vida do Sr. Silmar e, dessa forma, queria contar um pouco da história de vida dele. Era isso que mais lhe interessava, e não tanto ficar limitado ao fim da sua existência, à morte. Após o abraço à mãe, observar o pai e agradecê-lo por tudo o que representa na sua vida, o Paulo instalou o aparelho data show e começou a exibir as fotos. O fundo musical foi a música sobre a paz cantada pelos Beatles.

Ao mesmo tempo, o Paulo havia pedido para a sua irmã mais nova providenciar vinho e copos para brindar com o pai deles no velório. Ele fazia e bebia todos os dias o seu vinho. Todas as pessoas presentes sabiam do prazer que ele tinha em produzir e beber vinho. Foi um momento marcante quando, antes de encerrar o velório, todos e todas com um copo de vinho na mão fizeram um brinde ao Sr. Silmar. Todos e todas participaram, beberam um pouco, mesmo que simbolicamente, e outros beberam muito.

Antes de fechar o caixão, o ex-ministro da eucaristia da comunidade conduziu as orações finais para esse ato. Ele começou dizendo, muito emocionado: "a comunidade perdeu um dos seus principais pilares". Esse foi, realmente, o sentimento das pessoas pertencentes à comunidade de Linha Formosa. Nesta, o pai do Paulo foi presidente durante 12 anos. Sempre foi uma pessoa muito querida e admirada.

Em seguida, ao som do sino, o corpo foi levado à Igreja. A missa foi linda, serena, com a presença do coral da comunidade vizinha. A irmã do Paulo que mora com a mãe é ministra da eucaristia, participa desse coral, e os irmãos e irmãs do companheiro dela cantam muito bem, sendo os principais componentes do coro. Durante a missa, o Paulo, sentado ao lado da mãe, elogiou pelo belo caixão. Ela respondeu: "eu pedi para que escolhessem um bem bonito. Ele merece!". Antes do encerramento da missa, o presidente da capela – assim é chamada – e o presidente do clube recreativo – chamado de Clube Concórdia – falaram, chorando de emoção, destacando a vida humilde e generosa vivida pelo Sr. Silmar durante esses mais de 80 anos naquela comunidade.

Na sequência da fala dos dois, a catequista, também muito emocionada, leu uma mensagem escrita por ela de agradecimento em nome da comunidade. Ela destacou, entre outras coisas: "Silmar foi uma pessoa muito querida pela comunidade; com o seu jeito calmo de ser, transmitia paz e alegria, deixando muitas lições de amor, de amizade. A comunidade perdeu um homem de grande valor, uma pessoa maravilhosa e que deixará eternas saudades".

Depois da missa, de forma solene, a multidão, cantando e embalados ao som do sino, levou ele ao cemitério que fica ao lado, no outro lado da rua. Ele foi, literalmente, enterrado, voltou à terra! O enterro também foi muito sereno! Todos estavam muito consolados e convictos de que ele viveu da melhor forma possível, estavam agradecidos pela maravilhosa vida compartilha por ele. No dia seguinte, um primo do Paulo teria ouvido uma conversa entres alguns homens no mercadinho daquela comunidade. Uma das afirmações teria sido esta: "se existe céu, o Sr. Silmar está lá!".

No dia seguinte, para o almoço, a mãe do Paulo e sua família decidiram fazer um churrasco e beber cerveja. A ordem era: em meio à muita saudade e dor pela sua partida, pela sua ausência física, nada de tristeza e abatimento. Vamos fazer o que ele gostava, vamos celebrar a vida e agradecer por tudo o que fez e representa para a família. Que ele continua vivo nas lembranças e no coração de cada familiar. O Paulo gostava de acrescentar: "em meio à saudade, vida que segue".

No outro dia, a dona Marli, a Rosa e o Paulo fizeram toda a parte burocrática e o que era necessário pagar. Eles perceberam que fica caro até para falecer! Os três foram no banco resolver a conta conjunta que tinham, foram no cartório retirar o atestado de óbito, no INSS solicitar a pensão, entre outras coisas. Deu tudo certo naquele dia. No INSS, esse processo leva mais de uma semana. Considerando que não tinha outras pessoas para serem atendidas e o funcionário conhecia o Sr. Silmar, ele: "vamos agilizar isso agora mesmo! Vamos tentar resolver tudo hoje". E assim foi feito.

Alguns dias depois, a dona Marli e o Paulo começaram a criar a lápide para pôr no local em que o Sr. Silmar foi enterrado. Eles procuraram destacar nela a sua fé cristã, o amor à mãe e aos filhos e a vinculação ao trabalho na terra. Os dois escolheram a cor marrom para o túmulo (cor da terra), foi definido que, em cima da lápide, ficaria a cruz com um crucifixo (fé cristã), abaixo um coração grande (amor à família), com uma inscrição no seu interior em letras de metal cromado: "Plantei na terra e fui colher no céu". E assim foi feito pelo funcionário responsável. A última coisa providenciada pelo Paulo foi escrever uma nota de agradecimento em nome da sua mãe e o convite para a missa do 10º dia. Essa mensagem foi lida várias vezes em duas rádios, sendo muito elogiada e, inclusive, lida na missa.

A mãe do Paulo demonstrou uma extraordinária confiança, lucidez, serenidade, fé nesses dias nada fáceis. A fé cristã e a convicção de que fez o que podia de melhor para o seu companheiro – que ela sempre chamava de pai – nesta longa jornada de vida a dois, com especial carinho nos seus dias de enfermidade, deram-lhe a serenidade necessária. Além disso, ela teve muito apoio dos seus familiares, parentes e amigos. Até hoje ela fala com muito carinho ao mesmo tempo que sente saudades. Ela continua forte, com muita saúde, caminhando firme para celebrar também os seus 80 anos no mês de maio do ano de 2021.

Assim como seu pai, o desafio do Paulo é viver o tempo da aposentadoria com muita vivacidade, fazer o que lhe dá satisfação e prazer, e, dessa forma, preparar-se para a partida, para o fechamento do ciclo, para ser diluído na terra, para o descanso definitivo. E, para as pessoas próximas, em meio ao sentimento de humildade, o essencial é ser lembrado de algumas virtudes que marcaram a vida com os quais conviveu. Para além desse universo de convívio afetivo, a esperança de que o exercício da cidadania tenha contribuído na semeadura, desejoso para que as sementes possam germinar, desenvolver-se e produzir mudanças sociais na perspectiva da transformação emancipadora, da dignificação da vida para todas e todos.

A vida em sete tempos é um processo constituído por determinados períodos marcados pela mistura de alegria, prazer e dor, pela tensão, conflitos, incertezas, limites, lutas, esperanças, desejos, resistências, permanências, rupturas, conquistas, criação do novo. Uma vida de relações com a complexidade de que se reveste o mundo, no qual os seres humanos devem ser priorizados e respeitados na sua individualidade e serem abraçados como iguais. E, nessa dinâmica de convívio, alcançar a realização pessoal. Uma vida de sete tempos levados para a criação do mundo, sete tempos para a cana entregar-se para ser deliciada a sua doçura e se embriagar de alegria, sete tempos de esperança, luta, superação e conquistas na trajetória de vida do Paulo.